VITE et BIEN 2

B1

Méthode *RAPIDE* pour adultes

Claire Miquel

CLE
INTERNATIONAL

www.cle-inter.com

Liste des pistes du CD audio

	Dialogue / Document / Activité	Piste
UNITÉ 1	1	1
	2	2
	act. 18	3
UNITÉ 2	1	4
	2	5
	act. 16	6
UNITÉ 3	1	7
	2	8
	act. 17	9
UNITÉ 4	1	10
	2	11
	3	12
	act. 19	13
UNITÉ 5	1	14
	2	15
	act. 18	16

	Dialogue / Document / Activité	Piste
UNITÉ 6	1	17
	2	18
	act. 18	19
UNITÉ 7	1	20
	2	21
	act. 20	22
UNITÉ 8	1	23
	2	24
	act. 17	25
UNITÉ 9	1	26
	2	27
	act. 20	28
UNITÉ 10	1	29
	2	30
	act. 19	31

	Dialogue / Document / Activité	Piste
UNITÉ 11	1	32
	2	33
	act. 20	34
UNITÉ 12	1	35
	2	36
	act. 19	37
UNITÉ 13	1	38
	2	39
	act. 17	40
UNITÉ 14	1	41
	2	42
	act. 17	43
UNITÉ 15	1	44
	2	45
	act. 18	46

	Dialogue / Document / Activité	Piste
UNITÉ 16	1	47
	2	48
	act. 18	49
UNITÉ 17	1	50
	2	51
	act. 21	52
UNITÉ 18	1	53
	2	54
	act. 17	55
UNITÉ 19	1	56
	2	57
	act. 18	58
UNITÉ 20	1	59
	2	60
	act. 18	61

Crédit photo (couverture) : Photo 12 – Alamy

Direction éditoriale : Michèle Grandmangin-Vainseine

Édition : Odile Tanoh Benon

Couverture : Black & White

Maquette et mise en page : ici design

Illustrations : Jean-Pierre Foissy, Claude-Henri Saunier

Cartographie : Nathalie Cottrel-Bierling (ill. Jean-Pierre Foissy), Jean-Pierre Crivellari

© CLE INTERNATIONAL 2010

ISBN 978-209-035275-7

Avant-propos

La méthode rapide *Vite et Bien 2* s'adresse aux **adultes** pressés et impatients !

Elle permet à l'étudiant à la fois d'apprendre la langue et de découvrir la culture française (littérature, histoire, arts, sociologie…) tout en se confrontant à la réalité de la vie en France et aux différences culturelles, le tout en un temps record. En effet, ce deuxième volume couvre, en vingt unités, le niveau B1 du Cadre européen commun de référence. Ainsi, en 100 à 120 heures de cours selon les publics, il sera possible de développer les compétences grammaticales, d'enrichir les connaissances en vocabulaire et de se sentir à l'aise dans la communication orale et écrite.

L'ouvrage s'adresse aux personnes de **niveau intermédiaire**, ayant déjà acquis des bases linguistiques, par exemple avec le premier volume de cette méthode. Ce manuel constitue un outil d'apprentissage, mais peut aisément être employé dans le cadre du rafraîchissement des connaissances.

Chacune des vingt unités porte sur un thème particulier, et débute par une page de **situations de communication** (dialogues à écouter) et une page de **documents à lire** : articles de journaux, extraits littéraires, documents historiques, analyses sociologiques, courriers électroniques… Une liste d'expressions-clés de la conversation complète l'ensemble. Les dialogues sont illustrés, non seulement par souci de vivacité et d'agrément, mais aussi pour fournir des informations culturelles complémentaires : gestes, attitudes, vêtements, environnement…
Viennent ensuite une leçon de **vocabulaire** et de **civilisation**, elle aussi illustrée, puis une leçon de **grammaire**.

Les notions acquises sont immédiatement mises en pratique dans trois pages d'activités pédagogiques (communication, vocabulaire, grammaire). Les exercices variés (vrai ou faux, QCM, associations, mots à retrouver, mots croisés, exercices à trous…) peuvent se pratiquer aussi bien à l'oral qu'à l'écrit.

Un **bilan** noté (« Évaluez-vous ! »), faisant appel aux quatre compétences (parler, écouter, lire, écrire), constitue une synthèse de l'ensemble des notions présentées dans l'unité.

Un **index** lexical et un index grammatical aident l'étudiant et le professeur à naviguer aisément dans la méthode.

Enfin, les **corrigés** commentés des activités fournissent un complément pédagogique précieux.
Le **CD** intégré comporte, bien entendu, tous les dialogues.

Nous avons employé un niveau de langue usuel dans les dialogues, sans exclure une langue littéraire moderne dans les documents à lire.

L'esprit de ce livre consiste à concilier le **plaisir d'apprendre** et une bonne **structuration** des connaissances. De plus, l'ouvrage cherche à préparer les élèves aux surprises et aux imprévus de la vie en France, afin qu'ils ne se laissent pas gagner par la panique ou la timidité lorsqu'ils se trouveront en situation réelle !
Il s'agit donc de ne pas se limiter au « savoir » linguistique, mais de développer également le « savoir-faire » et le « savoir-être » en amenant l'élève, *VITE ET BIEN*, à l'autonomie linguistique.

Mode d'emploi

Bien entendu, il existe toutes sortes d'approches possibles, car ce livre, tout en étant structuré et réfléchi, permet une certaine liberté de parcours. Cependant, un professeur peut aborder une unité de la manière suivante.

1. Travailler les dialogues et les documents écrits

Les DIALOGUES qui mettent en scène une large gamme de personnages, de situations (personnelles, profession-nelles, administratives, etc.), d'interactions (disputes, conflits, conseils, conversations détendues, plaisanteries…) pré-sentent la réalité de la vie quotidienne en France : parler de la vie ou du caractère de quelqu'un, raconter un incident, discuter de l'environnement ou d'un spectacle… Ils intègrent les éléments de vocabulaire, de grammaire et de civilisation étudiés dans l'unité.

Les DOCUMENTS à lire permettent d'aborder un autre niveau de langue, celui du registre écrit (avec les modifications stylistiques qui s'y rattachent). Ils se rapportent au thème abordé dans l'unité, au vocabulaire et/ou aux points de grammaire. De nature variée, ils amènent l'élève à découvrir la **culture française**, aussi bien du point de vue litté-raire que politique, sociologique ou historique.

Les EXPRESSIONS-CLÉS sont celles de la conversation, que les étudiants adorent connaître pour remplir les silences, pour plaisanter, pour « se sentir français ».

À partir de ce matériel oral et écrit, de très nombreuses ACTIVITÉS se révèlent utiles, productives et plaisantes. Outre les exercices proposés, mentionnons par exemple :

– apprendre par cœur les dialogues et les jouer (avec l'intonation qui convient !), l'un des meilleurs moyens de s'approprier une langue étrangère ;

– inventer des variations sur les dialogues : modifier un paramètre (au lieu d'accepter, un personnage refuse, par exemple) ou une information sur un personnage (au lieu de répondre aimablement, il se montrera agressif, etc.) ;

– imaginer la suite de l'histoire, la réaction d'un personnage absent, ou encore des pensées non exprimées…

– inventer des questions à poser sur les documents ou construire un exercice « vrai ou faux ». Les élèves se trans-forment volontiers en professeur…

– utiliser les dialogues et les textes écrits comme base de dictée ;

– transposer à l'écrit les dialogues : l'élève raconte ce qui s'est passé ou transforme le dialogue en un courrier élec-tronique, par exemple;

– demander aux élèves de traiter un sujet en imitant le style de l'un des documents écrits;

– employer l'illustration comme déclencheur de production orale ou écrite.

2. Aborder la leçon de vocabulaire et de civilisation

Elle présente un Vocabulaire **à la fois courant, riche et précis** concernant des sujets de tous ordres : **personnel** (parler de sa vie, de la personnalité de son entourage, de ses projets d'avenir), **pratique** (décrire un objet, parler d'une panne informatique ou de problèmes financiers), culturel (parler d'un spectacle, d'un livre), **d'actualité** (la politique, les faits divers)…

La partie **Civilisation** permet à l'élève de découvrir les mentalités (l'amour du débat, les rapports hommes/femmes, le tabou de l'argent), la culture (peintres, écrivains, danseurs, poètes…), l'histoire et la sociologie (la place de la femme, le rôle des médias) ou même les institutions françaises (les grandes écoles, la structure politique).

Il est possible de travailler le vocabulaire et la civilisation en faisant participer la classe à une sorte de « brain-storming », par exemple : « que savez-vous de la gastronomie française ? »

3. Explorer la leçon de grammaire

Les points de Grammaire sont ceux abordés dans le niveau B1 du Cadre européen commun de référence. Ils ne sont évidemment pas développés, mais présentés de manière claire et rapide : le conditionnel, le subjonctif, l'expression de la cause, etc.).

Il est bien sûr fructueux de faire des aller-retours entre la leçon de grammaire et les dialogues, pour aider l'élève à **repérer** les notions nouvelles.

On peut aussi transformer les Activités en questions que les élèves se posent les uns aux autres. Il est également possible de traiter à ce moment-là les **activités de communication**, en les réalisant à l'écrit ou, encore plus dynamique, à l'oral.

4. Compléter la page de bilan « Évaluez-vous !» portant sur les quatre compétences

Ce bilan représente une **synthèse** de tout ce qui a été abordé dans la leçon. Il s'agit de « boucler la boucle » et de permettre à l'élève de mesurer le chemin parcouru dans la pratique de la langue.

Ainsi, le premier exercice oblige à **écouter** (👂) **un nouveau dialogue**, dont la transcription se trouve dans les corrigés, en fin d'ouvrage. L'élève y retrouvera tous les éléments traités dans l'unité (grammaire, vocabulaire et civilisation). Il est également possible de considérer ce document comme du matériel complémentaire, susceptible d'être utilisé en cours.

Il en va de même pour **l'exercice de lecture** (👁), car il s'agit d'un nouveau texte, sur lequel il est possible de travailler : imaginer une suite, inventer des questions de compréhension, transformer en dialogue, changer le temps des verbes, etc. **L'exercice d'expression orale** (👄) peut servir de base à un débat dans la classe ou à des exercices en petits groupes, ce qui favorise la prise de parole et la cohésion de la classe. Quant au **travail écrit** (✎), il consolide les acquis et permet aux élèves moins extravertis de s'exprimer librement.

5. S'approprier la langue à travers un projet de classe

Au terme du travail sur la méthode, il nous semble indispensable d'aider les étudiants à s'approprier les notions acquises tout au long de ce parcours. Pour ce faire, le professeur peut proposer un véritable projet de classe. Ainsi, à partir des éléments de scénarios contenus dans l'ouvrage, les étudiants créent une nouvelle histoire en se répartissant le travail : les uns précisent le caractère d'un personnage, d'autres développent une intrigue et des péripéties nouvelles, d'autres encore décrivent un environnement ou une atmosphère…

Il est également dynamique et utile pédagogiquement de poser une question sur un personnage : « finalement, qu'avez-vous appris sur Colette ? » « Comment imaginez-vous la suite de l'histoire ? » « Choisissez un personnage et faites-en une présentation détaillée. »

Ce genre d'activité, véritable synthèse du travail accompli, encourage vivement l'élève à apprendre tout en lui donnant confiance en ses capacités communicatives !

Tableau des contenus

Tableau des contenus

Unité	Situations oral – *écrit*	Vocabulaire	Civilisation	Grammaire	Activités
6 Politique et histoire p. 50	**1.** Je ne sais pas pour qui voter ! **2.** Je me demande ce qui va se passer… **3.** *Histoire et cinéma* **4.** *Les symboles de la République* **5.** *Un paradis terrestre !*	• la vie politique • les protestations • les relations internationales • l'histoire	• les institutions de la France • les lieux de commémoration • les dates de commémoration	• quelques verbes sans préposition + infinitif • quelques verbes suivis de la préposition « de » + infinitif • quelques verbes suivis de la préposition « à » + infinitif • le discours rapporté au présent (le discours indirect, l'interrogation indirecte)	• communication • vocabulaire et civilisation • grammaire • Évaluez-vous !
7 Les objets p. 58	**1.** Dans un appartement **2.** Dans l'appartement d'à côté… **3.** *« Le bout du bout » d'un humoriste* (R. Devos) **4.** *Hymne des objets ménagers* (C. Roy) **5.** *Des objets de luxe*	• les termes généraux • les éléments • divers matériaux • les caractéristiques • les malheurs d'un objet • les formes • des termes familiers • le verbe « servir à » • le verbe « (se) plaindre »	• quelques objets bien français • *Karambolage*	• verbes pronominaux à sens passif • « faire » + infinitif • « (se) laisser » + infinitif • « rendre » + adjectif qualificatif • quelques prépositions de lieu (au-dessus de, en dessous de, à l'intérieur de, à l'extérieur de, en haut de, en bas de) • quelques indéfinis [chaque, chacun(e), certain(e)s, d'autres, différent(e)s, n'importe qui/où/quand/quel(le)(s)]	• communication • vocabulaire et civilisation • grammaire • Évaluez-vous !
8 Science et technologie p. 66	**1.** Un ordinateur en panne **2.** De brillants scientifiques **3.** *Les musées scientifiques* **4.** *Eiffel (Alexandre Gustave)*	• l'informatique • les pannes • les sciences	• la recherche en France • quelques scientifiques célèbres	• l'infinitif passé • usage de l'infinitif (après un premier verbe conjugué, après une préposition, après « merci », l'infinitif comme nom, l'infinitif comme impératif) • expression de l'opposition (alors que, pourtant, malgré, même si, cependant, en revanche, par contre)	• communication • vocabulaire et civilisation • grammaire • Évaluez-vous !
9 L'apparence p. 74	**1.** Je suis affreuse, ce matin ! **2.** Chacun son genre … **3.** *Un étrange personnage* (E. E.Schmitt) **4.** *Quelle « adorable » vieille dame !* (R.Gary) **5.** *Beau ou laid ?* (E. Ionesco)	• la description physique • quelques accessoires • les bijoux • les chaussures • le maquillage • les verbes (s'habiller, mettre, être en, se changer, se mettre en)	• la mode (la haute couture, les écharpes, le noir)	• le plus-que-parfait • utilisation • « comme si » + imparfait ou plus-que-parfait • adjectifs de couleur	• communication • vocabulaire et civilisation • grammaire • Évaluez-vous !
10 La vie des autres p. 82	**1.** Enfin ! **2.** La vie de Romain Gary est un roman… **3.** *Décès et condoléances* **4.** *Mariage et félicitations* **5.** *Bonne année !*	• la famille • les étapes de la vie • la vieillesse • les condoléances • les félicitations	• les familles recomposées • la vie d'un enfant (le petit Nicolas) • nombreux centenaires en France !	• les pronoms relatifs (dont, lequel) • le présent historique • l'apposition • la ponctuation : la virgule	• communication • vocabulaire et civilisation • grammaire • Évaluez-vous !

Tableau des contenus

Tableau des contenus

Unité	Situations oral – écrit	Vocabulaire	Civilisation	Grammaire	Activités
16 Sentiments et émotion p. 130	**1.** Ils vont être fous de joie ! **2.** Colette est tout émue... **3.** *De quelle maladie souffre-t-elle ?* (E. Orsenna) **4.** *Anna a-t-elle changé ?* (J. Tardieu) **5.** *La nostalgie* (P. Rambaud)	• les émotions (la joie, la colère et l'irritation, la peur, la pitié, la déception, la gêne, la surprise, l'enthousiasme) • les sentiments	• les sentiments dans la littérature	• le subjonctif présent (verbes réguliers, verbes irréguliers) • usage du subjonctif • tout(e) = complètement	• communication • vocabulaire et civilisation • grammaire • Évaluez-vous !
17 Arts et littérature p. 138	**1.** Elle ne lit plus rien ! **2.** Les prix littéraires **3.** *Deux grands peintres installés à Collioure : Matisse et Derain* **4.** *Quelques grands photographes* **5.** *Un auteur parle de l'un de ses livres* (F. Sagan)	• la littérature • les arts visuels • la photo • utilisation de « grand »	• la culture • un « grand homme » de la culture (A. Malraux) • le livre en France	• le subjonctif passé • usage du subjonctif passé • la négation complexe (aucun(e), plus personne, jamais personne, nulle part, plus rien, plus jamais) • omission de l'article	• communication • vocabulaire et civilisation • grammaire • Évaluez-vous !
18 Les jeunes p. 146	**1.** La crise d'adolescence **2.** Doué ou paresseux ? **3.** *L'ascenseur social* (G. Mermet) **4.** *Les cancres* **5.** *La composition d'arithmétique* (Sempé et Goscinny)	• l'école • le collège et le lycée • les matières • l'université • les jeunes et leurs problèmes • questions de société	• la rentrée • « la chute du niveau » • Jules Ferry	• le futur antérieur • usage du futur antérieur • les pronoms possessifs • les pronoms démonstratifs • ceci, cela	• communication • vocabulaire et civilisation • grammaire • Évaluez-vous !
19 L'argent et l'économie p. 154	**1.** Avares ou généreux ? **2.** La ruine ? **3.** *Quand l'argent d'un avare disparaît* (Molière) **4.** *Les grands magasins parisiens* **5.** *L'Argent de Zola*	• l'argent • la monnaie • expressions imagées • la crise économique • expressions familières	• le tabou de l'argent • la générosité et l'avarice • les nouveaux riches	• subjonctif ou indicatif ? • subjonctif ou infinitif ? • conjonctions + subjonctif (bien que, à condition que, jusqu'à ce que, avant que, pourvu que) • le superlatif (le plus, le moins + adjectif + subjonctif)	• communication • vocabulaire et civilisation • grammaire • Évaluez-vous !
20 Espoirs, rêves et décisions p. 162	**1.** Une retraite bien occupée **2.** Cette fois-ci, c'est décidé ! **3.** *L'attente d'un grand jardinier* (E. Orsenna) **4.** *L'avenir en Grèce* (V. Alexakis) **5.** *Rêver de Paris* (T. Todorov)	• les projets • les objectifs • les hésitations • les choix et les décisions • les espoirs • optimisme et pessimisme • les actions	• l'espoir • le rêve	• l'expression du but (pour, afin, de peur) • le verbe « manquer » • expressions de quantité (un peu, peu de, la plupart, la majorité de, la moitié, le tiers, le quart, de nombreux/-euses)	• communication • vocabulaire et civilisation • grammaire • Évaluez-vous !

UNITÉ

 **1** DIALOGUE

Un contretemps

Zohra : Pourquoi est-ce qu'Adèle n'est pas là ?

Jérôme : Je suppose qu'elle a eu un empêchement ou un contretemps. Ah, la voilà !

Adèle : Me voilà ! Je suis vraiment désolée !

Jérôme : Adèle, qu'est-ce qui se passe ? Pourquoi est-ce que tu es tellement en retard ?

Adèle : Oh, quelle aventure ! Je vais vous raconter. Je suis partie de chez moi à l'heure habituelle, pour prendre mon train. Quand je suis arrivée à la gare, on annonçait : « à la suite d'incidents sur la voie, le trafic est interrompu… ». Ce sont les orages d'hier soir qui ont provoqué des inondations. J'ai donc pris ma voiture, mais, comme vous pouvez l'imaginer, il y avait un monde fou sur l'autoroute. À un moment, un accident s'est produit, pas très grave, mais spectaculaire. Toute l'autoroute a été bloquée, le temps que les secours arrivent.

Zohra : Mais pourquoi est-ce que tu ne nous as pas téléphoné, pour nous prévenir ?

Adèle : J'ai oublié mon mobile chez moi… Bon, nous pouvons commencer la réunion. Vous avez les dossiers ?

Jérôme : Oui, je les ai posés là, sur le bureau. Heureusement que Nora les a préparés pour toi !

 **2** DIALOGUE

Quelques mésaventures…

Philippe : Alors, Valentine, comment s'est passé ton voyage au Québec?

Valentine : J'arrive à l'instant seulement ! C'est une région magnifique, mais mon voyage a été mouvementé !

Philippe : Qu'est-ce qui t'est arrivé ? Tu as eu des mésaventures ?

Valentine : Oui ! Pour commencer, l'avion est parti avec presque deux heures de retard. Quand je suis arrivée à Montréal, je n'ai pas trouvé ma valise. Mes bagages avaient été égarés. Je suis restée plusieurs heures à l'aéroport, avant de pouvoir aller en ville.

Philippe : Oui, c'est très contrariant…

Valentine : Ce n'est pas fini ! Trois jours après, j'ai perdu mon passeport, ou on me l'a volé. En tout cas, il a disparu. J'ai dû aller au consulat de France et remplir toutes sortes de papiers…

Philippe : Ma pauvre, c'est la loi des séries ! Il n'y a pas eu de tremblement de terre ni d'incendie ?

Valentine : Non, Dieu merci, le reste de ma visite s'est très bien déroulé. J'ai eu le coup de foudre pour cette région et pour ses habitants !

Philippe : SES habitants ou UN habitant en particulier ?

Courriel de protestation

De :	Alain Garnier
À :	service clientèle
Objet :	erreur de livraison

Madame, Monsieur,

Permettez-moi de vous exprimer ma vive contrariété concernant vos services. Il y a un mois, j'ai commandé un divan et deux fauteuils dans votre magasin (facture n ° G 676-789281). La livraison était prévue pour mardi dernier. J'ai été obligé de prendre un jour de congé pour être présent. Au bout de deux heures d'attente, j'ai reçu un appel de votre magasin pour annuler la livraison « à la suite d'un contretemps ». Une journée de travail perdue, donc.

Ce matin, la livraison est arrivée... mais ce n'était pas la bonne ! Le canapé et les fauteuils qu'on m'a apportés étaient marron et non pas noirs, comme le précise très clairement la facture ci-jointe.

Je ne comprends pas une si mauvaise organisation et tant de négligence envers vos clients. J'attends à la fois des explications et un geste commercial de votre part.

Veuillez agréer, Madame, Monsieur, mes salutations distinguées.

Alain Garnier

Réponse du service clientèle

De :	Adila Neveu
À :	alain.garnier@violet.fr
Objet :	erreur de livraison

Monsieur,

Nous avons bien reçu votre courriel de protestation. Nous sommes désolés pour ce contretemps. Nous avons eu de nombreux problèmes de livraison de la part de nos fournisseurs. Nous vous présentons toutes nos excuses.

À titre de dédommagement, nous avons le plaisir de vous offrir une réduction de 5% sur le prix de votre commande. Nous vous prions donc de bien vouloir trouver ci-joint un bon d'achat d'une valeur de 200 €, valable un an dans tous nos magasins.

En vous renouvelant nos excuses, nous vous prions d'agréer, Monsieur, nos salutations distinguées.

Adila Neveu, responsable du service clientèle

Violente tempête

Le passage de la tempête « Klaus », le 24 janvier 2009, a provoqué d'importants dégâts dans plusieurs régions de France, et en particulier dans les Landes. La forêt landaise, qui avait déjà été durement touchée par la tempête de 1999, a été littéralement dévastée par des vents violents qui ont soufflé jusqu'à 180 km/h. Les conséquences économiques sont bien entendu terribles et l'avenir de la forêt s'annonce incertain. Les habitations des régions concernées ont également beaucoup souffert : des toitures, des fenêtres, des voitures ont été endommagées ou détruites. À ce désastre se sont ajoutées des difficultés pratiques, puisque le téléphone et l'électricité ont été coupés pendant près d'une semaine.

EXPRESSIONS-CLÉS

- J'ai eu un contretemps.
- Il a un empêchement.
- Qu'est-ce qui se passe ?
- C'est contrariant !
- Heureusement que...
- Permettez-moi de...
- Qu'est-ce qui t'est arrivé ?
- Quelle aventure !

Vocabulaire

Les intempéries

On appelle « intempéries » des problèmes liés à la nature et au temps. Elles provoquent parfois un désastre < une catastrophe.

En montagne, une chute de neige peut bloquer les routes. Une avalanche est à l'origine de nombreux accidents sur les pistes de ski.

Une tempête *(= vent violent)* arrache les arbres.

Un orage *(= vent + pluie + tonnerre)* peut provoquer des inondations : les fleuves débordent et l'eau bloque les routes.

En été, dans les régions sèches, il y a souvent des feux < des incendies. Les arbres brûlent.

Les tremblements de terre sont, hélas, fréquents dans certaines régions du monde. Ils sont mesurés sur l'échelle de Richter.

Les mésaventures

Un problème pratique est contrariant :

. J'ai eu plusieurs contrariétés ! On a égaré mes bagages à l'aéroport. Ma valise est arrivée chez moi deux jours plus tard. Ensuite, j'ai perdu mes clés. J'ai dû appeler un serrurier pour ouvrir ma porte !

. Pendant une grève de transport public, on doit se déplacer en voiture, à pied, à vélo…

. On m'a volé mon passeport : j'ai dû aller au commissariat de police pour faire une « déclaration de vol ».

Quand un accident (plus grave qu'un incident) se produit, il faut immédiatement appeler les secours (= les pompiers, la police, les ambulances…).

Les problèmes de temps

Le train a eu un retard de deux heures = il a eu deux heures de retard, donc j'ai raté la correspondance.

Julien a eu un contretemps : il est arrivé une heure en retard à la réunion, car un accident a provoqué d'énormes embouteillages sur l'autoroute.

Je ne peux pas venir au rendez-vous, j'ai un empêchement *(= une impossibilité)*.

Contester

Je ne suis pas d'accord (avec)…

Vous m'avez dit que… mais…

Ce n'est pas le bon / la bonne…

La livraison était prévue mardi, mais…

Il y a une erreur dans la livraison…

Usage idiomatique de « bon/mauvais »

« Bon » (≠ mauvais) signifie « correct » (≠ incorrect) quand l'article est défini *(le, la, les)* :

. Ce n'est pas **la** bonne adresse. J'ai pris **le** mauvais chemin. Ce sont **les** bons documents ?

 C'est **un** bon dictionnaire (= *de bonne qualité*). C'est **le** bon dictionnaire (= *le dictionnaire approprié*).

Civilisation

• **Contester** semble naturel aux Français, qui ont la réputation d'être « râleurs ». « Râler » *(familier)* signifie : protester, exprimer son mécontentement, sa mauvaise humeur.

. Arrête de râler !

• Les Français ont tendance à répondre « non » aux questions : on doit alors protester, contester, se battre, pour fréquemment arriver à un « oui ». « Non » signifie rarement « non », mais plutôt : « je ne sais pas », « vous voulez vraiment ? », « vous me dérangez », « revenez plus tard »… Une obstination ferme et polie est une bonne attitude pour obtenir ce que l'on veut (dans les administrations, par exemple).

• Une plaisanterie circule à propos des Français : « la réponse est "non", mais quelle est la question ? » Un peu caricatural, mais pas faux…

Grammaire

Accord du participe passé

Dans certains cas, on doit accorder le participe passé (= *mettre la marque du singulier, du pluriel, du masculin, du féminin*).

Avec « être »

On accorde, car on considère le participe comme un adjectif qualificatif :

. Paul, vous êtes arrivé ? Anne, vous êtes arrivée ?

. Elles sont venu**es**. Ils sont parti**s**.

. Elle s'est couché**e** tard. Ils se sont débrouillé**s**.

Avec « avoir »
Trois cas se présentent :

• Pas d'accord quand le complément est d'objet indirect :

. Les amis **à qui** nous avons parl**é**…

. La dame **à qui** ils ont téléphon**é**…

• Pas d'accord quand le complément d'objet direct se trouve après le verbe :

. Elle a acheté… des livres.
(*elle a acheté… QUOI ? — des livres*)

. Nous avons regardé… une émission.

. Ils ont **vu**… une amie. (*ils ont vu… QUI ? — une amie*)

• Accord quand le complément d'objet direct se trouve avant le verbe :

. **Les livres** qu'elle a acheté**s**. (*nous savons déjà qu'il s'agit des livres*)

. **Ces émissions**, nous les avons regard**ées**.

. **L'amie** qu'ils ont vu**e**…

. Il a invité **la fille** qu'il a rencontré**e** à la bibliothèque.

. **La décision** qu'il a pris**e** est la bonne.

Tellement

Devant un adjectif qualificatif, l'expression signifie « si » :

. Pourquoi est-elle tellement fatiguée ?

. Mon chéri, tu es tellement intelligent !

— Vous voulez une deuxième part de tarte ?

— Oh oui, elle est tellement bonne !

(*Voir aussi unité 15, page 125.*)

Le verbe « se passer »

Ce verbe a plusieurs sens.

• **Se produire**

— Qu'est-ce qui s'est passé ? Il s'est passé quelque chose de grave ?

— Non, il ne s'est rien passé de grave.

— Si, il s'est passé quelque chose d'assez grave !

• **Se dérouler**

— Comment se sont passées vos vacances ?

— Elles se sont très bien (≠ mal) passées !

Voici, voilà

Il est possible d'utiliser « voici/voilà », précédés d'un pronom personnel :

— Tu viens ?
— Oui, me voilà !
— Où est Nathalie ?
— La voici !
— Tu as trouvé ton livre ?
— Oui, le voici !
— Où sont les enfants ?
— Les voilà !
— Vous avez un stylo ?
— Oui, en voilà un !
— Ah, finalement, vous voilà ! Où étiez-vous ?

. « La Fayette, nous voilà ! » (*C. Stanton*)

Article + adjectif qualificatif

Il est possible de répondre par un adjectif seul, précédé d'un article (défini ou indéfini).

— C'est la bonne adresse ?
— Oui, c'est **la bonne**.

— Vous voulez une grande ou une petite tarte ?
— **Une grande**, s'il vous plaît.

— Je voudrais des enveloppes.
— **Des longues** ou **des carrées** ?

— Quel pull préférez-vous ? **Le noir** ou **le vert** ?
— En fait, je préfère **l'autre, le rouge**.

UNITÉ

Activités communication

1 ▼ Vrai ou faux ?

DIALOGUE 1

a. Adèle est un petit peu en retard.

b. Adèle a voulu prendre le train.

c. Il y a eu de l'eau sur les voies de chemin de fer.

d. Adèle n'a pas de téléphone mobile.

DIALOGUE 2

e. On a volé la valise de Valentine.

f. Valentine a eu un autre contretemps.

g. Il a beaucoup neigé au Québec.

h. Valentine a adoré le Québec !

2 ▼ DOCUMENTS 3 et 4 • Retrouvez un synonyme des mots suivants.

1. mon mécontentement : ....

2. un jour de vacances : ....

3. mentionne : ....

4. un mail : ....

3 ▼ DOCUMENT 5 • Vrai ou faux ?

1. La forêt des Landes a été très endommagée.

2. Ce n'est pas la première fois que cette forêt subit une tempête.

3. Les habitations sont restées quelques heures sans électricité.

4 ▼ Choisissez la bonne réponse.

1. Oh là là, quelle aventure ! ☐ **a.** Qu'est-ce qui se passe ? ☐ **b.** C'est contrariant !

2. Ils ne peuvent pas venir ? ☐ **a.** Non, il y a une erreur. ☐ **b.** Non, ils ont un empêchement.

3. J'ai eu un petit accident. ☐ **a.** C'est une mésaventure. ☐ **b.** Qu'est-ce qui t'est arrivé ?

4. Alice est en retard ? ☐ **a.** Oui, elle a un empêchement. ☐ **b.** Oui, elle a un contretemps.

5. Tu as pu prévenir Gilles ? ☐ **a.** Oui, heureusement que j'avais mon mobile. ☐ **b.** Non, j'ai mon mobile.

5 ▼ Associez pour constituer un dialogue.

1. Qu'est-ce qui s'est passé ?

2. Pourquoi est-ce que vous êtes tellement en retard ?

3. Comment s'est passé ton voyage au Sénégal ?

4. Matthieu n'est pas là ?

5. Pourquoi est-ce que la route est bloquée ?

6. C'est le bon dossier ?

a. Parce qu'il y a des inondations.

b. Mais non, ce n'est pas le bon !

c. Parce que mon train a eu une heure de retard !

d. Il y a eu un accident sur l'autoroute.

e. Bien, mais un peu difficile !

f. Non, je crois qu'il a un empêchement.

6 ▼ Expliquez ces situations et imaginez ce que vont faire ces personnes.

1.

2.

7 ▼ Vous avez commandé une table blanche. On vous livre une table noire. Vous téléphonez au magasin. Faites le dialogue avec l'employé.

8 ▸ Éliminez l'intrus.

1. tempête / orage / incendie

2. contretemps / intempéries / empêchement

3. égarer / perdre / voler

4. feu / neige / avalanche

5. inondation / incendie / feu

6. râler / plaisanter / protester

9 ▸ Choisissez la bonne réponse.

1. Il y a des [incendies] [inondations], la forêt brûle.

2. Cette région a subi beaucoup d'[embouteillages] [intempéries], cet hiver.

3. On a observé [une avalanche] [un tremblement de terre] de force 6 sur l'échelle de Richter.

4. Ces inondations sont [un accident] [une catastrophe] pour la région !

5. C'est [la tempête] [l'accident] qui a arraché tous ces arbres.

6. Le fleuve a débordé, ce qui a provoqué des [avalanches] [inondations].

7. Cet [accident] [incident] m'a contrarié.

10 ▸ Décrivez ce qui se passe.

11 ▸ Replacez les mots suivants dans les phrases.

débordé – voilà – volé – contretemps – inondations – égaré – empêchement – embouteillage – accident

1. Où est le commissariat ? On m'a .... mon passeport !

2. Zut, j'ai .... le dossier. Je l'ai rangé, mais je ne sais plus où je l'ai mis. Tu ne l'as pas vu ?

3. — Si, le .... !

4. Guillemette a été obligée d'annuler son rendez-vous chez le dentiste, car elle a eu un ....

5. La réunion a encore été reportée à la suite d'un .... : Leila est restée bloquée sur l'autoroute pendant une heure. Un .... a provoqué un énorme ....

6. La route nationale a été fermée, car la Seine a .... : il y a des .... dans tout le département.

12 ▸ Vrai ou faux ?

1. Les Français râlent souvent.

2. « Râler » est un verbe élégant.

3. Il arrive que les Français disent « non » sans véritable raison.

4. Il ne faut jamais insister quand un Français dit « non ».

5. Il est préférable de rester poli pour obtenir ce que l'on veut.

Activités grammaire

13 Accordez le participe passé, si nécessaire.

1. Elle est parti.............................. avec nous.
2. Ils ont retrouvé.............................. leurs amis à l'aéroport.
3. Ils se sont perdu.............................. .
4. Où sont les gâteaux qu'elle a fait.............................. ?
5. Elles ont acheté.............................. des livres.
6. Voici les livres qu'elles ont acheté.............................. .
7. Elles sont sorti.............................. ensemble.
8. Ils ont perdu.............................. une clé.

14 Répondez par « le/la/les voilà ! » ou « me/te voilà ! ».

1. Où est ma clé ? – ....
2. Vous avez les documents ? – Oui, ...
3. Florence n'est pas là ? – Si, ...
4. Le vendeur n'est pas là ? – Si, ...
5. Où est mon passeport ? – ....
6. Tu viens ? – Oui, ...
7. J'arrive ! – Ah, enfin, ...
8. Tu as tes gants ? – Oui, ...

15 Racontez la journée de Sylvie au passé composé. Attention aux accords !

1. Se lever tôt. → *Hier matin, Sylvie* ....
2. Se préparer. ....
3. Prendre le petit déjeuner. ....
4. Partir à 7 h 30. ....
5. Aller à la gare. ....
6. Arriver au bureau à 8 h 30. ....
7. Répondre au téléphone. ....
8. Participer à une réunion. ....
9. Déjeuner avec des clients. ....
10. Écrire un rapport. ....

16 Répondez librement en utilisant un article et un adjectif.

1. Vous préférez les brun(e)s ou les blond(e)s ? ....
2. Vous mettez vos chaussures noires ou les marron ? ....
3. Vous préparez plus souvent des légumes crus ou des légumes cuits ? ....
4. Vous dégustez un petit ou un gros gâteau ? ....
5. Vous préférez les fleurs blanches ou les jaunes ? ....
6. Vous aimez mieux la cuisine chinoise ou la cuisine thaïlandaise ? ....

17 Mettez les textes suivants au passé composé. Attention à l'accord des participes passés.

1. Une réunion .... *(être organisé)* hier matin. Madeleine .... *(arriver)* en retard à la suite d'un contretemps. Heureusement, elle .... *(prévenir)* ses collègues, qui .... *(ne pas l'attendre)*.
2. Nous .... *(critiquer)* la décision que notre chef .... *(prendre)*.
3. Ils .... *(annuler)* toutes les réunions. Elles .... *(être reporté)* à la semaine prochaine.
4. Tu .... *(voir)* la voiture que nous .... *(acheter)* ?
5. Ma fille .... *(partir)* jouer avec des petits copains qu'elle .... *(rencontrer)* en colonie de vacances.

18 🎧 **Écoutez le dialogue (piste 3 du CD). Vrai ou faux ?**

.... /10

1. Le voyage s'est bien passé.

2. Colette a perdu ses clés.

3. La fille de Colette a retrouvé les clés.

4. Il y a eu une tempête le jour du départ de Colette.

5. Colette n'a pas pu arriver à l'aéroport.

6. Aucun vol n'a fonctionné dans la journée.

7. Colette a pris un train.

8. Colette est rentrée chez elle.

9. Colette a pu partir le soir.

10. La réunion a eu lieu le soir.

19 **Lisez ce courriel écrit par Farida et dites si les phrases sont vraies ou fausses.**

.... /10

Chère Manon,

Je voudrais te raconter comment s'est passé mon week-end. Tu te souviens de ces deux amies que j'avais invitées ? Louise et Mathilde sont arrivées vendredi soir et elles ont passé tout le week-end avec moi. C'était sympathique, mais nous avons eu quelques mésaventures. D'abord, samedi matin, un incendie s'est déclaré dans ma rue. Heureusement, les pompiers sont arrivés immédiatement, mais toute la rue a été bloquée pendant plusieurs heures. Impossible de sortir la voiture du garage ! Finalement, nous avons pris un bus pour aller en ville, mais nous avons choisi la mauvaise ligne, car je ne connais rien aux transports en commun.

L'après-midi, Mathilde a eu une bonne idée : elle nous a proposé d'aller dans un salon de thé, où nous avons commandé des chocolats chauds et des gâteaux ! Vers six heures, nous avons décidé de rentrer à la maison à pied… mais il a commencé à neiger : une vraie tempête de neige, comme celle que nous avons eue en décembre dernier. Bien sûr, c'était très joli, mais pas très agréable. Nous sommes arrivées à la maison crevées et gelées… Heureusement, nous avons toutes les trois le sens de l'humour et nous avons pris un bon apéritif ensemble !

1. Farida a passé un mauvais week-end.

2. Louise et Mathilde sont restées une semaine.

3. Il y a eu un incendie dans l'immeuble de Farida.

4. Les trois filles n'ont pas pu utiliser la voiture.

5. Elles se sont trompées de bus.

6. Farida prend rarement les transports en commun.

7. Les trois filles ont bu du chocolat.

8. Elles sont rentrées en bus.

9. Il a commencé à neiger en fin de journée.

10. Les trois filles étaient très fatiguées.

20 **Que se passe-t-il ? Décrivez la scène et imaginez la suite de l'histoire.**

.... /10

21 **Vous envoyez deux courriers électroniques.**

.... /10

1. Vous contestez la livraison que vous avez reçue : ce n'est pas le bon ordinateur.

2. Vous avez eu un contretemps, et vous avez raté une réunion. Vous expliquez la situation et vous vous excusez.

Habitudes et évolutions

1 DIALOGUE

Je ne faisais rien d'intéressant…

Enquêteur : Madame Lambert, avant, vous ne viviez pas à Bruxelles, n'est-ce pas ?

Nina Lambert : Effectivement, nous habitions, mon ex-mari et moi, dans une petite ville, pas très loin de Liège. Les enfants étaient jeunes, ils allaient à l'école du quartier.

Enquêteur : Vous aviez une activité professionnelle ?

Nina Lambert : Non, je ne travaillais pas. C'était difficile, psychologiquement. Mon ex-mari voyageait beaucoup pour son travail et je restais souvent seule. Je ne voyais pas grand monde.

Enquêteur : Comment est-ce que vous passiez votre temps ?

Nina Lambert : Eh bien, je ne faisais rien d'extraordinaire. Je passais mes journées à m'occuper des enfants, de la maison, du ménage, du jardin… Parfois, j'y trouvais du plaisir, mais c'était tout de même frustrant et surtout, je me sentais isolée, un peu inutile, vous voyez… Je n'allais pas bien du tout !

2 DIALOGUE

Quel changement !

Enquêteur : Et finalement, que s'est-il passé, madame Lambert ?

Nina Lambert : Eh bien, j'en ai eu assez ! Nous avons eu une grosse crise, mon mari et moi, et finalement, nous avons divorcé. J'ai décidé de venir à Bruxelles avec les enfants. Mon mari a gardé la maison.

Enquêteur : Vous vous êtes mise à travailler ?

Nina Lambert : Oui, ça n'a pas été facile, mais je suis arrivée à trouver un emploi. Peu après, j'ai eu la chance de rencontrer mon nouveau compagnon. La vie réserve parfois de belles surprises !

Enquêteur : Et maintenant, comment est-ce que ça se passe ?

Nina Lambert : C'est moi qui ai la garde des enfants, mais ils vont chez leur père le week-end et pendant la moitié des vacances. Les enfants entretiennent aussi une bonne relation avec mon ami.

Enquêteur : Donc, vous vous sentez bien dans votre nouvelle vie…

Nina Lambert : Je suis très heureuse ! Je suis vendeuse dans une boutique de bijoux, en plein centre ville. J'adore ça. Mon patron me donne de plus en plus de responsabilités. J'aime beaucoup le contact avec la clientèle et apparemment j'ai un certain sens commercial. Quel changement !

Enquêteur : Vous arrivez à concilier votre vie familiale et votre vie professionnelle ?

Nina Lambert : Oui, pour moi, c'est très important. Mes horaires me permettent d'être disponible pour mes enfants quand ils rentrent de l'école. Et mon compagnon est un amour…

Comment percevons-nous les couleurs ?

Sommes-nous plus sensibles aux couleurs qu'autrefois ?

— Nous le sommes moins. La couleur est désormais accessible à tous, elle s'est banalisée. Les enfants des générations précédentes s'émerveillaient quand ils recevaient à Noël un crayon rouge et un crayon bleu. Ceux d'aujourd'hui, qui ont des boîtes de 50 feutres à 1 euro, sont moins curieux et moins créatifs à l'égard des couleurs. Les jeunes peintres ont également tendance à prendre la couleur telle qu'elle sort du tube, sans la travailler. Et puis on fait dire n'importe quoi aux couleurs. Lisez les textes qui leur sont consacrés dans les manuels pour graphistes et publicitaires : on mélange tout, les époques, les continents, les sociétés… Pis encore : on les utilise dans des tests qui prétendent dresser notre profil psychologique — si vous choisissez le rouge, vous voilà catalogué excité ! C'est d'une naïveté affligeante.

Michel PASTOUREAU, Dominique SIMONNET,
Le petit livre des couleurs, © Éditions du Panama.

EXPRESSIONS-CLÉS

- **Effectivement !**
- **Tout de même = quand même.**
- **Comment est-ce que ça se passe ?**
- **…, n'est-ce pas ?**
- **J'en ai assez !**
- **J'ai un certain sens…**
- **Quel changement !**

Une drôle de Russe…

La dernière fois que nous sommes allés au cours de danse, papa m'a dit :
— Catherine, c'est drôle… J'ai connu dans le temps ton professeur, Madame Dismaïlova… Elle ne me reconnaît pas car je ne suis plus le jeune homme que j'étais alors… Elle aussi a bien changé. Je n'ai pas toujours travaillé dans le commerce… En ce temps-là, Catherine, j'étais un jeune homme assez bien de sa personne, et pour gagner un peu d'argent de poche, j'avais voulu faire de la figuration au Casino de Paris… Un soir, on m'a demandé de remplacer l'un des porteurs… Les porteurs, ma petite Catherine, sont ceux qui doivent porter les danseuses de la revue… Et la danseuse que je devais porter, c'était ta maman… Nous ne nous connaissions pas encore… Je l'ai prise dans mes bras de la façon que l'on m'a indiquée… Je suis entré en scène avec elle en titubant, sans mes lunettes… Et patatras !… Je me suis cassé la figure… Nous sommes tombés tous les deux par terre… Ta maman avait une crise de fou rire… Il a fallu baisser le rideau… Elle m'a trouvé très sympathique… C'était au Casino de Paris que j'ai connu aussi ton professeur, Madame Dismaïlova… Elle faisait partie de la revue… […]
— Eh bien, ma petite Catherine, [a dit papa] d'une voix très basse, presque dans un chuchotement, elle ne s'appelait pas Galina Dismaïlova à cette époque-là, mais tout simplement Odette Marchal… Et elle n'était pas russe mais originaire de Saint-Mandé où ses parents, de très braves gens, tenaient un petit café-restaurant…

Patrick MODIANO, SEMPÉ,
Catherine Certitude,
© Éditions Gallimard.

Vocabulaire

Le changement

On change **de** situation, **de** travail, **de** maison…
Le changement peut être agréable :

— J'ai reçu une proposition qui « tombe du ciel ».
— Ah bon ? Quelle bonne surprise ! Tu vas changer de travail ?
— Oui, j'ai saisi l'occasion et j'ai accepté une nouvelle mission. En fait, c'est une promotion.
— C'est une excellente nouvelle !

Une situation peut s'améliorer *(= être meilleure)* ou au contraire se dégrader = se détériorer.
Elle peut se modifier, évoluer (≠ durer, persister).

Un élément peut se développer, augmenter ou, au contraire, diminuer. On dira qu'une idée progresse, se répand, devient populaire, à la mode, dans l'air du temps ≠ elle régresse, décline, disparaît.

Certains adverbes introduisent un changement : un jour, soudain, tout à coup, finalement, à la fin, au bout du compte…

D'autres insistent sur le résultat : désormais, enfin, maintenant…

La crise

• **La crise** : c'est un moment difficile et aigu, qui peut déboucher sur une solution positive ou négative.
On parle de crise personnelle, financière ou politique. Historiquement, on parle de « la crise de 1929 ».

• **Les conséquences de la crise** : la rupture (des relations), la séparation (on se sépare), le divorce (on divorce **de** quelqu'un). Ces termes sont souvent utilisés dans le contexte de politique intérieure ou internationale : « entre les députés et le gouvernement, c'est la rupture ! ».

« Se mettre à » + nom ou infinitif

Signifie « commencer », « entreprendre » :

. Je me mets à travailler = je commence à travailler.
. Paul s'est mis au yoga et Léa s'est mise au tennis.
— Tu t'es mis(e) au régime ?
— Oui, je m'y suis mis(e) !

Parler de son travail

Mon travail me plaît < m'intéresse < me passionne ≠ mon travail ne me plaît pas, il m'ennuie !

Lucien aime le contact avec la clientèle, il a besoin de contact, travailler en équipe lui plaît. Au contraire, Nora préfère travailler seule, au calme. Elle est à l'aise avec les chiffres, elle n'aime pas beaucoup le contact.

« Arriver à » + infinitif

Ce verbe signifie « pouvoir » après des efforts, « réussir » :

. Je n'arrive pas à faire cet exercice ! Il n'arrive pas à comprendre ses enfants. Je ne suis pas arrivé à trouver ce livre. Enfin, ils arrivent à parler français !

Civilisation

Les modes de vie

• **La place de la femme** : avant, elle restait souvent à la maison, s'occupait des enfants et de son ménage. Les mœurs ont évolué. En France, la moitié des femmes travaillent, elles ont acquis une indépendance financière. Pourtant, les féministes remarquent que le Parlement est encore à majorité masculine et que peu de femmes occupent des postes à responsabilité, dans l'industrie en particulier. En revanche, les femmes sont très présentes dans certaines professions intellectuelles : professeur, avocat(e), journaliste, infirmière, médecin…

Les traditions

Les Français ont conservé quelques traditions : mettre des chrysanthèmes sur les tombes à la Toussaint, faire des crêpes le jour de la Chandeleur (2 février), cacher des œufs en chocolat le jour de Pâques ou encore …

manger une galette des rois le 6 janvier et offrir du muguet le 1er mai.

Grammaire

L'imparfait (rappel)

L'imparfait est un temps du passé. Pour trouver le radical, il faut prendre la forme « nous » du présent et ajouter les terminaisons.

FAIRE Présent : nous **fais**ons

je fais**ais**	je ne faisais pas
tu fais**ais**	tu ne faisais pas
il/elle/on fais**ait**	il/elle/on ne faisait pas
nous fais**ions**	nous ne faisions pas
vous fais**iez**	vous ne faisiez pas
ils/elles fais**aient**	ils/elles ne faisaient pas

☞ Les terminaisons ne changent jamais.

Usage de l'imparfait

L'imparfait permet d'évoquer des habitudes, une situation répétitive dans le passé. C'est un temps *im-parfait*, donc inachevé, cyclique…

Souvent, des phrases à l'imparfait commencent par des expressions telles que :

- en général, avant, d'habitude, quand j'étais jeune, tous les mardis, à l'époque, en ce temps-là, dans le temps, autrefois…

C'est donc le temps du souvenir, particulièrement apprécié des personnes âgées !

- Autrefois, elle voulait devenir ministre !
- Avant, nous habitions dans un petit studio.
- À l'époque, les femmes ne travaillaient pas.
- Quand il était jeune, il faisait du théâtre.

Quand on raconte un rêve *(que l'on fait la nuit)*, le temps utilisé est l'imparfait. Tout est flou, le temps n'est pas précis :

- Dans mon rêve, j'étais au bord de la mer, je cherchais quelqu'un. À un certain moment, je voyais une sorte de bateau qui arrivait…

Imparfait, passé composé, présent

Pour parler d'un changement, d'une évolution de la situation, les trois temps peuvent être utilisés. Par exemple :

- **Une situation dans le passé**, racontée à l'**imparfait** :
  - Avant, nous **habitions** en Alsace et je **travaillais** dans une banque.

- **Un changement soudain**, une rupture, exprimés par le **passé composé** :
  - Un jour, mon mari **a reçu** une proposition de travail en Espagne. Nous **avons décidé** de l'accepter.
- **Une nouvelle situation**, racontée au **présent** :
  - Maintenant, nous **vivons** à Salamanque, je ne **travaille** plus mais j'**apprends** l'espagnol !

« Quelque chose de », « rien de » + adjectif qualificatif

- **Quelque chose de**

Dans cette structure, l'adjectif qualificatif est toujours au masculin :

- J'ai entendu quelque chose d'intéressant, l'autre jour.
- Nous offrirons quelque chose de beau à nos enfants.
- « dessiner quelque chose de beau, quelque chose d'utile… » *(J. Prévert)*

- **Rien de**

— Vous avez mangé quelque chose de bon ?
— Non, je n'ai rien mangé de bon ! / Non, rien de bon !
— Tu as fait quelque chose d'intéressant ?
— Non, rien de spécial !

- « À l'Ouest, rien de nouveau. » *(titre français du roman d'E.-M. Remarque)*

« Se sentir » + adjectif qualificatif

Le verbe « se sentir » s'utilise avec un adjectif qualificatif :

- Elle se sent isolée. Ils se sentent fatigués.

☞ Je me sens bien *(= je suis en bonne santé et en bon état psychologique)* ≠ je me sens mal.

Activités communication

1 ▸ **Vrai ou faux ?**

DIALOGUE 1

a. Les enfants allaient à l'école à Bruxelles.
b. Nina Lambert voyageait beaucoup.
c. Nina Lambert ne voyait pas beaucoup de gens.
d. Elle avait un jardin.

DIALOGUE 2

e. Nina Lambert et son ex-mari ont vendu leur maison.
f. Elle s'est remariée.
g. Son travail lui plaît beaucoup.
h. Elle n'est pas très heureuse.

2 ▸ DOCUMENT 3 • **Dites quelles phrases correspondent au document.**

1. La couleur est devenue banale.
2. La couleur est rare, dans le monde moderne.
3. La couleur n'intéresse pas les peintres.
4. Les tests psychologiques basés sur les couleurs sont intéressants.
5. Les tests psychologiques sont utiles pour connaître notre personnalité.
6. L'utilisation de la couleur dans les tests psychologiques est très discutable !

3 ▸ DOCUMENT 4 • **Vrai ou faux ?**

1. Quand il était jeune, le père était assez beau.
2. Quand il a commencé à travailler au Casino de Paris, le père connaissait déjà sa future femme.
3. Le père portait des lunettes, à l'époque.
4. Le père a connu madame Dismaïlova au Casino de Paris.
5. Les parents de madame Dismaïlova sont venus de Russie.

4 ▸ **Choisissez la bonne réponse.**

1. Vous avez changé de métier ? ☐ **a.** Effectivement ! ☐ **b.** C'est une surprise.
2. Ton travail te plaît ? ☐ **a.** Non, il m'ennuie ! ☐ **b.** Oui, je me suis mis à travailler.
3. J'ai eu une promotion ! ☐ **a.** Soudain ! ☐ **b.** Excellente nouvelle !
4. Tu continues à écrire ? ☐ **a.** Non, j'en ai assez ! ☐ **b.** Non, j'y arrive.
5. Elle a réussi à danser ? ☐ **a.** Oui, elle y est arrivée. ☐ **b.** Non, cela lui plaît.
6. Tu t'es mis à chanter ? ☐ **a.** Quel changement ! ☐ **b.** Oui, et cela me plaît beaucoup.

5 ▸ **Commentez les dessins suivants. Décrivez la situation passée (à l'imparfait), et la situation présente (au présent). Enfin, imaginez ce qui s'est passé entre les deux (au passé composé).**

1.

2.

3.

6 ▸ **Quand vous étiez (plus) jeune, que vouliez-vous faire comme métier ? Pourquoi ? Finalement, avez-vous choisi cette voie ou avez-vous pris une autre direction ?**

7 Vrai ou faux ?

1. On peut parler de crise personnelle.

2. Si une situation se détériore, elle ne se dégrade pas.

3. Cela ne m'intéresse pas = cela m'ennuie.

4. Kevin s'est mis à faire le ménage = il a réussi à faire le ménage.

5. Si une idée se répand, elle devient plus à la mode.

6. On peut « saisir » une occasion.

7. Une proposition qui tombe du ciel est une surprise.

8 Complétez par le contraire des expressions soulignées.

1. Le nombre de femmes qui travaillent peut <u>diminuer</u> ou, au contraire, ...

2. Les conditions économiques <u>se sont détériorées</u> ou, au contraire, ...

3. Son travail l'<u>ennuie</u> ou, au contraire, ...

4. Le niveau de son français <u>n'a pas progressé</u>, au contraire, ...

5. Heureusement, son état de santé <u>ne s'est pas dégradé</u>, il ....

9 Trouvez une réponse possible.

1. Vous vous êtes mis(e) à faire du sport ? ....

2. À l'époque, vous faisiez de la danse ? ....

3. Votre situation s'est améliorée ? ....

4. Votre vie vous plaît ? ....

5. Vous avez changé de logement, récemment ? ....

6. Vous êtes arrivé(e) à faire cet exercice ? ....

10 Complétez les phrases par un verbe approprié.

1. Il a .... l'occasion.

2. Elle est .... à contacter les clients, mais cela a été difficile !

3. Malheureusement, la situation s'est .... un peu plus.

4. Ce travail lui .... , elle aime beaucoup ce qu'elle fait.

5. J'ai commencé à faire du sport, je me .... au tennis.

11 À vous ! Parlez de votre pays.

1. En quelle année les femmes ont-elles eu le droit de vote ?

2. Quand vous étiez jeune, est-ce que beaucoup de femmes travaillaient ?

3. Est-ce que beaucoup de femmes occupent des postes à responsabilité (gouvernement, industrie…) ?

4. Connaissez-vous le pourcentage de femmes qui travaillent ?

5. Y a-t-il des professions plus particulièrement « féminines » ?

12 Quelles sont les traditions les plus vivantes de votre pays ? Connaissez-vous certaines traditions que vos parents ou vos grands-parents pratiquaient, et qui ont disparu, maintenant ? Existe-t-il, comme en France, des fleurs que l'on offre dans certaines circonstances ?

Activités grammaire

13 Complétez à l'imparfait ou au passé composé.

1. Avant l'arrivée des ordinateurs, il .... *(falloir)* plus de temps pour communiquer.

2. Autrefois, on .... *(mourir)* souvent des suites d'une infection. La découverte des antibiotiques ...
.... *(sauver)* un nombre incalculable de vies.

3. Quand Julie .... *(vivre)* avec Romain, ce .... *(être)* toujours elle
qui .... *(prendre)* toutes les décisions. Un jour, elle en .... *(avoir)*
assez et elle .... *(changer)* d'attitude. La première fois, Romain ....
(être) surpris, puis, finalement, il .... *(apprécier)* cette nouvelle manière de fonctionner.

4. Avant, Yves .... *(se servir)* toujours de sa voiture. Un jour, il ....
(avoir) un accident et il .... *(se mettre)* au vélo.

5. Elle .... *(arriver)* à faire des progrès en français.

6. Avant, les gens .... *(s'écrire)* des lettres ou .... *(se parler)* directement.

7. À l'époque, ma voisine .... *(s'occuper)* d'enfants handicapés. Elle ....
(prendre) sa retraite il y a déjà longtemps.

14 Formez des phrases selon l'exemple.

Exemple : ne pas jouer au tennis – commencer à y jouer – trouver le tennis très agréable
→ *Avant,* **je ne jouais pas** *au tennis.* **J'ai commencé** *à y jouer et maintenant,* **je trouve** *ce sport très agréable !*

1. fumer, ne pas pouvoir courir – décider d'arrêter de fumer – faire du jogging ! *Antoine* ....
....

2. être seul, un peu déprimé – rencontrer Jeanne – vivre un grand amour ! *Aziz* ....
....

3. ne pas aimer la littérature – avoir un excellent professeur de littérature – lire avec plaisir. *Je* ....
....

4. vivre en ville – changer de travail, s'installer à la campagne – avoir une vie plus saine. *Juliette et Frank* ....
....

5. détester marcher, ne jamais faire de promenade – s'inscrire à un club de marche pour rencontrer des gens –
aimer beaucoup la marche, avoir de nouveaux amis. *Je* ....
....

6. parler mal l'anglais – partir en Angleterre pour le travail – arriver à s'exprimer en anglais. *Cécile* ....
....

15 Trouvez au moins deux raisons, l'une à l'imparfait, l'autre au passé composé.

*Exemple : Pourquoi est-il arrivé en retard ? Parce qu'***il y avait** *une grève de bus. / Parce qu'***il a raté** *son train.*

1. Pourquoi a-t-il déménagé ? ....

2. Pourquoi ont-ils divorcé ? ....

3. Pourquoi a-t-elle eu peur ? ....

4. Pourquoi a-t-il si mal dormi ? ....

5. Pourquoi as-tu eu une si mauvaise note à ton examen ? ....

6. Pourquoi n'est-il pas parti ? ....

/10

16 🎧 **Écoutez le dialogue (piste 6 du CD). Vrai ou faux ?**

1. Héloïse n'a pas changé de travail depuis longtemps.

2. Elle aime beaucoup son nouveau travail.

3. Elle a un meilleur poste qu'avant.

4. Sa vie professionnelle n'est pas très différente.

5. Avant, elle dessinait des vêtements.

6. Elle a de nouvelles responsabilités.

7. Maintenant, elle est en contact avec les clients.

8. Elle a toujours désiré être styliste.

9. Elle a commencé à fabriquer des vêtements.

10. Virginie aussi veut devenir styliste.

/10

17 👁 **Lisez le texte suivant, écrit par Vincent, et dites si les phrases sont vraies ou fausses.**

Quand j'étais jeune, ma famille respectait scrupuleusement certaines traditions, surtout à propos de la cuisine. À la Chandeleur, ma mère nous faisait une pile de crêpes, ce qui nous mettait en joie, mes frères et moi. Nous pouvions couvrir les crêpes de sucre ou de confiture, puis les rouler et les manger avec les doigts – ce qui, d'habitude, était strictement interdit. Ma mère fermait les yeux avec indulgence. À Pâques, nos parents cachaient des œufs en chocolat dans le jardin. Comme j'étais le plus petit, c'était moi qui en récoltais le plus, mais je ne comprenais pas comment j'arrivais à en trouver autant !

Et puis j'ai grandi. Quand je suis devenu adolescent, j'ai estimé que manger des crêpes était une activité réservée aux bébés. Je n'ai plus cherché d'œufs en chocolat, j'ai commencé à sortir avec mes copains et à m'intéresser aux filles.

Maintenant que je suis père de famille, je peux à nouveau manger des crêpes avec mes enfants (qui adorent ça, pour le moment) et cacher des œufs en chocolat à Pâques. Bien sûr, je prends soin de faciliter la recherche à ma petite fille de quatre ans !

1. La mère de Vincent faisait des crêpes le 1er mai.

2. Vincent a des frères.

3. Vincent aimait manger des crêpes avec les doigts.

4. En général, il ne mangeait pas avec les doigts.

5. Vincent trouvait moins d'œufs en chocolat que ses frères.

6. Les bébés mangent des crêpes.

7. Adolescent, il n'avait pas beaucoup d'amis.

8. Maintenant, il a des enfants.

9. Il ne respecte plus les traditions.

10. Il a un petit garçon de quatre ans.

/10

18 👄 **Décrivez l'évolution de Bruno. Vous utiliserez l'imparfait, le passé composé et le présent.**

1.

2.

3.

/10

19 ✏ **Racontez votre propre évolution : vos rêves de jeunesse, vos études et votre situation actuelle. Vous utiliserez l'imparfait, le passé composé et le présent.**

Faits divers

 **1** DIALOGUE

On m'a volé ma voiture !

M. Viguier : Bonjour, madame, je viens faire une déclaration de vol. On m'a volé ma voiture. Pourtant, j'ai un antivol.

La policière : Racontez-moi ce qui s'est passé.

M. Viguier : Écoutez, j'étais chez moi, dans mon salon, je lisais tranquillement le journal. Tout à coup, j'ai regardé par la fenêtre et j'ai vu deux types qui s'approchaient de ma voiture.

La policière : Vous les connaissiez ?

M. Viguier : Non, pas du tout, c'était la première fois que je les voyais.

La policière : Ils étaient comment ? Vous pouvez les décrire ?

M. Viguier : Ils étaient assez jeunes, plutôt grands, bruns si je me souviens bien. Ils étaient habillés pareil : ils portaient un jean bleu et un blouson de cuir noir.

La policière : Ensuite ?

M. Viguier : Je me suis levé et à ce moment-là, les deux hommes sont entrés dans ma voiture et elle a démarré. Je n'ai même pas eu le temps de crier ! Tout s'est passé très vite, c'est incroyable.

 **2** DIALOGUE

Une mystérieuse disparition…

Jérôme Deville : Il est 13 heures, le journal, Caroline Delaunay.

Caroline Delaunay : À la une, la disparition d'Arnaud Lemaire ! On est sans nouvelles du célèbre marchand de tableaux depuis dimanche. Il a été vu pour la dernière fois, ce soir-là vers 21 heures, en compagnie d'amis. Il portait un costume vert foncé et une chemise rose à col ouvert. D'après les témoins, il semblait détendu. Il a salué ses amis et il est rentré chez lui. Depuis, plus rien !

Jérôme Deville : Quelles sont les hypothèses ? A-t-il été enlevé ?

Caroline Delaunay : C'est tout à fait possible. La police a immédiatement commencé son enquête. Selon nos informations, Arnaud Lemaire souhaitait acquérir une nouvelle galerie d'art dans le quartier de Saint-Germain. Il avait en vue celle de son rival de toujours, Alain Blanchet.

Jérôme Deville : Une rançon a-t-elle été demandée ?

Caroline Delaunay : Non, Jérôme, aucune rançon n'a été réclamée pour l'instant. Cependant, les enquêteurs ne négligent aucune piste…

Jérôme Deville : C'est-à-dire ?

Caroline Delaunay : Arnaud Lemaire commençait à avoir quelques ennuis avec le fisc. Il était suspecté de fraude et des contrôles devaient avoir lieu à son domicile ce matin…

Jérôme Deville : Il peut donc s'agir d'une disparition bien organisée, alors ?

Caroline Delaunay : Nous devons rester prudents. Pour le moment, rien ne permet de le dire. Nous vous tiendrons au courant dans nos prochaines éditions.

Étrange tentative de cambriolage

Un paisible couple de retraités a eu la frayeur de sa vie. Dans la nuit de samedi à dimanche, monsieur et madame Daumier, respectivement âgés de 69 et 63 ans, dormaient tranquillement dans leur pavillon de banlieue lorsqu'ils ont entendu un bruit bizarre, venant de la cuisine.

Monsieur Daumier s'est levé pour voir ce qu'il en était, pensant que c'était leur chat qui faisait des bêtises. Au moment où le sexagénaire ouvrait la porte de la cuisine, un homme a surgi, masqué, et a menacé monsieur Daumier d'un pistolet. Malgré la peur, ce dernier a pu se rendre compte que l'arme était... en plastique. Le malfaiteur a profité d'une seconde d'inattention de monsieur Daumier pour s'enfuir. La police, immédiatement alertée, n'a pas mis longtemps à retrouver le coupable.

En fait, il s'agissait d'un jeune homme assez immature et déséquilibré, qui était entré dans la maison car... il avait faim ! Effectivement, seuls les placards de la cuisine ont été fouillés...

Le drame de Châteauneuf

Le drame de Châteauneuf occupe toujours les policiers. Rappelons les faits. Il y a deux semaines, Pierre Garcia a signalé la disparition de son épouse Catherine, âgée de 32 ans. Cette dernière, selon son mari, montrait des signes de dépression inquiétants et prenait des médicaments anti-dépresseurs. Malgré des recherches intensives, la jeune femme n'a toujours pas été retrouvée.

Les policiers ont d'abord privilégié la thèse du suicide. Cependant, quelques éléments ont attiré l'attention des enquêteurs. D'abord, ils ont retrouvé dans la cave des traces de feu ainsi que plusieurs empreintes de l'ADN de la jeune femme. D'autre part, selon un témoin qui connaissait bien le couple, Catherine Garcia voulait quitter son mari qui, disait-elle, la traitait mal et faisait preuve d'une jalousie féroce.

Les soupçons s'orientent maintenant vers Pierre Garcia, qui clame son innocence.

Longuement interrogé, l'homme persiste dans ses déclarations : sa femme était dépressive et menaçait de se suicider. L'enquête continue...

Pierre Garcia a signalé la disparition de son épouse Catherine, âgée de 32 ans.

Faits divers de Raymond Depardon

Photographe de formation, Raymond Depardon a consacré une grande partie de sa carrière au cinéma documentaire. Sensible à la détresse humaine et à la confrontation avec les institutions, il réalise en 1983 un film passionnant, *Faits divers*, qui se passe dans un commissariat de police parisien. Le cinéaste suit les policiers quand ils sont appelés sur le terrain et confrontés aux grandes et petites misères des hommes. Depardon filme aussi certains interrogatoires.

Le spectateur assiste donc à toutes sortes de scènes, allant du tragique au tragicomique : accusations de viol, tentatives de suicide, disputes et bagarres, déclarations de vol, agressions...

Depardon prolongera son enquête en installant sa caméra dans le monde de la justice, avec *Délits flagrants* (1994) et *10ᵉ chambre, instants d'audience* (2004).

EXPRESSIONS-CLÉS

- **Tout à coup.** (= *soudain*)
- **Ils étaient comment ?**
- **On est sans nouvelles de...**
- **C'est-à-dire...** (= *ce qui signifie...*)
- **Avoir la frayeur de sa vie.** (= *avoir très peur*)
- **Voir ce qu'il en est.** (= *l'état des choses*)
- **Selon...** (= *d'après l'opinion de...*)

Vocabulaire

Les faits divers

Le terme « fait divers » désigne, dans un journal, tous les incidents qui affectent le domaine privé : un accident, ou encore une infraction < un délit < un vol < un crime.

Un meurtre (= un crime = un assassinat) a été commis *(commettre = faire, dans le sens péjoratif)*. Un célèbre acteur a été assassiné à son domicile. Le corps a été trouvé par sa femme de ménage. On ne connaît pas encore le mobile du crime *(= la raison)*. La police recherche les témoins *(les personnes qui ont peut-être vu quelque chose)*.

Un suspect a été interrogé par les policiers, mais il a été relâché, car il est innocent (≠ coupable).

Finalement, le criminel / le meurtrier a été arrêté et a avoué le crime : il a tué l'acteur pour une histoire de jalousie. Il sera jugé et condamné à plusieurs années de prison.

Les vols

On peut se faire voler son portefeuille, sa voiture, son téléphone mobile, son sac à main, de l'argent liquide, une carte bleue…

Un cambriolage est un vol dans un bâtiment : Loïc s'est fait cambrioler pendant les vacances. Les cambrioleurs ont volé les bijoux et les appareils électroniques : un ordinateur, un lecteur DVD, une télévision à écran plat.

Les violences et les agressions

Une jeune fille a été violée *(= agressée sexuellement)*, elle a été victime d'un viol.

Un garçon a été attaqué et les malfaiteurs lui ont arraché son blouson de cuir. Les agresseurs se sont rapidement enfuis.

Un milliardaire a été enlevé : les ravisseurs *(= les responsables de l'enlèvement)* ont réclamé une rançon d'un million d'euros.

Un incendie (= un feu) s'est déclaré dans un immeuble. Les pompiers sont rapidement arrivés. Deux personnes sont mortes et dix autres ont été blessées. On ne connaît pas l'origine de l'incendie, mais la piste criminelle *(≠ accidentelle)* n'est pas exclue.

Les acteurs du drame

le/la coupable = le malfaiteur (toujours masculin)

le/la voleur (-euse) = le/la cambrioleur (-euse)

le/la criminel(le) = le/la meurtrier (-ière) = l'assassin (toujours masculin)

le tueur en série (qui commet plusieurs meurtres)

le violeur (toujours masculin…)

la victime (toujours féminin : Paul est **une** victime)

Les commentaires

C'est terrible/horrible/atroce/affreux/épouvantable !

Un crime monstrueux = barbare.

Ce crime odieux a suscité une vive émotion / l'indignation générale…

Il s'agit de…

Cette structure permet de présenter un sujet :

- De quoi s'agit-il ?
- Il s'agit d'un fait divers atroce.
- Il peut s'agir d'un crime.

Civilisation

Le roman policier

La francophonie a une riche histoire de romans policiers.

Certains auteurs sont devenus classiques : Maurice Leblanc et son Arsène Lupin, le « gentleman-cambrioleur », Gaston Leroux et son journaliste détective Rouletabille, Simenon et son célèbre inspecteur Maigret.

La mode est également aux romans policiers à caractère historique, comme ceux de Jean-François Parot qui décrit minutieusement la vie à Paris au XVIIIᵉ siècle.

Parmi les auteurs modernes, une femme, Fred Vargas, remporte un grand succès.

L'édition a favorisé le genre « policier » avec la création de « la collection du Masque » (démarrée en 1927) et de « la Série Noire » (1945).

Grammaire

◢◣ Le récit au passé

Lorsqu'on raconte un événement dans le passé, on utilise l'imparfait et le passé composé.

⚠ Le passé simple, toujours vivant en littérature, n'est plus employé dans la langue orale moderne. Il est remplacé par le passé composé.

• **L'imparfait permet d'indiquer les circonstances de l'action :**

. Je regardais tranquillement la télévision…

. Xavier travaillait dans son bureau…

. Tout était calme dans la rue, les enfants jouaient…

• **L'imparfait permet aussi de décrire un personnage ou un lieu :**

. Le voleur était vêtu d'un pull rouge, il portait une barbe et un grand chapeau pour cacher son visage.

. La maison se trouvait au bord de la mer.

• **L'imparfait décrit des habitudes, des actes répétitifs dans le passé** *(voir unité 2 p. 21)* :

. Suzanne partait tous les jours à 8 heures.

. Nous passions l'été avec nos cousins.

• **Le passé composé exprime l'action elle-même :**

. Un homme a attaqué une dame dans la rue pour lui voler son sac à main. Elle s'est défendue et le voleur s'est enfui.

• **Le passé composé est utilisé pour une action dont on connaît le début et la fin :**

. J'ai attendu le bus pendant 20 minutes.

. À 14 h 30, il est entré en réunion, et il en est sorti à 17 heures.

• **Un récit complet au passé comprend donc les deux temps** (actions et circonstances). L'image couramment utilisée est que, comme au théâtre, des acteurs agissent *(le passé composé)* au milieu d'un décor *(l'imparfait)*.

◢◣ Changement de temps → changement de sens

• **Devoir**

. Je **devais** partir, mais finalement je suis resté ici. *(= c'était mon intention mais…)*

. Comme j'étais malade, j'**ai dû** rester à la maison. *(= j'ai été obligé(e) de rester chez moi)*

• **Croire**

. Je **croyais** que Luc était en vacances. *(= je le supposais)*

. J'**ai cru** qu'il y avait un accident ! *(= pendant quelques secondes, je l'ai supposé, ce n'était pas le cas)*

• **Penser**

. Je **pensais** qu'elle viendrait. *(= je l'ai supposé, rationnellement)*

. Tu **as pensé** à éteindre la lampe ? *(= tu n'as pas oublié ?)*

☞ Les verbes « croire » et « penser » sont très proches, mais avec des nuances. « Croire » exprime une intuition, une impression subjective. « Penser » est plus rationnel, logique, objectif.

• **Savoir**

. Je **savais** qu'il était en vacances. *(= j'étais informé)*

. J'**ai su** la date de cette bataille. *(mais je l'ai oubliée !)*

• **Connaître**

. Quand j'étais jeune, je **connaissais** tout le monde dans mon village ! *(j'avais une familiarité avec tout le monde)*

. J'**ai connu** ma femme à une fête. *(= j'ai fait sa connaissance)*

◢◣ La voix passive / « se faire » + infinitif

La voix passive insiste sur l'objet de l'action plutôt que sur le sujet :

. Le portefeuille de Léa a été volé. → *Insistance sur le portefeuille.*

. Léa s'est fait voler son portefeuille. → *Insistance sur Léa.*

. La maison a été cambriolée. → *Insistance sur la maison.*

. Henri s'est fait cambrioler. → *Insistance sur Henri.*

⚠ Ne dites pas : elle s'est ~~faite~~ voler, mais : elle s'est **fait** voler. Ils se sont **fait** cambrioler.

Activités communication

1 ▸ Vrai ou faux ?

DIALOGUE 1

a. La voiture de M. Viguier n'avait pas de système de protection.

b. Les deux voleurs portaient le même type de vêtements.

c. Les deux voleurs ont cassé la vitre de la voiture.

DIALOGUE 2

d. Arnaud Lemaire avait l'air inquiet dimanche soir.

e. A. Lemaire a acheté une nouvelle galerie d'art.

f. A. Lemaire n'était peut-être pas très honnête.

g. C'est Alain Blanchet qui a organisé l'enlèvement.

2 ▸ DOCUMENTS 3 et 4 • Associez les phrases au bon document.

| **a.** Document 3 : .... | **b.** Document 4 : .... |

1. Il était armé.

2. On n'a pas trouvé le coupable.

3. On a trouvé le coupable.

4. Il était peut-être violent, mais ce n'est pas certain.

5. Il a eu peur.

6. Quelque chose a brûlé.

3 ▸ DOCUMENT 5 • Vrai ou faux ?

1. Depardon a filmé des crimes.

2. On ne sait pas où le film se passe.

3. Certaines scènes ne sont pas tragiques.

4. Dans le film, on voit les policiers travailler.

4 ▸ Qui parle ? Associez.

1. Vous pouvez décrire votre agresseur ?

2. On m'a volé mon sac à main !

3. J'ai vu les voleurs s'enfuir !

4. Oui, c'est moi qui ai tué mon mari !

5. Oui, c'est moi qui ai pris le portefeuille.

6. Non, je n'étais pas là au moment du crime !

a. un voleur

b. un suspect

c. un policier

d. un témoin

e. une meurtrière

f. une victime

5 ▸ Choisissez la bonne réponse.

1. Le voleur était [qui] [comment] ? — Un petit brun très maigre.

2. On est sans [nouvelles] [idées] du journaliste depuis une semaine.

3. J'ai [pris] [eu] la frayeur de ma vie !

4. Elle va voir ce qu'il [est] [en est].

5. [Après] [Selon] les enquêteurs, le jeune homme a avoué son crime.

6 ▸ Regardez la scène suivante et racontez ce qui s'est passé, à la manière d'un journaliste. Vous pouvez inventer des détails ou des circonstances réalistes.

7 Éliminez l'intrus.

1. vol / cambriolage / viol

2. malfaiteur / agresseur / pompier

3. témoin / criminel / meurtrier

4. assassinat / crime / mobile

5. incendie / délit / feu

6. attaquer / condamner / agresser

7. pompier / policier / violeur

8. tueur / voleur / cambrioleur

8 De qui parle-t-on ?

1. Il interroge un suspect : ....

2. Il commet des viols : ....

3. Il a commis un assassinat : ....

4. Il a vu le crime : ....

5. Il a déjà tué sept personnes : ....

6. Il s'est fait voler son portefeuille : ....

9 Trouvez le nom correspondant au verbe.

*Exemple : inviter → **une invitation***

1. cambrioler → ....

2. voler → ....

3. tuer → ....

4. agresser → ....

5. enlever → ....

6. violer → ....

10 Choisissez la bonne réponse.

1. Il s'est fait [voler] [cambrioler] son portefeuille.

2. Le meurtre est un [délit] [crime].

3. Le coupable a [condamné] [avoué] son crime.

4. Elle a été [jugée] [relâchée] car elle est innocente.

5. Il s'agit d'un [vol] [crime] atroce.

6. Les pompiers ont été appelés pour un [vol] [incendie].

7. Un suspect a été [interrogé] [jugé].

8. Un vol a été [trouvé] [commis].

11 Complétez par les mots manquants. Plusieurs solutions sont parfois possibles.

1. Le voleur a commis un ....

2. La maison de Stéphane a été .... : on lui a pris tous ses appareils électroniques.

3. Un crime a été .... hier soir. Le .... a été arrêté.

4. Malheureusement, Louis a été .... d'un vol. On lui a volé son ordinateur.

5. Une banque a été .... et les .... ont pris la fuite avec plusieurs milliers d'euros.

6. Le suspect a été .... , car il est innocent.

7. Le meurtrier a été .... à quinze ans de prison.

8. Ce riche industriel a été .... On réclame une .... de 200 000 euros.

12 À vous !

1. Dans votre langue, comment dit-on « roman policier » ?

2. Aimez-vous en lire ? Pourquoi ?

3. Dans votre pays, existe-t-il de bons auteurs de romans policiers ?

4. Connaissez-vous quelques détectives célèbres ?

5. Avez-vous déjà lu des romans policiers francophones ?

6. Connaissez-vous des collections de livres policiers ?

Activités grammaire

13 ▾ Choisissez la bonne forme du verbe.

1. Fouad [devait] [a dû] partir en week-end, mais finalement, il [restait] [est resté] à la maison.

2. Chloé [attendait] [a attendu] le bus pendant plus d'une demi-heure !

3. C'est bizarre, pendant une seconde, je [croyais] [j'ai cru] que c'était Joséphine qui parlait.

4. Où est-ce que vous vous [connaissiez] [êtes connus] ? — À l'université.

5. Ma grand-mère [me donnait] [m'a donné] toujours des livres pour Noël.

6. Comment est-ce que tu [t'habillais] [t'es habillée], pour le mariage de Colette et Philippe ?

7. Qu'est-ce que Liu [faisait] [a fait], hier matin ?

8. Tu [pensais] [as pensé] à acheter du pain pour ce soir ?

14 ▾ Mettez les verbes suivants à l'imparfait ou au passé composé, selon le sens.

1. Tu .... *(savoir)* que Renaud était un voleur ? — Ah bon ? Moi qui ....
(croire) qu'il .... *(être)* honnête !

2. Il n'est pas parti ? — Non, il .... *(devoir)* quitter Paris, mais finalement, il ....
(devoir) annuler son voyage.

3. Il .... *(penser)* à téléphoner à sa tante ? — Non, il .... *(oublier)*.

4. Où est-ce qu'elle .... *(connaître)* son mari ?

5. Quand nous sommes arrivés ici, nous ne .... *(connaître)* personne.

6. C'est quand, l'anniversaire de Flore ? — Je .... *(savoir)* la date, mais je l'ai oubliée !

7. Pendant une seconde, elle .... *(croire)* que c'était son ancien fiancé qui téléphonait !

8. Il .... *(penser)* que nous aimions les romans policiers.

15 ▾ Transformez les phrases suivantes à la forme passive.

*Exemple : On a pris le sac de Véronique. → Véronique **s'est fait voler** son sac.*

1. On a volé le téléphone mobile de Xavier. →.................................

2. On a cambriolé la maison de Tania. →.................................

3. On a violé cette pauvre jeune femme. →.................................

4. On a agressé le vieux monsieur dans la rue. →.................................

5. On a attaqué deux touristes. →.................................

6. On a enlevé la femme la plus riche du pays ! →.................................

7. On a coupé les cheveux de Thibaud. →.................................

8. On a licencié le directeur corrompu de l'entreprise. →.................................

16 ▾ Complétez à l'imparfait ou au passé composé.

1. Tu .... *(penser)* à éteindre le gaz ? — Non, je .... *(penser)*
qu'il .... *(être)* déjà éteint !

2. Je .... *(croire)* que Barbara .... *(vivre)* à Namur. Apparemment,
je .... *(se tromper)* !

3. Vous .... *(voir)* le voleur ? — Oui, ce .... *(être)* un petit brun
qui .... *(porter)* une casquette blanche. Il .... *(avoir)* l'air assez gentil,
je dois dire ! Il ne .... pas *(sembler)* dangereux !

.... /40

.... /10

👂 **17** 🎧 **Écoutez le dialogue (piste 9 du CD). Vrai ou faux ?**

1. Un voisin a été arrêté.

2. La voisine a été témoin d'un crime.

3. M. Duroc a essayé de s'enfuir.

4. M. Duroc était un voisin agréable.

5. M. Duroc a commis des meurtres.

6. Tout le monde savait que M. Duroc était suspect.

7. M. Duroc avait l'air normal.

8. M. Duroc a été découvert par un témoin.

9. M. Duroc a tout avoué.

10. M. Duroc a aussi commis des viols.

.... /10

👁 **18** **Lisez le texte suivant et dites si les phrases sont vraies ou fausses.**

Lire la rubrique « faits divers » dans un journal peut être, selon les cas, distrayant ou déprimant. On y apprend toutes les horreurs commises par des malfaiteurs : vols, cambriolages, agressions, incendies criminels, viols et meurtres en tous genres. Cependant, certains faits n'ont rien de tragique, comme par exemple l'histoire de cette voiture volée dans une petite ville de Bretagne. Un garagiste a en effet constaté l'absence d'une voiture qu'il venait de réparer. La police a immédiatement été alertée et a commencé les recherches. Quelques heures plus tard, les policiers ont découvert la voiture en plein milieu d'une forêt, conduite par un enfant de dix ans, le propre fils du garagiste… Le petit garçon, passionné de voitures et de mécanique, voulait « faire le pilote ». Comment a-t-il appris à conduire ? « Aucune idée », disent les parents, « certainement pas avec nous »…

1. Les faits divers sont toujours horribles.

2. Il est parfois plaisant de lire les faits divers.

3. Ce qui s'est passé en Bretagne est tragique.

4. Une voiture a disparu.

5. La police a été appelée.

6. Les policiers ont été témoins d'un accident.

7. La voiture ne marchait plus.

8. C'est un pilote qui a volé la voiture.

9. L'enfant a eu un accident.

10. Les parents ont appris à conduire à l'enfant.

.... /10

👄 **19** **Racontez ce qui s'est passé. Décrivez chacune des situations pour constituer une histoire complète. Vous utiliserez principalement le passé composé et l'imparfait.**

1.

2.

.... /10

✏️ **20** **Voici le titre d'un journal. Rédigez un article sur ce thème en faisant appel à votre imagination !**

Crime ou accident ? Le mystère de la mort de Léo Verger reste entier !

....

....

Débats et conversations

1 DIALOGUE

Une conversation

Adèle : Je ne sais plus si je t'en ai déjà parlé, mais finalement Étienne n'a pas tenu sa promesse : il ne m'a pas emmenée au concert.

Colette : Oui, tu me l'as dit l'autre jour au téléphone.

Adèle : Ah, je te l'ai déjà raconté ? Je me répète, alors… En revanche, pour la fête, il viendra avec moi, il me l'a promis !

Colette : Quelle fête ? Je ne suis pas au courant.

Adèle : Tu as raison, je crois que je ne t'ai pas mise au courant : Clément organise une fête pour ses dix ans de mariage.

Colette : Ne m'en parle pas… Je déteste ce genre de fête ! Il est vrai que j'ai perdu le contact avec Clément depuis son mariage, précisément…

Adèle : Ah bon ? Pourquoi ? Tu es jalouse de sa femme ? Non, je te taquine…

2 DIALOGUE

Un débat

Boniface : Tu dis que ce film est magnifique, mais je ne suis pas d'accord avec toi ! Je le trouve plutôt médiocre. À mon avis, c'est un catalogue de clichés, ça n'a pas grand intérêt !

Virginie : Mais non, Boniface, je dis simplement que l'image est superbe, les paysages sont splendides,

même si, je le reconnais, l'intrigue manque un peu de consistance.

Boniface : Un peu, oui ! L'image ne fait pas tout le film. Certains critiques ont parlé de chef-d'œuvre, ce qui me semble franchement exagéré.

Virginie : Moi, je n'ai jamais prétendu que c'était un chef-d'œuvre ! Par contre, je ne partage pas ton opinion : ce film ne manque pas d'intérêt.

Boniface : Et pourtant, Virginie, tu as parlé d'un film « magnifique » !

3 DIALOGUE

Le ton monte

Jérôme : Zohra, donne-moi au moins ton avis sur la question !

Zohra : Pourquoi est-ce que tu me le demandes ? Ça ne sert à rien, tu ne m'écoutes jamais ! C'est comme l'histoire de la réunion, l'autre jour…

Jérôme : Quelle réunion ? Tu ne m'en as jamais parlé !

Zohra : Jérôme, bien sûr que si ! C'est toujours la même chanson.

Jérôme : Qu'est-ce que tu veux dire par là ? Tu veux dire que je mens ?

Zohra : Mais je n'ai jamais dit ça ! Le problème, avec toi, c'est que tu prends toujours mal les choses !

Jérôme : Oh et puis zut, j'en ai assez ! *(Il part en claquant la porte.)*

Les « batailles » artistiques

Si le débat constitue une passion française, il intervient même dans le monde des arts. En effet, l'histoire artistique française est ponctuée de disputes plus ou moins féroces.

Ainsi, la « bataille d'Hernani » ne renvoie pas à une action militaire, mais à une polémique soulevée, en 1830, par la création d'une pièce de théâtre écrite par un jeune auteur révolutionnaire, Victor Hugo… Plus tard, l'apparition de peinture en rupture avec le conservatisme entraînera la création du « Salon des refusés « (1863), où figurent, pour être généralement moquées, des œuvres de Manet ou Pissaro. N'oublions pas d'ailleurs que nombre de courants artistiques portent des noms à l'origine insultants, de « gothique » à « fauve », en passant par « baroque » et « impressionniste ».

En 1898, c'est Rodin qui fait scandale, bien involontairement, en présentant sa fameuse statue monumentale de Balzac. Quelques années plus tard, ce sera au tour de Picasso de choquer le public avec sa toile *Les Demoiselles d'Avignon*, présentée en 1907. De son côté, Stravinsky crée en 1913, sous les huées et les sifflets, son fameux ballet *Le Sacre du printemps*, chorégraphié par Nijinski.

De nos jours, ces œuvres devenues classiques suscitent l'admiration et il nous est difficile d'imaginer qu'elles ont provoqué de véritables fureurs en leur temps.

L'affaire Dreyfus

Dans l'histoire française moderne, rares auront été les polémiques aussi graves que la fameuse « affaire Dreyfus ».

En 1894, un officier français, Alfred Dreyfus, est accusé de haute trahison et condamné aux travaux forcés à perpétuité. Certains, dont Émile Zola, commencent à avoir de sérieux doutes sur la culpabilité de ce militaire qui n'a cessé de clamer son innocence. Comme Dreyfus est juif, l'idée d'une accusation uniquement fondée sur l'antisémitisme se fait jour. Le 13 janvier 1898, Zola publie dans le journal *L'Aurore*, un article courageux de défense de Dreyfus, dont le très gros titre, « J'ACCUSE ! », est resté célèbre.

La France se divise alors en deux camps férocement opposés, les « dreyfusards » (qui croient à l'innocence de l'officier) et les « antidreyfusards ». D'innombrables discours, des disputes et polémiques parfois très violentes, traversent le pays.

Finalement, au terme de longues années d'une enquête difficile, durant laquelle l'armée cherchera à cacher la vérité, Dreyfus sera innocenté en 1906. Le vrai coupable, Esterházy, sera dans le même temps démasqué, mais jamais condamné. Cette « affaire » laissera des marques très profondes dans le paysage politique français.

La France se divise en deux camps

Pour en savoir plus :
http://www.assemblee-nationale.fr/histoire/dreyfus/dreyfus-chrono.asp

Le déshonneur de Paris !

Le 14 février 1887 paraît dans le journal *Le Temps* une lettre ouverte qui commence ainsi : « Nous venons, écrivains, peintres, sculpteurs, architectes passionnés de la beauté jusqu'ici intacte de Paris, protester de toutes nos forces, de toute notre indignation, au nom du goût français méconnu, au nom de l'art et de l'histoire français menacés, contre l'érection, en plein cœur de notre capitale, de l'**inutile et monstrueuse tour Eiffel** […]»[1]. Suivent tous les arguments destinés à critiquer cette construction qui sera, selon les auteurs de la lettre, le « déshonneur de Paris » et que les étrangers moqueront… Quand on pense à la célébrité de cet édifice, devenu pour le monde entier le symbole, non seulement de Paris, mais de la France, on peut sourire de cette réaction !

1 Voir le site de la tour Eiffel [www.tour-eiffel.fr].

EXPRESSIONS-CLÉS

- **Tu me l'as déjà dit !**
- **Cela ne sert/servira à rien !**
- **Je dis simplement que…**
- **C'est toujours la même chanson !**
- **Par contre = En revanche**
- **Ne m'en parle pas !**
  (= le sujet est délicat !)
- **Cela ne manque pas d'intérêt.**
  (= c'est assez intéressant)

Vocabulaire

La conversation

Pendant le dîner, nous bavardons = nous conversons = nous parlons de choses et d'autres / de tout et de rien. Puis nous engageons une conversation animée : nous parlons de la situation politique. C'est un excellent sujet de conversation chez les Français ! Pourtant, certaines personnes préfèrent se taire (= rester silencieux).

La discussion et le débat

Bien sûr, quand on discute de politique, la discussion devient vive.

À la radio ou la télévision, les journalistes organisent un débat public : les participants débattent d'un sujet. Chacun trouve des arguments pour convaincre l'autre. Pour cela, il faut être brillant, bien informé et convaincant !

La dispute

Si les opinions sont vraiment différentes, deux personnes peuvent se disputer, plus ou moins violemment : le ton monte. Certains sujets provoquent des disputes. Parfois, une personne part « en claquant la porte ».

Il arrive que des amis se brouillent *(= refusent de se voir et de se parler)*. Heureusement, ils peuvent aussi se réconcilier : c'est l'heure de la réconciliation.

Tous ces termes peuvent être utilisés entre personnes ou entre pays (on parle de la « brouille », de la « réconciliation » entre deux pays).

Donner son opinion

Je ne suis (absolument) pas d'accord avec toi/lui/elle/vous/eux/elles/cette décision/ce projet…

Je suis de l'avis de Rémi. ≠ Je ne suis pas de son avis, je ne suis pas du même avis. Je ne partage pas (du tout) cette opinion !

À mon avis… Pour moi… Selon moi…

La communication

Quand on promet quelque chose, on fait une promesse. Ensuite, on doit tenir sa promesse.

Alain répète toujours la même chose, il se répète.

Être au courant = avoir des informations :

— Tu es courant de ce projet ?
— Non, on ne m'a pas mis au courant.
— Eh bien, moi, je te tiendrai au courant !

Être en contact ≠ perdre le contact :

— Vous êtes toujours en contact avec Sami ?
— Non, j'ai perdu le contact avec lui. Nous nous sommes perdus de vue il y a une dizaine d'années.

Lucien est énervant, il ne me laisse pas parler, il me coupe la parole (= il m'interrompt) tout le temps !

Civilisation

Le débat, une passion française !

• La France a la passion des débats : ouvrez votre poste de radio ou de télévision, parcourez un journal, et vous compterez les innombrables « débats » : « Le Débat du jour » (RFI) , « Le Débat de France 24 », « Le Grand Débat » (chaîne *Histoire*), la rubrique « Débats » dans *Le Figaro*, sans oublier la revue *Le Débat* (créée en 1980).

• D'autres termes sont associés au « débat » : la querelle, la dispute, la polémique, la bataille, la brouille… Ainsi, il est possible de lire ce genre de phrases dans la presse : « Lors d'un débat houleux à l'Assemblée nationale », « querelles de parti », « ne faisons pas de polémique », « organisons un grand débat national », « je refuse de polémiquer »…

• La tradition politique est d'organiser un débat télévisé entre les deux principaux candidats à l'élection présidentielle.

L'art de la conversation

Une bonne soirée entre amis implique, outre un bon dîner, une conversation animée, pendant laquelle les convives interviennent vivement. Il est fréquent de se couper la parole, mais sans exagérer, sinon cela devient grossier.

Tout est une question de rythme et de vivacité.

Grammaire

Les doubles pronoms personnels compléments

• *Ce film*, Éric (ne) **me le** conseille (pas).

Cette histoire, il (ne) **me la** raconte (pas).

Ces livres, il (ne) **me les** prête (pas)

(ne) **me les** offre (pas)

(ne) **te le/la/les** offre (pas)

(ne) **le/la/les** <u>lui</u> offre (pas)

(ne) **nous le/la/les** offre (pas)

(ne) **vous le/la/les** offre (pas)

(ne) **le/la/les** <u>leur</u> offre (pas).

⚠ Attention au changement d'ordre des pronoms à la 3ᵉ personne du singulier et à la 3ᵉ personne du pluriel.

• ***De*** *ce livre / de cette situation / de ces problèmes*,

Adèle (ne) **m'en** parle (pas)

(ne) **t'en** parle (pas)

(ne) **lui en** parle (pas)

(ne) **nous en** parle (pas)

(ne) **vous en** parle (pas)

(ne) **leur en** parle (pas).

• ***À*** *ce musée*, **en** *Espagne*, ***dans*** *cette région*,

Marius (ne) **m'y** emmène (pas)

(ne) **t'y** emmène (pas)

(ne) **l'y** emmène (pas)

(ne) **nous y** emmène (pas)

(ne) **vous y** emmène (pas)

(ne) **les y** emmène (pas).

Au passé composé

Nous **le lui** avons promis. Paul ne **nous en** a pas parlé. Vous **me l'**avez dit. Tu **l'y** as conduit.

Avec un verbe semi-auxiliaire

Je ne vais pas **le lui** dire. Tu peux **m'en** acheter un ? Ils veulent **m'y** emmener. Elle a décidé de **lui en** parler. Il n'hésitera pas à **me le** raconter.

Avec un impératif

Dis-le-moi !	Ne me le dis pas !
Donnez-la-moi !	Ne me la donnez pas !
Donne-les-lui !	Ne les lui donne pas !
Parle-nous-en !	Ne nous en parle pas !
Donne-lui-en !	Ne lui en donne pas !
Donne-m'en !	Ne m'en donne pas !

⚠ À l'impératif, « me » devient « moi » après « le, la, les ».

☞ L'impératif du type « Emmène-les-y ! » est rare.

La proposition complétive avec « que »

De nombreux verbes sont suivis de « que » + phrase. Ici, nous verrons les expressions qui ne demandent pas le subjonctif :

• Annoncer, apprendre, croire, dire, espérer, imaginer, penser, prétendre, promettre, raconter, remarquer, répondre, savoir, supposer, trouver, voir, avoir l'impression que…

. Je crois qu'elle est arrivée.

. Il espère que nous viendrons.

. Nous imaginons que le projet est intéressant.

• Le problème est que, le résultat est que, l'avantage est que, l'inconvénient est que…

. L'inconvénient est que cela coûte cher.

. Le problème est que nous manquerons de temps.

• Il est certain, clair, exact, évident, incontestable, sûr, vrai que…

. Il est évident que c'est une bonne idée.

. Il est clair que nous devrons répondre à cette demande.

• Il paraît que, il me semble que…

. Il paraît qu'on va construire un stade.
(= la rumeur dit que…)

⚠ La conjonction « que » est obligatoire. On ne peut pas la supprimer.

Activités communication

1 **Vrai ou faux ?**

DIALOGUE 1

a. Étienne est allé au concert avec Adèle.

b. Colette s'est brouillée avec Clément.

DIALOGUE 2

c. Boniface trouve le film banal.

e. Virginie pense que le film est un chef-d'œuvre.

d. Virginie est du même avis.

DIALOGUE 3

f. Zohra ne veut pas donner son opinion.

g. Jérôme quitte Zohra calmement.

2 DOCUMENT 4 · **Vrai ou faux ?**

1. Certaines disputes concernant l'art peuvent être violentes.

2. Le mot « impressionniste » n'est pas un compliment, à l'origine.

3. Une statue représentant un grand écrivain a choqué le public.

4. Picasso a fait scandale avec *Le Sacre du printemps*.

3 DOCUMENT 5 · **Répondez aux questions.**

1. Pour quelle raison officielle Alfred Dreyfus a-t-il été condamné ?

2. Quel écrivain s'est engagé dans la défense de Dreyfus ?

3. Dreyfus était-il coupable ?

4 DOCUMENT 6 · **Retrouvez dans le texte un synonyme des termes suivants.**

1. être publié : ....

4. la honte : ....

2. la colère : ....

5. le bâtiment : ....

3. la construction : ....

6. se moquer un peu : ....

5 **Associez pour constituer un dialogue.**

1. Tu sais, je vais m'installer à Lausanne.

a. Ne m'en parle pas ! C'est un tel choc !

2. Tu trouves ce spectacle intéressant ?

b. Non, je dis simplement que ce n'est pas idiot !

3. Je pourrais téléphoner à Anaïs et tout lui expliquer.

c. Oui, il ne manque pas d'intérêt.

4. Aude et Quentin se sont encore disputés, hier soir !

d. Tu me l'as déjà dit. Tu as trouvé un logement ?

5. Pourquoi dis-tu que c'est génial ?

e. À mon avis, cela ne servira à rien ! Elle refuse de communiquer.

6. Tu sais que David va divorcer ?

f. C'est toujours la même chanson !

6 **Vous êtes avec un(e) ami(e) et vous parlez ensemble d'un projet de vacances. Vous n'êtes pas du même avis, mais la conversation reste agréable. Imaginez et jouez le dialogue.**

7 **Vous venez de voir un film que vous avez beaucoup aimé. Vous défendez votre point de vue devant un(e) ami(e) qui est d'une opinion radicalement différente. Imaginez le dialogue.**

8 **Existe-t-il, dans votre pays, des « batailles » littéraires, philosophiques, artistiques ? Certains artistes ont-ils provoqué la polémique ?**

9 **Et vous, aimez-vous les conversations animées ? Vous arrive-t-il de débattre passionnément avec des amis ?**

10 ▸ Trouvez le nom qui correspond aux verbes suivants.

Exemple : exprimer → l'expression

1. discuter → ....

2. débattre → ....

3. se disputer → ....

4. converser → ....

5. se réconcilier → ....

6. se brouiller → ....

7. promettre → ....

8. polémiquer → ....

11 ▸ Répondez par une phrase complète.

1. Tu es d'accord avec moi ? — Non, ...

2. Ils se sont séparés calmement ? — Non, ...

3. Elle te laisse parler ? — Non, ...

4. Il a beaucoup parlé ? — Non, ...

5. Tu es de mon avis ? — Oui, ...

6. Vous vous êtes brouillés ? — Oui, mais heureusement, ...

12 ▸ Replacez les mots suivants dans les phrases.

se disputent – tenu – claquant – parole – débat – réconciliation – ton – vue – brouille – discussion

1. Les journalistes ont organisé un .... à la télévision.

2. C'est pénible, Sonia et Julien .... tout le temps !

3. Après une longue .... , l'heure est à la .... entre les anciens ennemis.

4. Ils ont engagé une .... animée. Progressivement, le .... est monté et Sylvain est parti en .... la porte.

5. Je n'aime pas qu'on me coupe la .... tout le temps !

6. Joëlle et Claire se sont perdues de .... il y a quelques années.

7. Valentin m'a promis de m'emmener à Venise, mais il n'a pas .... sa promesse…

13 ▸ Éliminez l'intrus.

1. réconciliation / conversation / brouille

2. querelle / dispute / opinion

3. être au courant / interrompre / couper la parole

4. être d'accord / être au courant / être du même avis

5. promettre / parler / bavarder

6. avis / opinion / sujet

14 ▸ Vrai ou faux ?

1. Les Français adorent discuter.

2. Les débats dans les médias finissent toujours en brouille.

3. Il existe une revue qui s'appelle *La Conversation*.

4. Au cours d'une bonne soirée, les gens se disputent toujours.

5. On ne doit jamais couper la parole à quelqu'un dans une conversation animée.

6. Il y a peu de débats dans les journaux.

7. Les candidats à l'élection présidentielle débattent seulement à la radio.

Activités grammaire

15 Répondez en utilisant les doubles pronoms. Attention au temps des verbes !

1. Bruno t'a parlé <u>de ce projet</u> ? — Oui, ...

2. Léonard a emmené <u>sa fille</u> <u>au cirque</u> ? — Oui, ...

3. Maxime t'a raconté <u>ses vacances</u> ? — Non, ...

4. Tu as demandé <u>l'adresse</u> <u>à Lydie et Roland</u> ? — Oui, ...

5. Vous pouvez acheter <u>un dictionnaire</u> <u>à votre fils</u> ? — Oui, ...

6. Tu <u>me</u> conduiras <u>à la gare</u> ? — Oui, ...

7. Tu <u>me</u> conseilles <u>ce film</u> ? — Non, ...

8. Vous parlerez <u>à vos collègues</u> <u>de ce débat</u> ? — Non, ...

9. Tes parents t'ont offert <u>un collier</u> ? — Oui, ...

10. Ton ami t'a donné <u>les références</u> ? — Non, ...

16 Transformez à l'impératif.

*Exemple : Tu ne me l'as pas montré ? → **Eh bien, montre-le-moi !***

1. Tu ne lui en as pas donné ? → ....

2. Tu ne me l'as pas dit ? → ....

3. Tu ne lui en as pas parlé ? → ....

4. Tu ne le leur as pas donné ? → ....

5. Tu ne le lui as pas dit ? → ....

6. Tu ne m'en as pas donné ? → ....

7. Tu ne me les as pas montrées ? → ....

17 Répondez en utilisant les verbes suivants au présent. Faites une phrase complète.

1. Bruno et Amandine sont partis en vacances ? — Oui, je .... *(croire)*.

2. C'est Alice qui a commencé la dispute, non ? — Oui, il .... *(être exact)*.

3. Béatrice viendra à ta fête ? — Oui, je .... *(supposer)*.

4. Capucine n'a pas l'air très contente. — Oui, je .... *(avoir l'impression)*.

5. Apparemment, Mourad et Nora se sont disputés. — Oui, il .... *(paraître)*.

6. Vous verrez cette exposition ? — Oui, je .... *(espérer)*.

7. Mon fils a beaucoup grandi. — Oui, je .... *(voir)*.

18 Transformez selon l'exemple.

*Exemple : Montre-moi les documents ! → D'accord, **je vais te les montrer.***

1. Rends-moi mon ballon ! → ....

2. Ne leur prépare pas de dessert ! → ....

3. Parle-nous de ton voyage ! → ....

4. Donne-moi ton numéro de portable ! → ....

5. Ne me parle pas de cette histoire ! → ....

6. Envoie-moi les photos du mariage ! → ....

7. Raconte-nous une histoire ! → ....

8. Montre-moi un livre que tu as écrit ! → ....

19 🎧 Écoutez le dialogue (piste 13 du CD). Vrai ou faux ?

/10

1. Philippe était invité chez Clément.

2. La soirée n'a pas été très agréable.

3. Justine et Laurence se disputent souvent.

4. Philippe est au courant de leurs disputes.

5. Adèle a invité Justine.

6. Clément s'est aussi disputé avec Laurence.

7. Clément veut arrêter la brouille entre Justine et Laurence.

8. Les invités ont bavardé pendant la soirée.

9. Adèle et Philippe sont d'accord politiquement.

10. Les invités étaient d'accord politiquement.

20 👁 Lisez le texte suivant et répondez aux questions.

/10

À la récré, on se bat.

T'es un menteur, j'ai dit à Geoffroy.

— Répète un peu, m'a répondu Geoffroy.

— T'es un menteur, je lui ai répété.

— Ah ! oui ? il m'a demandé.

— Oui, je lui ai répondu, et la cloche a sonné la fin de la récré.

— Bon, a dit Geoffroy pendant que nous nous mettions en rang, à la prochaine récré, on se bat.

— D'accord, je lui ai dit ; parce que moi, ce genre de choses, il faut pas me les dire deux fois, c'est vrai quoi, à la fin.

— Silence dans les rangs ! a crié le Bouillon, qui est notre surveillant ; et avec lui il ne faut pas rigoler.

En classe, c'était géographie. Alceste, qui est assis à côté de moi, m'a dit qu'il me tiendrait la veste à la récré, quand je me battrai avec Geoffroy, et il m'a dit de taper au menton, comme font les boxeurs à la télé.

— Non, a dit Eudes, qui est assis derrière nous, c'est au nez qu'il faut taper ; tu cognes dessus, bing, et tu as gagné.

SEMPÉ et GOSCINNY, *Les Récrés du petit Nicolas*, © Éditions Denoël 1961, 2002.

1. Qu'est-ce qui permet de comprendre que les personnages sont des enfants ?

2. Pouvez-vous identifier les marques du style oral ?

3. Où se passe la situation ? Quels éléments vous permettent de le dire ?

4. L'une des phrases constitue une simple menace. Laquelle ?

5. Quelle phrase signifie que Nicolas veut se montrer courageux ?

21 👄 Dans votre pays, quelle est la place du débat, de la discussion ?

/10

Expliquez quand et comment se passent les conversations entre amis, si les disputes sont fréquentes, si l'on peut rester amis malgré des opinons divergentes, etc.

22 ✏ Dans un mail, vous racontez une soirée entre amis, durant laquelle des opinions

/10

différentes se sont exprimées.

....

....

Personnalité et comportement

 **1** DIALOGUE

 **2** DIALOGUE

Une soirée tendue

Romain : Pourquoi est-ce que Frédéric n'est pas venu ?

Héloïse : C'est peut-être à cause de sa timidité. Tu connais Frédéric, il est plutôt réservé, il n'aime pas les grands groupes.

Romain : Mais nous n'étions pas une foule, puisque nous n'étions que six !

Héloïse : Certes, mais Alain était là ! Je pense que Frédéric a un peu peur de lui… N'oublie pas qu'Alain est particulièrement bavard, un peu provocateur et qu'il se mêle toujours des affaires des autres.

Romain : Tu as peut-être raison. La seule fois que j'ai vu Frédéric agressif, c'était avec Alain, qui lui avait posé une question très indiscrète, avec beaucoup d'ironie. Frédéric, qui normalement a un caractère en or, a répondu froidement : « Ça ne te regarde pas ! Un peu de discrétion ne fait pas de mal ! ». Du coup, Alain est resté sans voix, pour la première fois de sa vie !

Héloïse : Tu vois, tout s'explique… La prochaine fois, invite Frédéric avec la douce et jolie Manon !

Romain : Bonne idée…

Qu'est-ce qu'elle lui trouve ?

Virginie : C'est toujours pareil : Yves est d'un égoïsme incroyable ! Il ne pense qu'à lui. Rien d'autre ne compte. Je ne comprends pas comment Zoé le supporte. Elle qui est le contraire, quelqu'un de tellement généreux !

Valentine : Précisément, c'est grâce à la générosité de Zoé qu'Yves a réussi dans la vie. Il n'y a pas de miracle !

Virginie : Je reconnais qu'Yves est travailleur, mais il a su utiliser les qualités de sa femme. Comme elle est accueillante, chaleureuse et assez influençable, Yves n'a eu aucun mal à la manipuler. Vu qu'il n'a qu'une idée en tête, sa propre ambition, c'est facile. Et Zoé se laisse faire.

Valentine : Tu es sévère ! N'oublie pas qu'Yves ne manque pas de charme. Zoé est aussi sincèrement sensible à sa séduction, si bien que ce couple bizarre trouve sa raison d'être.

La graphologie

Mise au point par J.-H. Michon (1806-1881), qui reprenait des idées émises par Lavater, la graphologie associe l'écriture à des traits de personnalité. Jules Crépieux-Jamin (1859-1940) développe, améliore et raffine cette technique, couramment utilisée par les entreprises françaises pour évaluer des candidats lors d'une embauche. Ce procédé est d'ailleurs reconnu comme outil officiel d'évaluation, mais son usage tend à diminuer, au profit des tests psychologiques.

Le/la graphologue analyse la forme des lettres, leur dimension, leur agencement sur la page, l'inclinaison et la vitesse du trait, la pression sur le papier, et en tire des conclusions sur le tempérament de la personne. Quoique fort intéressante, la graphologie est vivement critiquée, car tous les pays utilisant l'alphabet latin ne forment pas les lettres de la même manière. Les habitudes et les codes divergent. Il s'avère donc difficile, injuste ou même absurde d'analyser une écriture étrangère selon les critères de la graphologie française.

Les émotions d'un enfant

Je me revois. J'étais aimant, ravi d'obéir, si désireux d'être félicité par les grandes personnes. J'aimais admirer. Un jour, sortant du lycée, je suivis un général pendant deux heures [...]. J'étais fou de respect pour ce général qui était très petit et avait les jambes en cerceau. De temps à autre, je courais pour le devancer, puis je faisais brusquement demi-tour et j'allais à sa rencontre pour contempler un instant sa face de gloire. Je me revois. J'étais trop doux et je rougissais facilement, vite amoureux, et si je voyais de loin une jolie fillette inconnue, dont je ne considérais que le visage, je galopais immédiatement d'amour, je criais de joie d'amour, je faisais avec mes bras des moulinets d'amour. De mauvais augure, tout ça.

Albert COHEN, *Le Livre de ma mère*, © Éditions Gallimard.

Un voisin

Il a presque mon âge   Nous travaillons ensemble
Nous nous voyons souvent   Je ne sais rien de lui
On dit qu'il est ambitieux   Qu'il faut prendre garde
Il n'hésiterait pas à vous marcher sur le ventre
pour monter d'un échelon l'échelle du pouvoir
pouvoir d'ailleurs (à mon avis) très peu intéressant
de toute façon il est fermé à double tour
Il est mon voisin   Je ne sais rien de lui (…)

Claude ROY, « Un ami »,
L'Été l'attente, in À la lisière du temps, © Éditions Gallimard.

EXPRESSIONS-CLÉS

- **Il/elle se mêle de...** *(= être indiscret)*
- **Ça ne te regarde pas !**
- **C'est toujours pareil !**
- **Être vivement critiqué.**
- **Être fou/folle de... joie/douleur...**
- **De temps à autre.** *(= de temps en temps)*

Vocabulaire

Les qualités humaines

Tout le monde n'a pas les mêmes qualités…

Serge est plutôt réservé, réfléchi, mesuré, tandis que Joëlle est passionnée et impulsive.

Luc est dynamique, motivé, travailleur.

Florence est tolérante, ouverte aux idées des autres. Elle fait preuve de curiosité intellectuelle.

☛ « Curieux » peut avoir un sens positif ou négatif (= indiscret : « il est trop curieux ! »)

Gilles a le sens de l'humour, il est drôle, vivant. Il fait rire tout le monde.

Vanessa est intègre, honnête, droite…

Guy est charmeur, séduisant, il plaît aux femmes !

Daniel est tenace, persévérant, il ne se décourage pas facilement.

Anne est d'une grande sensibilité, c'est une hypersensible : tout l'affecte et la touche.

Nathalie est chaleureuse, accueillante, sociable. Elle aime bien avoir du monde autour d'elle.

Les défauts… humains, eux aussi !

Véronique est impatiente et nerveuse (≠ calme).

Didier est agressif, provocateur, insolent. Il est même, parfois, brutal physiquement (≠ doux).

Nicolas est menteur = il ment tout le temps. Il est aussi hypocrite, faux *(il dit quelque chose et pense le contraire)*.

Sonia est indiscrète : elle cherche à connaître la vie des autres. Pourtant, cela ne la regarde pas !

Louis est bavard, il n'arrête pas de parler. Qu'il est fatigant ! C'est un vrai moulin à paroles !

Béatrice est avare (≠ généreuse) : elle déteste dépenser un centime. Elle est radine *(familier)* !

Agnès est têtue comme une mule, alors que son frère est mou et influençable : il se laisse facilement manipuler.

Les termes généraux

Michel est quelqu'un de bien *(c'est le commentaire le plus positif possible = « bien » moralement)*. Il est super *(familier)*, formidable, merveilleux, adorable, si gentil ! Il a bon caractère < il a un caractère en or.

Au contraire, Patrice est pénible, il a mauvais caractère < « il a un caractère de cochon ! » *(familier)*.

Jules est (complètement) fou, et sa femme est folle ! Tous les deux sont cinglés *(familier)*.

Le comportement

On peut décrire le caractère ou le comportement d'un individu par des phrases plutôt que par des adjectifs :

. De caractère / de tempérament, Julie est quelqu'un de… (+ *adjectif*). C'est quelqu'un qui… (+ *phrase descriptive*). Elle a tendance à… (+ *infinitif*). Souvent, il… (+ *phrase descriptive*).

On peut aussi employer le verbe « manquer » :

. Elle ne manque pas de courage (= *elle a du courage*). Il manque de générosité (= *il n'est pas très généreux*).

Civilisation

Les rapports hommes-femmes

En France, les rapports hommes-femmes restent, en général, marqués par la séduction. Même dans un contexte sérieux, professionnel par exemple, il est courant de manifester (discrètement !) son admiration ou de faire des compliments. Il s'agit, bien sûr, d'un art délicat et subtil…

La relation interpersonnelle

Comme dans beaucoup de pays latins, la relation interpersonnelle est fondamentale, en France. Ainsi, il est extrêmement utile et bénéfique d'avoir « son » boucher, « son » poissonnier ! Combien de petits problèmes disparaissent avec un « c'est parce que c'est vous » ou un « on va s'arranger entre nous »…

Molière (1622-1673)

Le grand auteur de théâtre s'est beaucoup moqué des défauts humains. Ainsi, dans *Tartuffe*, il critique avec dureté l'hypocrisie religieuse. Le terme de « tartuffe » est d'ailleurs devenu un nom commun (« quel tartuffe ! »). Dans *l'Avare*, Molière se moque, bien évidemment, de l'avarice terrible du personnage d'Harpagon, lui aussi devenu un nom commun : « c'est un harpagon ! » *(voir unité 19, p. 155)*.

 La cause

Structure la plus courante

— Pourquoi est-ce qu'il n'est pas là ?

— **Parce qu**'il est malade. *(réponse rapide, registre familier)*

— Il n'est pas là **parce qu**'il est malade.

— Il n'est pas là, **car** il est malade. *(registre écrit)*

— Il est malade : **c'est pour ça qu**'il n'est pas là. *(registre familier)*

Cause en début de phrase

COMME

Comme il est timide, il refuse les invitations à de grandes fêtes impliquant beaucoup de monde.

 Ne dites pas : ~~parce qu~~'il est timide, il refuse…

EN EFFET

La situation reste bloquée. **En effet**, aucune négociation n'a abouti et personne ne veut reculer.

Cause évidente ou connue

PUISQUE, VU QUE

Puisque tu es si timide, je ne comprends pas pourquoi tu as décidé de devenir avocat !

Sors faire du jogging, **puisque** tu veux courir !

Vu qu'il a des examens, il révise sérieusement.

Cause + nom

À CAUSE DE *(cause négative)*

Il a raté son examen **à cause de** sa timidité.

GRÂCE À *(cause positive)*

Elle a réussi son projet **grâce à** l'aide de ses amis.

PAR + nom

Il reprend du gâteau **par gourmandise**. *(cause psychologique)*

FAUTE DE + nom

Je n'ai pas fini ce travail, **faute de** temps. *(= par manque de)*

 La conséquence

DONC = ALORS *(registre oral)* **= SI BIEN QUE = PAR CONSÉQUENT…**

Il est malade, **alors** il ne peut pas sortir.

Rachel a montré beaucoup de courage dans cette situation. **Par conséquent**, elle a reçu des félicitations officielles. *(registre écrit)*

DU COUP *(registre familier)*

Il faisait très froid. **Du coup**, je ne suis pas sortie.

D'OÙ (+ *nom*)

Le gouvernement a annoncé de nouvelles réformes impopulaires. **D'où** de nouvelles grèves.

La nominalisation

À partir d'un adjectif qualificatif

Il n'existe aucune règle pour la construction du nom. Il faut simplement apprendre les terminaisons ! Parmi les plus courantes :

-TÉ *(féminin)* : généreux → la générosité

timide → la timidité

agressif → l'agressivité

-ANCE ou **-ENCE** *(féminin)* : pati**e**nt → la pati**e**nce

tolér**a**nt → la tolér**a**nce

-ISME *(masculin)* : dynamique → le dynamisme

égoïste → l'égoïsme

• **Autres terminaisons :**

courageux → le courage
avare → l'avarice

 Certains adjectifs n'ont pas de nom : adorable, formidable, merveilleux, bavard,…

À partir d'un verbe

Là encore, pas de règle ! Voici quelques terminaisons courantes :

-TION *(féminin)* : construire → une construction

augmenter → une augmentation

-SION *(féminin)* : exploser → une explosion

-SSION *(féminin)* : exprimer → une expression

-MENT *(masculin)* : développer → un développement

changer → un changement

-AGE *(masculin)* : passer → un passage

• **Autres terminaisons :**

arrêter → un arrêt

étudier → une étude

Activités communication

1 Vrai ou faux ?

DIALOGUE 1

a. Frédéric n'est pas bavard.　　**b.** Alain est indiscret.　　**c.** Frédéric est rarement chaleureux.

DIALOGUE 2

d. Yves est ambitieux.　　**e.** Yves est assez paresseux.　　**f.** Yves plaît à Zoé.

2 DOCUMENT 3 · Vrai ou faux ?

1. Crépieux-Jamin est l'inventeur de la graphologie.

2. À l'heure actuelle, on préfère les tests psychologiques à la graphologie.

3. Tout le monde n'est pas d'accord avec l'utilisation de la graphologie.

3 DOCUMENT 4 · Choisissez la bonne réponse.

1. L'enfant [avait peur] [était heureux] d'obéir.　　**3.** L'enfant était [impulsif] [réfléchi].

2. Il [félicitait] [admirait] le général.

4 DOCUMENT 5 · Retrouvez dans le poème un synonyme des termes suivants.

1. faire attention :[a] .... **2.** écraser : .... **3.** ennuyeux : ....

5 Choisissez la bonne réponse.

1. Le discours du président a été [vraiment] [vivement] critiqué.

2. Jean se [mélange] [mêle] de tout, c'est pénible !

3. Ce que j'ai décidé de faire ne vous [regarde] [voit] pas.

4. C'est toujours [même] [pareil] avec Géraldine, elle est terriblement bavarde.

5. Ils sont [fous] [malades] de joie à l'idée de partir en Andalousie.

6. Ma tante me téléphone de temps [à] [en] autre.

6 Répondez librement en imaginant une cause à ces diverses situations.

1. Pourquoi est-ce que Jérôme n'est pas sorti de tout le week-end ?

....

2. Pourquoi est-ce que Lucien a dû annuler son voyage en Italie ?

....

3. Pourquoi est-ce que cette petite fille s'est mise à crier ?

....

4. Pourquoi est-ce qu'il a l'air tellement déçu ?

....

5. Pourquoi est-ce que Flore te regarde avec tant de colère ?

....

6. Pourquoi est-ce que tu as été obligé(e) de travailler toute la nuit ?

....

7 À vous ! Parlez de votre personnalité, de vos (grandes) qualités et de vos (petits…) défauts.

8 Faites le portrait psychologique de votre meilleur(e) ami(e).

9 Dites si les deux phrases sont synonymes.

1. Il rougit facilement = il est assez timide.

2. Il est bavard = il déteste parler.

3. Il est radin = il est avare.

4. Elle a un caractère de cochon = c'est quelqu'un de bien.

5. Il est passionné = c'est quelqu'un de patient.

6. Elle est tenace = elle cherche à connaître la vie des autres.

7. Il est droit = il n'est pas menteur.

8. Ils sont intègres = ils sont indiscrets.

10 Complétez par l'adjectif approprié.

1. Elle est .... comme une mule !

2. Il a .... caractère, il est pénible !

3. Elle est très .... , c'est un moulin à paroles !

4. Il est .... , il ne se décourage pas.

5. Elle est.. , elle se laisse manipuler par les autres.

6. Ils sont .... , ils ne disent jamais la vérité.

7. Elle est .... , elle plaît à tout le monde.

11 D'après vous, les adjectifs suivants représentent-ils plutôt une qualité ou plutôt un défaut ?

avare – impatient – séduisant – dynamique – sensible – chaleureux – têtu – sociable – passionné – mesuré – influençable – tolérant – bavard – mou

a. Plutôt une qualité : ....

b. Plutôt un défaut : ....

12 Associez un adjectif et son explication.

1. séduisant	**a.** qui aime être entouré d'amis
2. bavard	**b.** qui ne change jamais d'opinion
3. têtu	**c.** qui plaît aux hommes et/ou aux femmes
4. radin	**d.** qui parle un peu trop !
5. sociable	**e.** qui ne dit pas la vérité
6. menteur	**f.** qui ne veut pas dépenser d'argent

13 Vrai ou faux ?

1. En France, on manifeste son admiration de manière vulgaire.

2. En France, il est acceptable qu'un homme fasse des compliments à une femme.

3. Les relations interpersonnelles facilitent la vie quotidienne.

4. Molière a critiqué l'hypocrisie religieuse.

5. Molière aime bien les avares.

6. Certains noms de personnages de Molière sont devenus des noms communs.

Activités  **grammaire**

14 ⬞ Transformez les phrases selon l'exemple.

Exemple : Il n'est pas venu <u>parce qu'il est timide</u> / <u>parce qu'il n'a pas eu le temps,</u> → Il n'est pas venu par timidité/faute de temps.

1. Il a accepté de faire ce voyage <u>parce qu'il aime sa femme.</u> → ....

2. Nous avons mangé du chocolat <u>parce que nous sommes gourmands.</u> → ....

3. Il a menti <u>parce qu'il a eu peur.</u> → ....

4. Elle n'est pas partie en vacances <u>parce qu'elle n'avait pas d'argent.</u> → ....

5. Je n'ai pas acheté cette maison <u>parce que je n'ai pas obtenu de crédit bancaire.</u> → ....

6. Elle est allée voir ce spectacle, <u>parce qu'elle était curieuse.</u> → ....

7. Nous n'avons pas pu bricoler, <u>parce que nous n'avions pas d'outils.</u> → ....

15 ⬞ Imaginez au moins deux causes aux situations suivantes.

1. Chloé est partie en claquant la porte ! ....

....

2. Augustin est arrivé en retard à son rendez-vous avec Bérénice ! ....

....

3. Tout le monde s'est moqué de Sabine ! ....

....

4. Henriette s'est mise à pleurer ! ....

....

5. Pierre a rougi comme une tomate ! ....

....

6. Grégoire a décidé de rester à la maison. ....

....

16 ⬞ Transformez les phrases suivantes selon le modèle.

*Exemple : On a découvert un nouveau médicament. Cette **découverte** peut changer la vie des malades.*

1. La vie du quartier a changé. Ce .... n'est pas toujours agréable.

2. On construit un nouvel hôpital. La .... sera achevée l'année prochaine.

3. On étudie le comportement des animaux. Cette .... nous intéresse.

4. Cet homme est particulièrement dynamique. Son .... impressionne ses collègues !

5. Cet étudiant est très timide. Sa .... le gêne dans ses études.

6. Mon ami est très tolérant. Sa .... est appréciée de tous.

7. La ville se développe rapidement. Ce .... est très positif pour l'emploi.

17 ⬞ Associez les phrases et reliez-les par une expression de conséquence.

1. Elle a perdu son travail.

2. Une tempête a traversé la France.

3. C'est la période de Noël.

4. Le pilote d'avion a réagi avec courage.

5. Elle a perdu du poids.

a. Il est devenu un véritable héros.

b. Elle doit changer de garde-robe !

c. Beaucoup de maisons ont été endommagées.

d. Il y a énormément de monde dans les magasins.

e. Elle a été obligée de vendre sa maison.

18 🎧 Écoutez le dialogue (piste 16 du CD). Vrai ou faux ?

........./10

1. Serge est toujours agressif.

2. Roland a du charme.

3. Roland est jaloux de Serge.

4. Serge est jaloux de Roland.

5. Eustache n'est pas impulsif.

6. Eustache n'est pas bavard.

7. Il est honnête.

8. Il manque de culture.

9. Il est marié.

10. La femme d'Eustache lui ressemble.

👁 19 Lisez le texte suivant et dites si les phrases sont vraies ou fausses.

........./10

Nous vivons à l'heure de la statistique et par conséquent en pleine mode des tests psychologiques. Nous avons la manie de tout tester, tout évaluer, tout mesurer et ce, dans des contextes fort variés. Ainsi, les magazines féminins publient régulièrement des enquêtes sur « quel type d'homme/femme aimez-vous ? », « êtes-vous trop influençable ? » ou « avez-vous confiance en vous ? ». Les grandes entreprises font appel à toutes sortes de tests de personnalité (test PAPI, SOSIE, etc.) pour définir le profil des candidats, leur aptitude à diriger une équipe, à garder leur calme, à dominer le stress, à prendre des initiatives, à gérer les conflits…

Bien sûr, certains « testeurs » assurent que le résultat ne constitue qu'une première approche, mais d'autres soutiennent que l'on peut « définir » avec précision la personnalité de l'individu.

Cette mode est-elle dangereuse ? On peut se demander si elle ne tend pas à réduire l'individu à des chiffres, sans prendre en compte le caractère unique et mystérieux de la personnalité de chacun…

1. La statistique est dans l'air du temps.

2. On teste toutes sortes de choses.

3. Les grands journaux font des tests.

4. Il existe différents tests de personnalité.

5. Les entreprises n'utilisent plus les tests.

6. Les tests servent à évaluer les dirigeants des entreprises.

7. Certains testeurs sont prudents à propos des résultats.

8. Tous les tests sont fiables.

9. La mode des tests va passer.

10. Les tests révèlent le caractère unique des individus.

👄 20 Vous parlez de différentes professions et vous essayez d'imaginer les qualités et le comportement les plus appropriés pour :

........./10

1) un bon diplomate,

2) un bon journaliste.

✎ 21 Imaginez une histoire qui explique les causes et les conséquences de cette situation étrange :

........./10

Gaspard et Margot, pourtant si amoureux, se disputent violemment en pleine rue.

....

....

....

....

....

....

....

Politique et histoire

 **1** DIALOGUE

Je ne sais pas pour qui voter !

Virginie : Les élections approchent, et je ne sais toujours pas pour qui voter ! Franchement, tu peux m'expliquer ce qui distingue les programmes ?

Boniface : Je vais te dire ce qui fait la différence : en gros, le rôle de l'État et la relation avec l'Europe, ou plutôt, l'Union européenne.

Virginie : Justement, j'ai du mal à comprendre l'organisation politique de l'Union européenne. Qui fait quoi ?

Boniface : Moi non plus, je ne vois pas très bien qui fait quoi, mais je suis convaincu que tout ce projet européen est une idée d'avenir ! Tu sais bien que l'Europe de l'Ouest vit en paix depuis la fin de la Deuxième Guerre mondiale !

Virginie : Bien sûr, Boniface, tu as raison de rappeler ces grandes vérités, mais cela ne me dit pas pour qui voter !

Boniface : Eh bien, ma chère Virginie, tu as intérêt à bien lire les programmes !

 **2** DIALOGUE

Je me demande ce qui va se passer...

Boniface : Raconte-moi ce qui se passe ! Les manifestations continuent ?

Philippe : Oui ! Je lis que le Premier ministre a du mal à calmer les manifestants. Il promet que le gouvernement va faire des propositions. Certains syndicats veulent négocier, d'autres refusent de rencontrer le ministre, d'autres encore préfèrent appeler à la grève générale...

Boniface : Je me demande ce qui va arriver... Si la situation reste bloquée, cela peut mal tourner !

Philippe : En tout cas, le Premier ministre doit donner une conférence de presse cette semaine. Je ne sais pas ce qu'il va annoncer ! J'espère que les négociations aboutiront à un résultat acceptable pour tout le monde.

Boniface : Tu crois qu'il y aura un débat à l'Assemblée nationale ?

Philippe : Oui, les députés commencent à protester, eux aussi...

Histoire et cinéma

L'histoire constitue, naturellement, un riche thème d'inspiration pour le cinéma français. Le Moyen Âge, par exemple, a été mis en scène de diverses manières par Marcel Carné (*Les Visiteurs du soir*, 1942), Éric Rohmer (*Perceval le Gallois*, 1978) ou Robert Bresson (*Lancelot du Lac*, 1974).

Certains personnages historiques font l'objet de nombreux films : Jeanne d'Arc (Robert Bresson, Jacques Rivette ou Luc Besson), Napoléon

la Deuxième Guerre mondiale a inspiré de très nombreux cinéastes

(Abel Gance en 1927), la Reine Margot (Patrice Chéreau en 1994).

Des événements du xxe siècle, comme la Première Guerre mondiale, ont conduit Jean Renoir à réaliser, en 1937, un chef-d'œuvre du cinéma français, *La Grande Illusion*. La période de l'occupation nazie pendant la Deuxième Guerre mondiale a inspiré de très nombreux cinéastes. Citons : *La Traversée de Paris* (1956) de Claude Autant-Lara ; *Le Chagrin et la pitié* (1969) de Max Ophüls ; *Lacombe Lucien* (1974) et *Au revoir, les enfants* (1987) de Louis Malle ; *Le Dernier Métro* (1980) de François Truffaut. Ces films ne constituent qu'une sélection dans une abondante production !

EXPRESSIONS-CLÉS

- En gros, ...
- Justement...
- Qui fait quoi ?
- Je me demande ce qui va se passer !
- Cela peut mal tourner.

Les symboles de la République

La France possède plusieurs symboles politiques et historiques. L'un d'entre eux, le coq gaulois, résulte d'un jeu de mot en latin (*gallus* signifie à la fois « coq » et « gaulois »). Comme les Français ont une certaine réputation d'arrogance, ce coq semble leur convenir… D'ailleurs, le cri du coq « cocorico ! » s'emploie, par plaisanterie, pour évoquer la fierté patriotique ou pire, le chauvinisme : « Le prix Nobel de physique a été décerné à un Français, cocorico ! »

Plus sérieusement, la figure féminine de Marianne, qui trouve son origine dans la Révolution française, représente la République. Son buste sculpté est placé dans toutes les mairies de France.

Le drapeau français – toujours décrit comme « bleu, blanc, rouge » – ainsi que la célèbre devise de la République française « liberté, égalité, fraternité », figurent sur la façade des bâtiments officiels (ministères, mairies, écoles… et prisons !).

Le chant de *la Marseillaise* a été composé par Rouget de Lisle pendant la Révolution française en 1792. Adopté officiellement en 1795, il devient l'hymne national en 1879. Ses paroles guerrières choquent maintenant nos oreilles, et l'on a tendance, à l'heure actuelle, à n'en jouer que la musique.

Un paradis terrestre !

La liste des atouts [de la France] est en effet longue et connue. Les infrastructures et les services publics sont de qualité ; ils sont à porter au crédit d'un État fort qui a construit des routes, des ponts, des lignes de chemin de fer, des écoles, des crèches, des stades, des théâtres… L'État-providence a permis aussi aux citoyens de disposer d'une protection sociale enviée. Les niveaux de revenus restent comparativement élevés, comme ceux des retraites, et les inégalités sont moins fortes que dans bien d'autres pays.

La France est la cinquième industrie mondiale, la troisième exportatrice (deuxième en matière agricole) et la première destination touristique mondiale. Sa dépendance énergétique est réduite grâce au nucléaire et elle figure parmi les rares puissances dotées de l'arme atomique. Son pouvoir d'attraction industriel est indéniable et elle reste une terre d'accueil des investissements étrangers.

[…] Le pays bénéficie d'une géographie privilégiée, tant par sa situation que par son climat ou la diversité de ses paysages. L'histoire a été aussi très généreuse avec lui. La France a ainsi accumulé un patrimoine culturel exceptionnel, enrichi par un cinéma qui demeure l'un des plus vivants, tout comme la création musicale populaire.

Gérard MERMET,
Francoscopie 2007,
© Larousse, 2006.

Vocabulaire

La vie politique

Dans une démocratie, un citoyen peut être membre d'un parti politique (généralement, « de droite », « de « gauche » ou « centriste»). Ces différentes tendances sont représentées au Parlement.

Lors d'une élection (présidentielle, législative, municipale), les électeurs votent pour un(e) candidat(e). Il /elle fait d'abord une campagne électorale.

Quand un(e) candidat(e) remporte l'élection, il est élu(e), il/elle peut devenir président(e) de la République, député(e) ou maire. Il/elle obtient, par exemple, 53 % des voix.

Les protestations

Pour protester, les syndicats organisent une manifestation *(= on va dans la rue)* et/ou une grève *(= on arrête le travail)*.

Un ministre, un homme ou une femme politiques, peuvent démissionner de leurs fonctions.

Les relations internationales

Un pays a des ambassades dans les autres pays du monde. L'ambassadeur représente son pays et permet d'établir/d'avoir des relations diplomatiques.

Dans certains cas, deux pays peuvent être en guerre. On assiste alors à des opérations militaires (attaques, bombardements et raids aériens).

Enfin, des négociations de paix permettent de signer un traité de paix.

La France est membre fondateur de l'Union européenne.

L'histoire

L'histoire comprend différentes périodes, des événements historiques et des dates importantes.

Parmi les grandes périodes : la préhistoire, l'Antiquité, le Moyen Âge, la Renaissance, l'époque classique et baroque, la Révolution, l'époque moderne. On peut aussi parler, tout simplement, du XIXe siècle, du XXe siècle, etc.

Civilisation

Les institutions de la France

• **Le président de la République** réside au palais de l'Élysée (rue du Faubourg Saint-Honoré à Paris). Selon la Constitution, le chef de l'État détient de nombreux pouvoirs : il est le chef des armées, le garant de la Constitution et le responsable de la politique étrangère de la France.

• **Le Premier ministre**, nommé par le Président, est le chef du gouvernement. Il a son bureau à l'hôtel Matignon (rue de Varennes à Paris).

Il gouverne le pays sous l'autorité du Président et avec l'aide des différents ministres (des Finances, des Affaires étrangères, de la Culture…)

☛ On peut entendre à la radio : « l'Élysée a décidé… » (= le président de la République), « Matignon a expliqué » (= le Premier ministre).

• **L'Assemblée nationale** (= le Parlement) comprend 577 députés, qui représentent le peuple. Le Sénat (341 sièges en 2008) constitue la « Haute Assemblée ».

• Au niveau local, **les maires des communes** représentent l'État et gèrent leur ville.

Les lieux de commémoration

La tendance est à la commémoration. À Paris, capitale de la France, se trouvent différents monuments commémoratifs :

- l'Arc de triomphe et la tombe du soldat inconnu ;

- le Panthéon (et les tombes des personnages célèbres) ;

- le mémorial de la déportation ;

- le mémorial de la Shoah.

Il en existe d'autres, dans toutes les régions de France.

Les dates de commémoration

Certaines dates historiques sont devenues des jours fériés *(= on ne travaille pas)* :

- le 8 mai (1945) = fin de la Deuxième Guerre mondiale ;

- le 11 novembre (1918) = fin de la Première Guerre mondiale ;

- le 14 juillet (1789), jour de la fête nationale = prise de la Bastille, pendant la Révolution française.

Grammaire

Il n'existe pas de règle pour l'usage ou le non-usage d'une préposition !

◢◣ Quelques verbes sans préposition + infinitif

Tous les verbes semi-auxiliaires :

aimer, aller, désirer, détester, devoir, entendre, espérer, laisser, faire, oser, penser, pouvoir, préférer, savoir, souhaiter, voir, vouloir…

. Il a dû annuler son voyage. Elle adorait dîner au restaurant. Je n'ose pas le déranger. Elle sait nager. Je ne pourrai pas venir.

◢◣ Quelques verbes suivis de la préposition « DE » + infinitif

être content, triste, déçu, ravi, furieux… de

avoir peur, envie, besoin, raison… de

il s'agit de

accepter, décider, défendre, essayer, éviter, finir, oublier, promettre, proposer, refuser, regretter… de

. Ils sont contents de nous voir. Je n'ai pas envie de travailler ! Elle a oublié de téléphoner à sa tante. Tu as décidé de déménager ? Ils refuseront d'inviter leur cousine.

◢◣ Quelques verbes suivis de la préposition « À » + infinitif

avoir du mal, avoir intérêt… à

arriver, apprendre, commencer, continuer, hésiter, passer du temps, persister, réussir, s'amuser, s'habituer… à

. Elle a du mal à marcher. J'hésite à partir. Elle commencera à faire ses bagages. Ils apprennent à conduire. Il passe son temps à lire.

être + adjectif… à

. C'est bon à savoir ! C'est facile à dire ! C'est difficile à faire.

⚠ S'il y a un complément, la préposition change :
Il est utile **de** parler des langues étrangères. Il est facile **de** comprendre cette réaction.

◢◣ Le discours rapporté au présent

Quand on rapporte les paroles de quelqu'un, il est nécessaire de modifier la structure de la phrase.

Le discours indirect

• Il me dit : « Je suis arrivé hier. J'ai une réunion aujourd'hui mais je t'appellerai ce soir. »

→ Il me dit qu'**il est arrivé** hier, **qu'il a** une réunion aujourd'hui, mais **qu'il m'appellera** ce soir.

Le temps des verbes est le même, mais les pronoms personnels changent.

• Il me demande : « Téléphone-moi ce soir ou viens me voir, occupe-toi de tes réservations d'hôtel ».

→ Il me demande **de lui téléphoner** ou **de venir le voir**, et **de m'occuper de mes** réservations d'hôtel.

L'impératif devient un infinitif, avec changement de pronoms personnels.

L'interrogation indirecte

La structure de la question est modifiée.

• **La question simple est introduite par SI :**

. Il me demande : « Tu peux m'appeler ce soir ? »
→ Il me demande **si je peux l'appeler** ce soir.

• **« Qu'est-ce que » se transforme en CE QUE :**

. Elle me demande : « Qu'est-ce que tu lis ? »
→ Elle me demande **ce que** je lis.

• **« Qu'est-ce qui » se transforme en CE QUI :**

. Elle me demande : « Qu'est-ce qui ne va pas ? »
→ Elle me demande **ce qui** ne va pas.

• **Suppression de « est-ce que » ou de l'inversion du sujet :**

. Elle me demande : « Où vas-tu ? Quand est-ce que tu reviendras ? Pourquoi est-ce que ta sœur n'est pas là ? »
→ Elle me demande **où je** vais, **quand je** reviendrai et **pourquoi** ma sœur n'est pas là.

Activités communication

1 ▸ Vrai ou faux ?

DIALOGUE 1

a. Pour Boniface, tous les programmes politiques sont identiques.

b. Boniface explique à Virginie l'organisation politique de l'Union européenne.

c. Boniface ne donne pas de conseils de vote à Virginie.

DIALOGUE 2

d. Tous les syndicats appellent à la grève.

e. Les manifestations sont terminées.

f. Le président de la République va parler aux journalistes.

2 ▸ DOCUMENT 3 • Vrai ou faux ?

1. Marcel Carné a réalisé un film sur Napoléon.

2. *La Grande Illusion* de Jean Renoir se passe pendant la Première Guerre mondiale.

3. La production française de films historiques est abondante.

3 ▸ DOCUMENT 4 • Choisissez la bonne réponse.

1. La couleur du drapeau français : ☐ **a.** blanc, rouge, bleu ☐ **b.** bleu, blanc, rouge ☐ **c.** rouge, blanc, bleu.

2. L'hymne national : ☐ **a.** le chant du coq ☐ **b.** la Marseillaise ☐ **c.** Marianne.

3. La devise française : ☐ **a.** égalité, liberté, fraternité ☐ **b.** fraternité, égalité, liberté ☐ **c.** liberté, égalité, fraternité.

4. Le symbole de la République : ☐ **a.** le coq ☐ **b.** Rouget de Lisle ☐ **c.** Marianne.

4 ▸ DOCUMENT 5 • Retrouvez dans le texte un synonyme des termes suivants.

1. attribuer à : ....

2. jalousé : ....

3. diminuée : ....

4. la variété : ....

5 ▸ Choisissez la bonne réponse.

1. Vous avez voté ? — [Franchement] [Justement], j'en reviens !

2. Je me demande ce qui va [passer] [se passer].

3. Le problème, c'est que cela peut mal [tourner] [retourner].

4. Le ministre va rencontrer les syndicats ? — En [chaque] [tout] cas, c'est ce qu'il a promis.

5. Tu as compris ce qu'il veut faire ? — En [grand] [gros], oui, je crois !

6. Dans ce ministère, on se demande qui fait [comment] [quoi] !

6 ▸ Vous écrivez à un(e) ami(e) à propos d'un roman historique que vous avez lu (ou d'un film que vous avez vu). Parlez de la période concernée et des événements racontés dans l'œuvre en question.

7 ▸ Pouvez-vous parler des dernières élections importantes qui ont eu lieu dans votre pays ? Quels étaient les candidats, leurs différences politiques ? Quel a été le résultat du vote ?

8 ▸ Les manifestations et/ou les grèves sont-elles courantes dans votre pays ? Dans quelles circonstances se produisent-elles ?

9 Choisissez la bonne réponse.

1. Les [électeurs] [élections] votent pour un candidat.

2. Le maire a obtenu 55 % des [électeurs] [voix].

3. Le candidat mène une campagne [électorale] [nationale].

4. Après la [grève] [guerre], on signe un traité de paix.

5. La décision du ministre a provoqué de grandes [négociations] [manifestations].

6. L'histoire est faite de différentes [périodes] [institutions].

7. Le pays a entrepris des [manifestations] [opérations] militaires.

10 Complétez par le verbe approprié.

1. L'ambassadeur .... son pays.

2. Le Premier ministre .... la France.

3. Le président de la République .... au palais de l'Élysée.

4. Le maire .... sa commune.

5. Le candidat .... une campagne électorale.

6. Les électeurs .... pour un candidat.

7. Le candidat .... élu député.

11 De qui ou de quoi parle-t-on ?

1. Il a son bureau à l'hôtel Matignon. ....

2. Elle peut être présidentielle, législative, municipale… ....

3. Elle a lieu dans la rue et rassemble des milliers de personnes. ....

4. Il est le chef des armées. ....

5. Ils organisent la protestation si nécessaire. ....

6. Il représente son pays à l'étranger. ....

7. Elle commence, hélas, entre deux pays ennemis. ....

8. Ils représentent le peuple à l'Assemblée nationale. ....

12 Vrai ou faux ?

1. Le président de la République réside à l'Élysée.

2. Le Premier ministre est le chef des armées.

3. Les ministres représentent le peuple.

4. Les députés travaillent à l'Assemblée nationale.

5. Le président de la République gouverne avec ses ministres.

6. Le maire d'une commune gère sa ville.

7. Les Français célèbrent la fin de la Deuxième Guerre mondiale.

8. La fête nationale est le 11 novembre.

13 À vous ! Parlez de votre pays. Quels en sont les symboles ? Quel est le jour de la fête nationale ? Certaines dates importantes sont-elles célébrées ? Existe-t-il des lieux de commémoration ?

Activités grammaire

14 Transformez à la forme indirecte.

1. « Je ne serai pas là demain. » → *Elle me dit* ....

2. « Qu'est-ce qui se passe ? » → *Je demande* ....

3. « Qu'est-ce que vous regardez ? » → *Il me demande* ....

4. « Est-ce que tu connais l'histoire de France ? » → *Il te demande* ....

5. « J'ai dîné avec mes parents. » → *Elle raconte* ....

6. « Ne lis pas mon courrier personnel ! » → *Il te demande* ....

15 Associez pour constituer une phrase complète.

1. Ils veulent   **a.** à préparer des rapports.

2. J'ai peur   **b.** à comprendre !

3. Il a promis   **c.** absolument apprendre le polonais.

4. Je n'ose pas   **d.** de le déranger.

5. Elle passe son temps   **e.** l'appeler à cette heure-ci, je risque de le déranger.

6. C'est difficile   **f.** de m'envoyer une carte postale.

16 Complétez (si nécessaire) par « à » ou « de », puis répondez par une phrase complète.

1. Pourquoi est-ce que vous avez commencé .... apprendre le français ?

....

2. Est-ce que le français est facile .... comprendre ?

....

3. Est-ce que vous arrivez .... suivre une conversation en français ?

....

4. Est-ce que vous avez essayé .... écrire un texte en français ?

....

5. Quel genre d'exercices est-ce que vous préférez .... faire ?

....

6. Est-ce que vous passez beaucoup de temps .... étudier le français ?

....

7. Qu'est-ce que vous avez décidé .... lire, comme roman français ?

....

8. Est-ce que vous hésitez encore .... utiliser les prépositions ?

....

17 Complétez.

1. Viens me rejoindre ! – Qu'est-ce que tu dis ? – Je te dis ....

2. Qu'est-ce que tu as fait ? – Qu'est-ce que tu me demandes ? – Je te demande ....

3. Tu as parlé à Solange ? – Qu'est-ce que tu me demandes ? – Je te demande ....

4. J'ai eu une idée ! – Qu'est-ce que tu dis ? – Je te dis ....

5. Où vas-tu ? – Qu'est-ce que tu me demandes ? – Je te demande ....

6. Occupez-vous des valises ! – Qu'est-ce que vous me demandez ? – Je vous demande ....

18 **Écoutez le dialogue (piste 19 du CD). Vrai ou faux ?**

/10

1. Virginie s'intéresse à l'histoire.

2. Elle va étudier l'histoire du xixe siècle.

3. Elle est spécialiste de la Première Guerre mondiale.

4. Romain trouve la période très intéressante.

5. Les grands-parents de Virginie ne parlent pas du passé.

6. Ils ont vécu la Première Guerre mondiale.

7. Ils veulent parler à Romain.

8. Romain ne s'intéresse pas aux photos.

9. Les grands-parents n'ont plus de photos.

10. Virginie pose beaucoup de questions.

19 **Lisez le texte suivant et dites si les phrases sont vraies ou fausses.**

/10

Depuis l'Antiquité, l'histoire constitue une source d'inspiration essentielle pour la littérature. Dans le domaine français, un auteur représente splendidement le « roman historique », **Alexandre Dumas** (1802-1870). C'est lui qui, au travers de ses romans, fera connaître aux enfants (et aux adultes !) des épisodes importants de l'histoire européenne. Ainsi, le lecteur passera de la Renaissance italienne (*Ascanio*) au règne de Louis XVI (*Le Collier de la Reine*), de la Renaissance française (*La Reine Margot*) au règne de Louis XIII (*Les Trois mousquetaires*), de la Révolution française (*La Comtesse de Charny*) à l'époque napoléonienne (*Le Capitaine Richard*). Le célèbre *Comte de Monte-Cristo*, de son côté, retrace les aventures de Dantès pendant la Restauration et la Monarchie de juillet (entre 1815 et 1838). Malgré les erreurs ou les imprécisions historiques, Dumas a su recréer un monde, une atmosphère et surtout des aventures passionnantes qui immergent le lecteur dans une période historique.

1. A. Dumas a écrit des romans inspirés de l'Antiquité.

2. Il ne parle que de l'histoire de France.

3. Dumas situe ses romans dans différentes périodes.

4. Il n'a pas écrit de romans sur la Révolution.

5. *Les Trois mousquetaires* se passent au xixe siècle.

6. Un roman au moins se passe sous Napoléon Ier.

7. *Le Comte de Monte-Cristo* se passe sous la Révolution.

8. Dumas commet parfois des erreurs historiques.

9. Ses romans sont très intéressants.

10. On ne lit plus Dumas.

20 **Imaginez que vous écoutez la radio avec un ami étranger. Vous lui expliquez** ce qui concerne les événements du jour dans votre pays (ou votre ville, ou votre région). **Vous commencerez les phrases par « le journaliste explique/dit/raconte/annonce que… ».**

/10

21 **Écrivez un court article de journal pour rapporter un événement politique** de l'actualité de votre pays. Mentionnez la fonction des personnes dont vous parlez (par exemple, un ministre).

/10

....

....

....

....

....

UNITÉ 7

 **1** DIALOGUE

Dans un appartement

Adèle : Oh, tu m'as apporté du vin de la Loire ! Merci, Zohra. Comment ça se boit ?

Zohra : Ça se boit frais, comme un vin blanc.

Adèle : Ça peut se boire avec de la viande ?

Zohra : Oui, bien sûr ! C'est fait pour ça ! Oh là là, qu'est-ce que c'est que ce bruit ?

Adèle : Ça me rend folle ! Il y a des travaux dans l'appartement d'à côté… Ça n'arrête pas ! C'est comme ça chaque jour…

Zohra : Ma pauvre, je te plains… Tiens, qu'est-ce que c'est, ça ? C'est joli ! C'est en quoi ?

Adèle : Attention, ça se casse… C'est en verre. Ça ne sert à rien, mais je l'aime bien ! C'est un bibelot à valeur sentimentale, c'est Étienne qui me l'a offert.

Zohra : Au fait, tu as changé l'agencement de la pièce ?

Adèle : Oui, avant, j'avais placé l'armoire de mon grand-père contre le mur, mais elle était trop encombrante. Je l'ai donnée à mon frère, et à la place, j'ai mis cette commode en bois peint, qui est plus discrète.

 **2** DIALOGUE

Dans l'appartement d'à côté…

Romain : Qu'est-ce qui se passe ? Tu fais faire des travaux ?

Virginie : Je fais refaire ma salle de bains. Il y a beaucoup de travail : il faut casser le carrelage, changer les éléments…

Romain : Ah bon ? Tu ne fais rien toi-même ?

Virginie : Non, je fais tout faire par une entreprise. Pour la peinture, je laisserai Boniface repeindre les murs, car il adore ça. Tu sais que je déteste le bricolage, donc, tout s'arrange bien !

Romain : Et les voisins ne se plaignent pas du bruit ?

Virginie : Un petit peu, si… Certains ont protesté, mais je leur ai promis que tout serait fini vendredi. Chacun réagit à sa manière. J'essaye de limiter les dégâts… Je les inviterai à boire le champagne quand tout sera fini.

Romain : Oui, bonne idée…

« Le bout du bout » d'un humoriste

[...] Écoutez, l'autre jour, je taillais un morceau de bois... Mon pianiste vient, il me dit :

— Voulez-vous me passer ce bout de bois, s'il vous plaît ?

Je lui dis : — Lequel des deux bouts ?

Il me dit : — Quels deux bouts ? Je ne vois qu'un bout de bois.

Je lui dis : — Parce que vous vous exprimez mal ! Parce qu'un bois, ça a deux bouts. Alors il ne faudrait pas dire « un bout de bois », mais « les deux bouts d'un bois » !

Il me dit : — Les « deux bouts d'un bois »... D'abord, ça sonne curieux ! On entend « les deux boudins », on ne sait pas s'il s'agit de bouts de bois ou de bouts de boudins !

Je lui dis : — Ne plaisantons pas ! S'il s'agissait de bouts de boudin, on dirait « les deux bouts d'un boudin » ! On ne dirait pas « les deux bouts d'un bois » !

Il me dit : — J'ai toujours appelé un bout de bois un bout de bois, moi ! Alors, passez-moi ce bout de bois.

Je lui passe le bout de bois. Il prend le bout, il tire dessus et me dit : — Lâchez l'autre bout !

Je lui dis : — Vous voyez bien qu'il y a deux bouts !

— Bon, puisqu'il y a deux bouts, gardez ce bout-ci ! Moi, je garde ce bout-là ! Ça nous fera chacun un bout !

Je lui dis : — Non, ça nous fait encore chacun deux bouts ! [...]

Raymond DEVOS, *Matière à rire*, © Éditions Plon.

Hymne des objets ménagers

Nous sommes objets,
Objets quotidiens.
Sages et rangés,
Satisfaits d'un rien.
On nous époussette,
On se sert de nous.
Lampes, allumettes,
Tapis et bijoux,
Balais et fauteuils,
Rideaux et miroirs,
Objets sans orgueil
Du matin au soir,
Nous servons les hommes
Très utilement.
Fidèles nous sommes
Tout au long de l'an.

Claude Roy, *La Maison qui s'envole*,
© Éditions Gallimard.

Des objets de luxe

La France est connue pour sa production d'objets de luxe de toutes sortes. En 1764, le roi Louis XV autorise la création d'une verrerie dans le village de Baccarat, dont le nom évoque définitivement le cristal. En 1771, c'est au tour de Limoges de développer la fameuse technique de la porcelaine. Le XIXe siècle voit la fondation de diverses maisons, toutes restées célèbres : l'orfèvre Christofle se spécialise dans l'argenterie de grand luxe ; Hermès (1837) est connu depuis toujours pour le travail du cuir, tout comme Louis Vuitton (1854), l'inventeur de la malle (= *grande valise*) plate. L'entreprise S. T. Dupont, fondée en 1872, doit sa renommée à ses briquets et ses stylos de luxe. Enfin, le bijoutier Lalique crée, en 1895, de magnifiques flacons de parfum en verre et deviendra le représentant le plus connu du style « art nouveau » français.

EXPRESSIONS-CLÉS

• **Qu'est-ce que c'est que ce bruit ?** (= quel est ce bruit ?) *[familier]*
• **Qu'est-ce que c'est, ça ?** *(familier)*
• **Je te plains !**

Vocabulaire

 ### Les termes généraux

une machine, un appareil, un outil, un instrument

 ### Les éléments

un morceau, une pièce, un élément, une partie, une part, un « bout »

 ### Divers matériaux

Un objet peut être **en** bois, **en** métal (en fer, en acier, en cuivre, en or, en argent), en plastique, en verre, en papier, en carton, en pierre, en tissu, en béton, en cuir, en porcelaine… Il peut aussi être électrique.

- Voici un appareil électrique, un sac en plastique, une assiette en carton et un bijou en or.

 ### Les caractéristiques

Certains termes peuvent s'employer aussi bien pour un objet que pour une personne…

Un verre en cristal est fragile (≠ solide).

Mon sac pèse 20 kilos, il est lourd (≠ léger).

Un tube en acier est rigide, raide (≠ flexible, souple).

Cet énorme meuble est encombrant, volumineux (≠ petit, discret).

Un instrument est utile, alors qu'un bibelot est décoratif. Cet outil est bien fait (≠ mal fait) et très commode (≠ incommode).

La surface de cette table vernie est lisse (≠ rugueux/-euse). Ce verre est transparent (≠ opaque).

Ce morceau de béton est dur (≠ mou).

La soupe est servie dans une assiette creuse.

Ce morceau de bois est épais de 10 cm (≠ fin).

Les bouteilles en verre sont jetables, mais recyclables.

 ### Les malheurs d'un objet

Quand on ne trouve plus un objet, c'est qu'on l'a égaré (= *on ne se souvient pas de son emplacement*) ou, pire, perdu (*définitivement*).

Un objet en mauvais état est abîmé, endommagé < usé ;

- Zut, j'ai abîmé mon sac !

- Tu ne peux plus mettre ce manteau, il est complètement usé !

 ### Les formes

rond   triangulaire   carré

rectangulaire   ovale   hexagonal

 ### Des termes familiers

Quand ils ne trouvent pas le nom d'un objet, les Français emploient des termes familiers comme « un truc » ou « un machin ».

- Tu peux me passer le truc *(familier)*, là ?

- Qu'est-ce que c'est que ce machin ? *(familier)*

Ces termes ne sont évidemment pas recommandés… mais doivent être compris !

 ### Le verbe « servir à »

— À quoi sert cet objet ? À quoi ça sert ?
— Ça ne sert à rien ! *(= il n'a pas d'utilité)*
— Mais si, ça sert à couper du bois !

Le verbe « (se) plaindre »

Ma voisine est gravement malade, je la plains. Je l'admire aussi, car elle ne se plaint jamais ! Cette femme est très courageuse.

Civilisation

- Chaque pays produit des **objets** aux usages particuliers. Voici quelques exemples bien français :

le coupe-œuf   les santons de Provence   les charentaises *(pantoufles)*

le bol *(pour boire)*

Et aussi le couteau à fromage, l'eau de Javel, l'opinel *(couteau de poche)* et, bien sûr, le béret !

- La chaîne de télévision franco-allemande Arte diffuse une émission amusante et instructive sur les différences culturelles entre l'Allemagne et la France : *Karambolage*. Il y est question de mots, de coutumes, de comportements et d'objets.

Grammaire

Verbes pronominaux à sens passif

S'allumer, s'arrêter, se boire, se casser, se dire, s'enlever, s'éteindre, se fermer, se laver, se manger, se mettre, se nettoyer, s'ouvrir, se plier, se ranger, se servir, se trouver, s'utiliser…

- Attention, c'est fragile, ça **se casse** !
- Le champagne peut **se servir** en apéritif.
- Cette porte ne **s'ouvre** plus.
- — Ce tissu **se lave** comment ?
- — Il **se lave** à la main.
- — Comment ça **se mange** ?
- — Ça **se mange** cuit au four ou sauté à la poêle.

⚠ Ne dites pas : ~~on mange cela comment~~ ?

« Faire » + infinitif

On demande à une autre personne de faire l'action.

- **J'ai fait réparer** ma voiture. *(= ma voiture a été réparée par le mécanicien)*
- **Nous ferons garder** les enfants. *(= par une baby-sitter)*

« (Se) laisser » + infinitif

Idée de ne pas résister, de rester passif.

- Je **laisse couler** l'eau dans la baignoire.
- Nous **avons laissé** les enfants **jouer** dehors.
- Ils ne la **laisseront** jamais **partir** !
- Elle se laisse faire. Il s'est laissé tomber.
- Ils se laissent aller.

☛ Le « laisser-aller » exprime la négligence, la passivité.

« Rendre » + adjectif qualificatif

Ce bruit me **rendra fou** !

Cela la **rend malade** de voir toutes ces guerres à la télévision !

Voir ses petits-enfants la **rend heureuse**.

⚠ Ne dites pas : ~~elle devient malade~~.

Quelques prépositions de lieu

AU-DESSUS DE ≠ EN DESSOUS DE

La lampe se trouve au-dessus de la table, mais le chat dort en dessous.

☛ La nuance entre « en dessous » et « au-dessous » a pratiquement disparu de la langue.

À L'INTÉRIEUR DE ≠ À L'EXTÉRIEUR DE

En hiver, on place les plantes fragiles à l'intérieur de la maison.

Un supermarché se construit à l'extérieur de la ville.

EN HAUT DE ≠ EN BAS DE

Je suis monté en haut de la tour Eiffel, mais mon ami est resté en bas, car il a le vertige.

Quelques indéfinis

CHAQUE, CHACUN(E)

— Cet auteur publie un nouveau livre **chaque** année. Que penses-tu de ses romans ?

— À mon avis, **chacun** est intéressant.

CERTAIN(E)S, D'AUTRES

Tous ces objets sont à vendre. **Certains** sont en bon état, **d'autres** nécessitent une restauration.

Ils ont interviewé de nombreuses femmes. **Certaines** ne sont pas d'accord avec la nouvelle loi, **d'autres,** au contraire, y sont favorables.

DIFFÉRENT(E)S

J'ai visité **différents** musées et j'ai vu **différentes** œuvres d'art. *(= des musées variés, plusieurs œuvres d'art)*

⚠ Dans ce sens, l'adjectif se place avant le nom. Dans le sens de « pas identique », il se place après le nom.

- C'est une situation différente.

N'IMPORTE QUI/OÙ/QUAND/QUEL(LE)(S)…

= *peu importe qui, où, quand…*

— Où est-ce que je peux poser mon manteau ?

— **N'importe où ! Sur n'importe quelle chaise !**

— Quand est-ce que je peux venir ?

— **N'importe quand, à n'importe quelle heure !**

— Qui peut t'aider ?

— **N'importe qui** peut m'aider !

Activités communication

1 ▾ Vrai ou faux ?

DIALOGUE 1

a. Le vin de la Loire ne se boit pas comme un vin blanc.

b. Des travaux se passent dans l'immeuble voisin.

c. Adèle a fait de gros travaux dans son appartement.

DIALOGUE 2

d. Virginie fait des travaux importants dans sa salle de bains.

e. Virginie va repeindre sa salle de bains.

f. Certains voisins ne sont pas contents.

2 ▾ DOCUMENT 3 • Vrai ou faux ?

1. Le mot « bout » peut signifier « extrémité ».　　**2.** Chaque morceau de bois a deux extrémités !

3 ▾ DOCUMENT 4 • Choisissez la bonne réponse.

1. « Épousseter » signifie [enlever la poussière] [ranger].　**2.** Une allumette sert à [allumer] [éteindre] un feu.

4 ▾ DOCUMENT 5 • Vrai ou faux ?

1. « Baccarat » est le nom du fondateur de l'entreprise.

2. La production de porcelaine de Limoges a commencé au XVIIIe siècle.

3. Hermès est spécialisé dans l'argenterie.

4. Lalique a créé des bijoux avant de concevoir des flacons de parfum.

5 ▾ Imaginez une réponse possible.

1. Qu'est-ce que c'est que ce bruit ? — ....

2. Vous faites faire des travaux ? — ....

3. Ce vin blanc se boit comment ? — ....

4. Personne ne se plaint ? — ....

5. Qu'est-ce que c'est, ça ? — ....

6. Ça se casse ? — ....

6 ▾ Décrivez les objets suivants et expliquez à quoi ils servent.

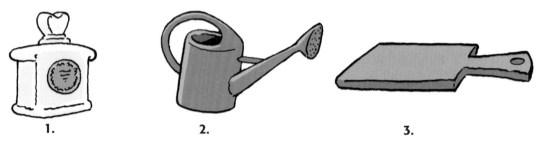

1.　　　　　　　**2.**　　　　　　　**3.**

7 ▾ Devinette. Choisissez un objet, sans en dire le nom. Décrivez-le à la classe pour qu'elle en devine l'identité. Vous en expliquerez l'usage seulement si la classe ne trouve pas !

8 ▾ Y a-t-il des matériaux que vous préférez à d'autres ? Lesquels ? Pourquoi ?

9 ▾ Vous écrivez à un(e) ami(e) pour lui décrire un bibelot que vous venez de trouver au marché aux puces, par exemple.

Activités vocabulaire et civilisation

10 ▸ Finissez les phrases.

1. Ce morceau de métal n'est pas souple, il est ....

2. Ça se casse ? — Oh oui, c'est très ....

3. Ce meuble prend beaucoup de place, il est ....

4. Cet objet sert à quelque chose ? — Non, il est simplement ....

5. On peut voir à travers ce plastique ? — Oui, il est ....

6. Ta veste est en bon état ? — Non, elle est complètement ....

7. La tranche de jambon est fine ? — Non, elle est assez ....

11 ▸ Associez (plusieurs solutions sont possibles).

1. un vase

2. un sac

3. un meuble

4. une boîte

5. une chaise

a. en plastique

b. en bois

c. en cuir

d. en porcelaine

e. en métal

f. en verre

g. en carton

12 ▸ Retrouvez le nom de 12 matériaux (6 horizontalement, 6 verticalement).

T	A	A	C	U	I	V	R	E	F	S	J	E	A
P	O	R	C	E	L	A	I	N	E	I	Q	H	C
C	R	G	K	B	S	Y	C	A	R	T	O	N	I
U	B	E	T	O	N	E	I	E	O	F	V	A	E
I	C	N	P	I	E	R	R	E	G	X	S	N	R
R	A	T	I	S	S	U	I	L	W	D	P	A	U

13 ▸ Éliminez l'intrus.

1. rigide / raide / jetable

2. plastique / or / argent

3. encombrant / commode / volumineux

4. rond / court / ovale

5. appareil / machin / machine

6. bois / bout / morceau

14 ▸ Complétez les phrases. Plusieurs termes sont parfois possibles.

1. À quoi ça .... ? — Ça .... à laver les bouteilles.

2. Tu peux me passer ce .... de bois ?

3. Zut, j'ai .... mon dossier ! Il est dans mon bureau, mais où exactement ?

4. C'est dommage, l'eau a .... cet objet en bois. Maintenant, il est endommagé.

5. Cet objet a six côtés, il est ....

15 ▸ Savez-vous si certains objets courants sont caractéristiques de votre pays ? Décrivez-en au moins un et expliquez son usage.

Activités grammaire

16 Imaginez une réponse.

1. Cette table de camping se plie ? — ....

2. Le champagne se boit frais ? — ....

3. Pourquoi est-ce que cette lumière rouge s'allume ? — ....

4. Comment ça s'éteint ? — ....

5. Le fromage se mange au début ou à la fin du repas ? — ....

6. Les clés se mettent où ? — ....

7. Comment est-ce que cette chemise en soie se lave ? — ....

8. Où se trouve la maison de Balzac ? ....

17 Transformez les phrases selon l'exemple.

*Exemple : J'ai demandé à quelqu'un de réparer mon vélo. → **J'ai fait réparer** mon vélo.*

1. Il a demandé à quelqu'un de réparer son appareil photo. → ....

2. Tu as demandé à quelqu'un de repeindre ta chambre ? → ....

3. Nous avons demandé à quelqu'un de nettoyer les tapis. → ....

4. J'ai demandé à quelqu'un de faire un nouveau passeport. → ....

5. Vous avez demandé à quelqu'un de livrer des repas pour la réunion ? → ....

6. Elle a demandé à quelqu'un d'ouvrir la salle à l'avance. → ....

7. Ils ont demandé à quelqu'un de faire un rapport sur la situation. → ....

18 Complétez par « chaque », « chacun(e) », « certain(e)s », « d'autres ».

1. Nous avons parlé à nos collègues. .... sont d'accord avec nous, ... sont d'un avis différent.

2. Il a placé .... bibelots sur son étagère. .... vient d'un pays particulier.

3. .... année, nous organisons une grande fête et nous invitons tous nos voisins. .... apportent du vin, ... préparent un dessert.

4. Mes trois sœurs sont jolies, mais .... a un charme particulier.

5. Nous avons offert un cadeau à .... enfant. .... a reçu un livre ou un jouet.

6. J'ai acheté des lampes au marché aux puces. .... sont en assez mauvais état.

19 Répondez aux questions en utilisant « n'importe quel(le)(s) », « n'importe où, quand, qui ».

1. Où est-ce qu'on peut acheter une baguette ? — ....

2. À quelle heure est-ce que tu préfères venir ? — ....

3. Quand est-ce que je peux vous téléphoner ? — ....

4. Qui peut devenir membre de ce club ? — ....

5. Où est-ce que je peux ranger ces papiers ? — ....

6. Dans quel quartier est-ce qu'on trouve une pharmacie ? — ....

7. Pour quelle raison est-ce qu'il téléphone ? — ....

20 🎧 **Écoutez le dialogue (piste 22 du CD). Vrai ou faux ?** .... /10

1. Adèle trouve toujours des objets intéressants.
2. Adèle aime les objets anciens.
3. Les objets ont une histoire.
4. Valentine trouve les objets tristes.
5. Valentine fait une collection.

6. Adèle aimerait être antiquaire.
7. Adèle et Valentine ont acheté des objets ensemble.
8. Adèle a trouvé un vase en cristal.
9. Elle a acheté plusieurs meubles.
10. Les objets sont seulement décoratifs.

21 👁 **Lisez ce courriel écrit par Chloé et dites si les phrases sont vraies ou fausses.** .... /10

Ma chère Henriette,

Nous avons enfin commencé les travaux dans notre maison de campagne, et je peux te dire que nous avons encore du pain sur la planche, comme on dit. Je ne me plains pas, car Christian m'aide beaucoup, mais nous avons eu quelques difficultés. Dans le salon, la vieille moquette était très abîmée et s'enlevait mal… En dessous, le sol était en très mauvais état, et nous l'avons fait refaire. J'ai fait poser un nouveau carrelage, beaucoup plus facile à entretenir. Ça se lave tellement plus rapidement !

Nous avons fait repeindre notre chambre et j'ai commencé à ranger différents bibelots, ce qui rend la pièce plus chaleureuse. Tout sera bientôt fini, je l'espère ! Certains voisins sont déjà venus dîner à la bonne franquette (vu l'état de la maison), d'autres passeront la semaine prochaine.

Tu peux venir nous voir n'importe quand. Nous te laisserons profiter du jardin, qui est magnifique en cette saison. Cela me rend un peu triste de ne pas y passer plus de temps, mais ce sera pour l'année prochaine !

1. Chloé a encore beaucoup de travail.
2. La moquette du salon était en mauvais état.
3. Il y a maintenant du carrelage dans la chambre.
4. Le carrelage n'est pas facile à nettoyer.
5. La chambre a été repeinte.

6. Chloé a fait du rangement.
7. Elle a mis des objets décoratifs dans la chambre.
8. Elle a reçu des voisins pour un dîner sophistiqué.
9. Henriette viendra aider Chloé à peindre.
10. Chloé profitera bien du jardin.

22 👄 **Décrivez les scènes suivantes.** .... /10

1.

2.

23 ✏ **Faites une description par écrit de votre bureau (ou de votre chambre), en mentionnant les objets et leurs caractéristiques.** .... /10

Science et technologie

 **1** DIALOGUE

Un ordinateur en panne

Valentine : Bonjour, monsieur. Voilà, j'ai déjà un problème avec mon ordinateur, alors que je l'ai acheté il y a deux mois seulement ! J'étais en train de travailler dessus quand l'écran est devenu tout noir, subitement. Tout s'est arrêté.

Le réparateur : Vous avez essayé de rallumer l'ordinateur ?

Valentine : Oui, bien sûr. Après l'avoir plusieurs fois débranché et rebranché, j'ai tenté de le rallumer, mais il ne se passe rien. C'est toujours tout noir…

Le réparateur : Je vais jeter un coup d'œil. Vous avez pensé à sauvegarder toutes vos données ?

Valentine : Oui, heureusement, j'avais tout mis sur une clé USB…

Le réparateur : Tant mieux, parce que le disque dur est peut-être mort… *(Un peu plus tard.)* Effectivement, madame, le disque dur est fichu.

Valentine : C'est incroyable ! Pourtant c'est un ordinateur tout neuf !

Le réparateur : La bonne nouvelle, c'est qu'il est sous garantie.

Valentine : C'est la moindre des choses !

 **2** DIALOGUE

De brillants scientifiques

Philippe : Alors, Simon, tu as écrit un nouvel article ?

Simon : Oui, mais il n'est pas encore publié. En revanche, mon dernier livre vient de sortir. Et le mois prochain, je présenterai l'état de mes recherches lors d'un colloque à Lausanne. Et toi, que fais-tu de beau, en ce moment ?

Philippe : Oh, moi aussi, je suis en pleine activité. Mon laboratoire conduit une série d'expériences dont j'attends les résultats. Même si nous rencontrons des difficultés, j'espère que tout cela permettra d'innover un peu plus dans mon domaine ! Au fait, sais-tu que mon fils a été reçu à Polytechnique ?

Simon : C'est de famille ! Si le papa sort de Centrale, le fils fera Polytechnique et la fille les Mines !

Philippe : Oui, et toi tu finiras à l'Académie des sciences, c'est cela ?

Simon : Pourquoi pas ? Quand je serai un vieux biologiste reconnu dans le monde entier, je participerai aux travaux de l'Académie !

Philippe : Moi, en revanche, quand je serai en retraite, je cultiverai mon jardin, comme dirait notre cher Voltaire…

Les musées scientifiques

La France accorde une grande place aux sciences, en particulier sous la forme de musées. Ainsi, la Révolution française a encouragé la création d'institutions scientifiques telles que le **Muséum d'histoire naturelle** (1793) et le **Conservatoire national des arts et métiers** (1794). C'est de cette époque que date également la fondation de l'**École polytechnique** (1794). Le XXe siècle constitue un autre moment important du développement des musées scientifiques.

En 1937, Jean Perrin, qui est prix Nobel de physique, crée le **palais de la Découverte**. De très nombreuses activités y sont proposées au public : expériences de chimie ou de physique, recherches sur la géologie, découverte des planètes dans un magnifique planétarium…

En 1986 ouvre la **Cité des sciences et de l'industrie de La Villette**, gigantesque espace présentant toutes sortes de trouvailles et de nouvelles technologies. En particulier, la **Cité des enfants**, qui initie les petits aux merveilles de la science, remporte un grand succès.

Alors que Paris concentre la plupart des programmes prestigieux, c'est au tour de Poitiers d'ouvrir, en 1987, une sorte de parc à thèmes centré sur les sciences, le **Futuroscope**. Enfin, n'oublions pas un autre projet original, qui a permis à une ancienne piscine de devenir un **musée d'art et d'industrie** à Roubaix, près de Lille (2001).

Eiffel (Alexandre Gustave), ingénieur (Dijon 1832-Paris 1923)

[Issu] d'une famille allemande installée au XVIIIe siècle en France, Gustave Eiffel poursuit ses études à l'École centrale des arts et manufactures, et se fait connaître comme constructeur de matériel de chemin de fer, en particulier de viaducs métalliques. Il fonde sa propre compagnie, les Ateliers de construction mécanique de Levallois, en 1867, année où il édifie la charpente métallique de la galerie des beaux-arts de l'Exposition universelle. Le pont Maria-Pia, à Porto (1876), avec une arche unique de 160 mètres, le viaduc de Garabit, long de 564 mètres, la gare de Pesth (Hongrie), ou encore l'infrastructure de la statue de la Liberté de Bartholdi (1886), témoignent de la réussite d'une entreprise qui travaille aussi bien en Chine qu'au Pérou, à Madagascar qu'en Espagne.

Eiffel est l'un des premiers à se servir d'éléments normalisés et préfabriqués dans ses ateliers de Levallois-Perret. Sa plus grande réussite demeure, bien sûr, la tour qui porte son nom, et par laquelle l'ingénieur entend résumer « le siècle de l'industrie et de la science ». Le monument est achevé le 31 mars 1889, pour l'inauguration de l'Exposition universelle. Par la suite, Eiffel l'utilise pour mener des expériences scientifiques, en météorologie et en aérodynamique. Cependant, sa carrière de constructeur est écourtée par le scandale de Panamá : s'étant vu attribuer le contrat des écluses du canal, Eiffel est impliqué dans la faillite de Ferdinand de Lesseps et doit céder, en 1893, la direction de son entreprise. Il n'en demeure pas moins une gloire nationale.

J.-C. YON, *Histoire de la France et des Français*,
Encyclopédie Bordas 1999, volume 2,
© Éditions Bordas.

EXPRESSIONS-CLÉS

- **C'est fichu !**
(= détruit ou raté) [familier]
- **Que fais-tu de beau ?**
(= Quoi de neuf et d'intéressant dans ta vie ?)
- **Je vais jeter un coup d'œil.**
(= regarder rapidement)
- **Au fait, …** (= à propos)
- **En pleine activité, en plein travail**
(= juste au milieu de)
- **C'est la moindre des choses !**
(= c'est le minimum)

Vocabulaire

L'informatique

Un ordinateur (portable ou non) est composé d'un disque dur et de logiciels (Word, Excel…).

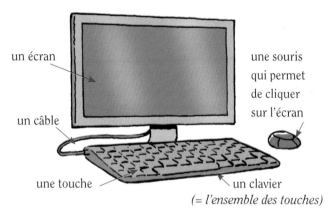

un écran

une souris qui permet de cliquer sur l'écran

un câble

une touche

un clavier
(= *l'ensemble des touches*)

Un informaticien est un spécialiste de l'informatique *(= tout ce qui concerne les ordinateurs)*.
Un programmeur crée des outils informatiques (= des logiciels/des programmes).

Les pannes

Un appareil peut tomber en panne = il ne marche plus. Dans ce cas, on appelle un service de dépannage. Si un élément est endommagé, il suffit de le réparer *(= arranger)*, ou peut-être de le recoller. Parfois, il faut changer une pièce. Quand la réparation est effectuée *(= faite)*, l'appareil marche à nouveau !

Pour de nombreuses machines, il existe un service d'assistance téléphonique.

Un appareil performant, à la pointe du progrès, fonctionne bien, du moins on l'espère !

Les sciences

Les sciences « exactes » comprennent de nombreuses disciplines : la physique, la chimie, la biologie, la médecine, la pharmacie, les sciences de la Terre, les mathématiques (les maths), l'astronomie, l'informatique…

On appelle « sciences humaines » des domaines tels que la philosophie, l'histoire, l'anthropologie, la sociologie, la psychologie, la littérature, l'histoire de l'art, la linguistique…

Les chercheurs sont rattachés à un organisme de recherche : ils font de la recherche. Ils travaillent en équipe, dans un laboratoire de recherche.

On peut conduire/mener/faire/réaliser/effectuer une expérience scientifique, puis en analyser les résultats et les publier. Les chercheurs doivent faire des publications dans des revues spécialisées, participer à des conférences et des colloques pour être reconnus et respectés.

Les chercheurs participent au progrès, ils font des découvertes scientifiques qui, parfois, « révolutionnent » la science. Dans le domaine médical, par exemple, ils peuvent mettre au point un nouveau médicament, un nouveau vaccin… Certains scientifiques sont des inventeurs de génie à l'origine de nombreuses innovations.

Les qualités des scientifiques sont, en particulier, la rigueur, la précision, la logique et l'inventivité !

☛ Le terme « scientifique » peut être un nom : un scientifique vient de publier ses dernières découvertes.

Civilisation

La recherche en France

• La recherche scientifique, qui occupe une place importante en France, est gérée par différents centres de recherche qui sont des organismes d'État : le CNRS, le CEA, l'INSERM…

• Dans le cursus scolaire, les filières scientifiques sont valorisées. Plusieurs grandes écoles sont spécialisées en sciences, en particulier l'École des mines (créée en 1783), l'École polytechnique (1794) et l'École centrale (1829).

Quelques scientifiques célèbres

• La France a eu de nombreux scientifiques de renom *(= célèbres)*. Citons par exemple des mathématiciens (Fermat, Cauchy, Poincaré, [le groupe] Bourbaki), des physiciens (Ampère, la famille Curie), des chimistes (Lavoisier, Berthelot), des biologistes (Pasteur, Monod), des astronomes (Gassendi), des médecins (Montagnier)…

• Certains ont été à la fois scientifiques et philosophes : Descartes, Pascal, d'Alembert…

☛ Sur la tour Eiffel sont gravés les noms de 72 savants français célèbres.

Grammaire

◢▶ L'infinitif passé

C'est la forme du passé composé, mais l'auxiliaire
« avoir » ou « être » est à l'infinitif :

- avoir fait, pris, pu, vu, peint, construit…
- être allé(e)(s), parti(e)(s), venu(e)(s)…

Pour les verbes pronominaux, on garde le pronom
personnel :

- m'être, t'être, s'être, nous être, vous être, s'être
occupé(e)(s)/levé(e)(s)…

À la forme négative :

- **ne pas** avoir fait, **ne pas** s'être occupé(e)(s)…

◢▶ Usage de l'infinitif

Après un premier verbe conjugué

Si le premier verbe est conjugué, le deuxième est à
l'infinitif.

he could not come

- Je sais **conduire**. Il n'a pas pu **venir**.
- Allez **savoir** ! *(expression figurée)* — *go figure*
- Il admet **avoir pris** le livre.
- Je vais **me coucher**. — *I'm going to bed.*

Après une préposition

after — **Après avoir acheté** du lait et de la farine, j'ai fait
un gâteau.

- Vous êtes partis **sans vous être occupés** des chats !

for — **Pour aller** à la gare, s'il vous plaît ?

- C'est bon **à savoir !** — *It's good to know!*
- **Avant de partir**, … *having*
- Je suis désolé **d'avoir oublié** le rendez-vous ! *of*

Après « merci »

- « Merci » + infinitif présent = demande polie, en
style écrit ou administratif.
  - Merci de répondre au plus vite ! *(= je vous
  demande de répondre au plus vite)*
  - Merci de patienter ! *(= attendez, s'il vous plaît)*

- « Merci » + infinitif passé = remerciement.
  - Merci / je vous remercie d'avoir répondu si vite
  (= je vous remercie, je vous suis reconnaissant)
  - Nous vous remercions **d'être venus** si nombreux !

L'infinitif employé comme nom

- **Fumer** est mauvais pour la santé. « **Être** ou **ne
pas être** ? » « **Boire** ou **conduire**, il faut choisir ! »
(slogan médical)

L'infinitif employé comme impératif

Ce style est caractéristique des recettes de cuisine, des
modes d'emploi ou du style administratif :

- brancher l'ordinateur, introduire le disque…
- couper les légumes en morceaux…
- ne pas toucher !
- appuyer sur la touche « étoile ».

◢▶ Expression de l'opposition

ALORS QUE (+ phrase) *(contradiction importante)* *while*

Le laboratoire n'a pas reçu de budget pour ses
recherches, **alors qu'**elles sont essentielles pour mettre
au point un nouveau médicament.

POURTANT *(contradiction importante)* *however*

Sophie n'a pas publié d'article scientifique depuis
longtemps. **Pourtant**, c'est une brillante chercheuse.

☞ « Pourtant » se place en général en début de phrase.
Il a un sens très proche de « alors que ».

MALGRÉ (+ nom) *despite*

Malgré les difficultés financières de son laboratoire,
le chercheur continue son travail avec passion. *(= alors
que son laboratoire a des difficultés financières…)*

MÊME SI (+ phrase) *(exprime une contradiction
moins forte que les expressions précédentes)* *even if*

Même si tu ne t'intéresses pas beaucoup aux maths, tu
seras obligé d'en faire pendant tes études de médecine.

CEPENDANT *(exprime une simple réserve)* *however*

L'expérience a bien fonctionné et a produit des résultats
intéressants. **Cependant**, certains détails doivent être
améliorés. *however*

EN REVANCHE *(style écrit)* = **PAR CONTRE** *(style
oral)* *[aspects contradictoires d'une même personne,
d'un même élément]*

Julien adore la peinture et la sculpture. **En revanche /
par contre**, il ne s'intéresse pas à la photo.

Ce livre d'art contient de magnifiques photos. **En
revanche**, le texte est assez faible.

Activités communication

1 ▸ Vrai ou faux ?

DIALOGUE 1

a. L'ordinateur de Valentine a un problème de souris.

b. Valentine a perdu ses données.

c. C'est un logiciel qui est en panne.

DIALOGUE 2

d. Simon vient de publier un livre.

e. Le laboratoire de Philippe a beaucoup de problèmes.

f. Le fils de Philippe va faire une grande école.

g. Simon est à l'Académie des sciences.

2 ▸ DOCUMENT 3 • Complétez par les mots manquants.

1. La .... française encourage la création d'institutions ....

2. Jean Perrin crée le palais de la ....

3. De très nombreuses activités sont proposées au .... : .... de chimie ou de physique, ... sur la géologie…

4. La « Cité des enfants » .... les petits aux .... de la science.

3 ▸ DOCUMENT 4 • Vrai ou faux ?

1. Eiffel a conduit des trains.

2. Il a travaillé dans de nombreux pays.

3. Il a construit beaucoup de ponts.

4. Eiffel renonce à son entreprise en 1893.

5. La tour Eiffel a servi à des expériences scientifiques.

4 ▸ Choisissez la bonne réponse.

1. Paul est spécialiste de sciences humaines ? □ **a.** Oui, il est biologiste. □ **b.** Oui, il est sociologue.

2. Ton téléphone marche ? □ **a.** Non, il est en panne. □ **b.** Oui, il est endommagé.

3. L'expérience est réalisée ? □ **a.** Oui, elle est publiée. □ **b.** Oui, elle est faite.

4. Elle travaille au CNRS ? □ **a.** Oui, elle est chercheuse. □ **b.** Oui, elle publie beaucoup.

5. Il a fait une grande école ? □ **a.** Oui, le CEA. □ **b.** Oui, Polytechnique.

6. Quel logiciel tu utilises ? □ **a.** Un disque dur. □ **b.** Un logiciel de calcul.

7. Il fait de l'informatique ? □ **a.** Oui, il est savant. □ **b.** Oui, il est informaticien.

5 ▸ Complétez par des expressions de la conversation.

1. Que fais-tu de .... , en ce moment ? — Je travaille sur un nouveau projet.

2. Au .... , est-ce que tu seras au laboratoire, demain ?

3. Il m'a envoyé son article. — C'est la .... des choses !

4. Tu pourrais .... un coup d'œil sur cet article, s'il te plaît ?

5. Tu ne t'en vas pas ? — Non, je suis en .... travail, je partirai beaucoup plus tard.

6. La photocopieuse marche ? — Non, elle est complètement .... , il faut la changer !

6 ▸ Vous avez un problème technique avec un ordinateur (ou un autre appareil électronique). Faites le dialogue avec un service d'assistance.

7 ▸ Parlez d'un savant connu de votre pays. Quand vivait-il ? Qu'a-t-il inventé ou découvert ? A-t-il donné son nom à une invention, une rue, un centre de recherche... ?

Activités vocabulaire et civilisation

8 Éliminez l'intrus.

1. sociologie / physique / anthropologie

2. chercheur / appareil / machine

3. informaticien / clavier / écran

4. conférence / expérience / colloque

5. revue / publication / laboratoire

6. découvrir / réparer / arranger

7. progrès / rigueur / précision

8. chercheurs / scientifiques / expériences

9 Ajoutez les mots manquants à ce texte.

1. Mon ordinateur ne marche plus, il est en ....

2. Le problème vient du disque ....

3. Je viens de contacter un ....

4. Je ne sais pas s'il va pouvoir .... mon ordinateur !

5. Décidément, je déteste ces machines et je ne connais rien à .... !

10 Choisissez la bonne réponse.

1. Nous avons [travaillé] [conduit] une expérience intéressante.

2. Les [résultats] [machines] ont été positifs.

3. De nombreux [ordinateurs] [chercheurs] ont publié des articles.

4. Un membre de mon [logiciel] [laboratoire] va faire une conférence.

5. J'espère que ces [revues] [découvertes] aideront à soigner des malades.

6. Nous allons continuer nos recherches dans [le domaine] [la discipline] médical.

7. Cette mathématicienne a [programmé] [publié] de nombreux articles.

8. La découverte de ce nouveau médicament constitue une [innovation] [expérience].

11 Associez pour constituer une phrase complète.

1. Cette machine est

2. La philosophie fait partie

3. La rigueur est

4. L'informaticien crée

5. Le laboratoire a conduit

6. Ce brillant physicien va publier

7. Cette équipe de biologistes est

a. rattachée au CNRS.

b. une expérience scientifique.

c. les résultats de sa recherche.

d. une qualité pour un scientifique.

e. à la pointe du progrès.

f. des sciences humaines.

g. des outils informatiques.

12 Vrai ou faux ?

1. L'École centrale est un organisme de recherche.

2. Fermat est un grand mathématicien.

3. Lavoisier était un astronome.

4. Descartes a été aussi bien scientifique que philosophe.

5. Le CNRS est un centre de recherche.

6. Le nom de certains savants est inscrit sur la tour Eiffel.

7. La France n'a pas beaucoup de scientifiques célèbres.

Activités grammaire

alors même que — even though
althougn — bien
en revanche on the other hand

13 Complétez par « alors que », « pourtant » ou « en revanche ».

1. L'expérience n'a pas donné de résultats intéressants. _malgré_ , elle avait été préparée avec soin.

2. Il ne nous a pas téléphoné _alors que !_ il avait promis de le faire.
He did not telephone us

3. Elle n'est pas allée au concert _pourtant_ elle adore la musique. *however.*

4. Grégoire a du mal à parler français. _Pourtant !_ , il l'écrit assez bien.
has trouble speaking

5. Je n'ai toujours pas obtenu ce document _pourtant_ je l'ai demandé il y a déjà trois semaines !
I still have nor had the docs

6. Violette s'intéresse vivement à la biologie. _en revanche_ , elle n'aime pas beaucoup la chimie.
is deeply interested in bio *she does not like chemo*

7. Julien veut devenir ingénieur. _pourtant_ , il n'est pas très doué en sciences.
wants to become an engineer *he is not gifted in science*

14 Choisissez la bonne réponse.

appealing

1. Ils ont décidé de pique-niquer [alors] [même] qu'il fait un froid épouvantable.

2. J'adore la peinture. [Pourtant] [En revanche], je n'aime pas beaucoup la sculpture.

3. Léon a eu l'air complètement étonné de ma visite. [Par contre] [Pourtant], je l'en avais prévenu !

4. Cet acteur a énormément de talent et de succès. [En revanche] [Cependant], il ne choisit pas toujours très bien ses rôles.

despite

5. Ce bureau n'est pas climatisé, [malgré] [cependant] la chaleur !

event 6. [Même si] [Alors que] Valérie est malade, ce n'est pas une raison pour être désagréable !

according

15 Complétez selon l'exemple.

quatre oneidu

*Exemple : Il a invité tous ses amis. → C'est gentil **d'avoir invité** ses amis.*

1. Elle a publié un bon roman à l'âge de 90 ans, c'est admirable. → C'est admirable _d'avoir publié un bon roman à l'âge de 90 n_

2. Ils n'ont pas communiqué les résultats de l'expérience, c'est bizarre. → C'est bizarre ....

3. Elle est repartie après deux jours, c'est étonnant. → C'est étonnant ....

4. Elle s'est occupée de mon chat. → Je la remercie ....

5. Ils sont venus me voir. → Je les remercie ....

6. Nous avons vu nos amis. → Nous sommes contents ....

7. Il a offert un beau dictionnaire à son fils. → C'est une très bonne idée ....

16 Transformez selon l'exemple.

*Exemple : Il a visité le Louvre, puis il est allé au théâtre. → **Après avoir visité** le Louvre, il est allé…*

1. Nous avons débranché l'ordinateur, puis nous avons essayé de le réparer. →
Après avoir *turned off the computer*

2. Elle s'est installée à son bureau, puis elle a commencé à rédiger son rapport. →
Après être installée

3. Je me suis occupé des enfants, puis je suis parti au travail. →
Après m'être occupé

4. Il a consulté ses collègues, puis il a lancé une nouvelle expérience. →
Après avoir consulté

5. Vous avez fait cet exercice, puis vous êtes passé(e) au suivant ! →
Après avoir fait cet exercice

17 Écoutez le dialogue (piste 25 du CD). Vrai ou faux ? /10

1. Alain est biologiste.
2. Alain est plus compétent qu'Éric.
3. Éric a raté sa thèse.
4. Éric n'est pas resté en France.
5. Alain est parti à l'étranger.
6. Alain a publié des livres dans son domaine.
7. Alain a déjà été chef d'équipe. *team leade*
8. Éric a refusé de diriger l'équipe. *refused to lead the team*
9. Simon prépare un colloque. *prepares un symposium*
10. Simon a beaucoup à faire. *has a lot to do*

18 Lisez le texte suivant et dites si les phrases sont vraies ou fausses. /10

Dans la littérature romanesque, **Jules Verne** (1828-1905) tient une place à part car il a marqué, éduqué et fait rêver des générations de lecteurs. Alors qu'il avait entrepris des études de droit, Jules Verne se passionne pour les sciences et ce que nous appelons désormais « les nouvelles technologies ». Diverses rencontres l'encourageront dans ses projets, mais celle de Hetzel, le grand éditeur, sera décisive : les deux hommes entreprennent en effet un vaste projet éditorial, destiné à la jeunesse. Il s'agit de la former, de l'éduquer, dans un contexte laïque tourné vers le progrès et la science, afin de préparer les citoyens du futur. Verne accomplit également de nombreux voyages et toutes ces expériences l'amènent à devenir le père de la « science-fiction ». Malgré quelques erreurs, ses romans concilient l'aventure, l'exploration et l'enthousiasme pour les avancées techniques. Certains de ses ouvrages sont célèbres dans le monde entier et montrent un réel talent de visionnaire : *Le Tour du monde en 80 jours, De la Terre à la lune, Vingt mille lieues sous les mers*. Jules Verne est l'un des auteurs les plus traduits au monde.

1. J. Verne a fait des études scientifiques.
2. Il s'intéresse très tôt à la technologie.
3. Il a rencontré beaucoup de personnes.
4. La rencontre avec Hetzel est importante.
5. Hetzel est un grand écrivain.
6. J. Verne commence à écrire des romans éducatifs.
7. L'éducation selon J. Verne doit être religieuse.
8. J. Verne a beaucoup voyagé.
9. Les romans de J. Verne ne sont pas assez connus.
10. On peut lire J. Verne dans différentes langues.

19 Expliquez comment fonctionne la recherche scientifique dans votre pays : /10
quels sont les principaux centres de recherche (publics ou privés), les revues les plus importantes ?

20 Expliquez, par écrit, si vous vous intéressez plus aux sciences « humaines » /10
ou aux sciences « exactes ». Dites pourquoi en employant, éventuellement,
des termes d'opposition.

L'apparence

Je suis affreuse, ce matin !

Adèle : Je n'ai rien à me mettre… En plus, je suis horrible, ce matin ! J'ai grossi, j'ai pris…

Étienne : Au moins UN kilo ! Quelle horreur, ma chérie…

Adèle : Ne te moque pas de moi ! J'avais déjà pris un kilo la semaine dernière !

Étienne : Mais je te trouve magnifique ! Tu es toujours obsédée par ton poids, c'est ridicule ! Tu es belle comme tout ! C'est comme si tu voulais être maigre comme un clou !

Adèle : Tu es gentil de dire ça. Regarde, j'ai sorti cet ensemble que j'avais acheté l'année dernière en solde. Qu'est-ce que tu en penses ?

Étienne : Cette tenue te va très bien. La couleur est assortie à tes yeux, c'est très raffiné. Avec ton écharpe bleu clair, tu seras, comme d'habitude, très élégante.

Adèle : Tu es un amour. Je me sens mieux, déjà. Et toi, mon chéri, comment tu t'habilles ?

Étienne : Tu crois que je dois me changer ?

Adèle : Oui, la dernière fois, tu t'étais mis en pantalon noir, ça t'allait très bien.

Étienne : Bon, d'accord. Si cela peut te faire plaisir…

Chacun son genre…

Virginie : Héloïse, raconte-moi ta soirée ! Alors, Benjamin est comment ?

Héloïse : L'ami de Julie ? Il est plutôt bel homme. Il est brun, de taille moyenne, les yeux noisette, pas mal de charme…

Virginie : Quel âge il a ?

Héloïse : Je ne sais pas, il a une trentaine d'années peut-être, mais il fait un peu plus jeune que son âge. En tout cas, il ne ressemble pas du tout à son frère, ni physiquement, ni psychologiquement.

Virginie : C'est vrai que tu avais rencontré son frère Thomas dans une soirée, je m'en souviens.

Héloïse : Thomas, lui, est plutôt du genre excentrique. Une fois, il était venu à un dîner, coiffé d'un grand chapeau à plume…

Virginie : Et Julie ?

Héloïse : Tu la connais, elle n'a pas changé. Comme d'habitude, elle s'était un peu trop maquillée et elle avait choisi des bijoux à la limite du ridicule, mais elle avait préparé un dîner fabuleux.

Virginie : Je vois. Toujours la même !

3 DOCUMENT

Un étrange personnage

L'homme, long, étroit, donnait l'impression d'être composé de deux parties sans rapport entre elles : la tête et le reste. Son corps semblait immatériel, une étoffe dépourvue de relief, une robe noire aussi plate que si elle était accrochée à un cintre, d'où dépassaient des bottines brillantes qu'on ne voyait enfilées à aucune cheville. En revanche, la tête jaillissait, rose, charnue, vivante, neuve, innocente, tel un bébé sortant du bain. On avait envie de l'embrasser, de la prendre entre ses mains.

— Bonjour, mon père, dit le comte. Voici Joseph.

Je le contemplais en essayant de comprendre pourquoi son visage non seulement me surprenait peu mais avait l'aspect d'une confirmation. Confirmation de quoi ? Ses yeux noirs me considéraient avec bienveillance derrière le cercle de ses légères lunettes.

Soudain, la lumière se fit.

— Vous n'avez pas de cheveux ! m'exclamai-je.

Il sourit, et, à cet instant-là, je commençai à l'aimer.

— J'en ai perdu beaucoup. Le peu qui pousse, je le rase.

— Pourquoi ?

— Pour ne pas perdre de temps à me coiffer.

Éric-Émmanuel SCHMITT, *L'Enfant de Noé*,
© Éditions Albin Michel, 2004.

EXPRESSIONS-CLÉS

- **Je n'ai rien à me mettre !**
- **Ne te moque pas de moi !**
- (Elle est jolie/belle...) **comme tout.**
  (= *très*)
- **En tout cas...**
- **Il/elle est plutôt du genre...**
  (+ *adjectif*)
- **À la limite du ridicule...**
- **Par-dessus le marché.**
  (= *en plus*)
- **Si cela peut te faire plaisir !**

4 DOCUMENT

Quelle « adorable » vieille dame !

Chaque fois qu'elle se regardait dans le miroir — il fallait bien, parfois —, elle haussait les épaules. C'était *trop* absurde. Elle se rendait parfaitement compte qu'elle n'était plus qu'une « adorable vieille dame » — oui, après toutes ces années qu'elle avait déjà perdues à être une dame, il fallait à présent être une vieille dame, par-dessus le marché. « On voit encore qu'elle a dû être très belle... » Lorsqu'elle percevait ce murmure insidieux, elle avait de la peine à retenir un certain mot bien français qui lui montait aux lèvres, et faisait semblant de ne pas avoir entendu.

Romain GARY, *Lady L,*
© Éditions Gallimard.

5 DOCUMENT

Beau ou laid ?

J'étais beau, quand j'étais petit, à dix ans, à douze ans. Je le savais, on me le disait. Quand je mettais mon costume du dimanche pour aller à la messe, j'avais conscience que tout le monde me regardait traverser le bourg. On devait m'admirer : M. et moi, nous étions les petits garçons du village les plus beaux. Comment pouvaient vivre les autres, qui étaient laids et devaient le sentir ? Ils étaient sans doute très malheureux.

À treize ans, je commençai, brusquement, à me transformer. À quatorze ans, mon teint n'était plus frais ; mes yeux avaient perdu leur éclat ; mon nez grossit ; mes lèvres s'épaissirent. J'étais devenu laid, comme les autres ; pire, même, car, à mon étonnement, beaucoup de ces enfants mal dégrossis, rustres, que je plaignais étaient devenus de beaux adolescents.

Eugène IONESCO, « Printemps 1939 »,
in La Photo du colonel, © Éditions Gallimard.

Vocabulaire

La description physique

(handwritten: It is high   small   medium sized)

Il est de haute ≠ petite taille, de taille moyenne.

(handwritten: It has style   class)

Il/elle a de l'allure = de la classe.

(handwritten: she dresses in an original way)

Il/elle s'habille de manière originale (≠ banale), excentrique (≠ classique). Il/elle est toujours bien habillé(e) ≠ mal habillé(e) ; chic, élégant(e) ≠ décontracté(e) < négligé(e). *(handwritten: neglected   relaxed)*

C'est un bel homme / une belle femme.

Il ressemble à sa mère : c'est le portrait de sa mère. Les deux se ressemblent énormément.

Quel âge a-t-elle ? Elle a une quarantaine d'années *(handwritten: forty years)* (= *environ 40 ans*), ou peut-être une cinquantaine *(handwritten: fifty)* d'années. Elle fait plus jeune que son âge = elle ne fait pas son âge. *(handwritten: she is younger than her age   she does not age)*

Quelques accessoires

une ceinture
(handwritten: a belt)

un chapeau

un parapluie

une montre

une écharpe et des gants assortis (= *de la même couleur*)
(handwritten: matching gloves)

Les bijoux

une chaîne et un pendentif

des boucles d'oreilles

une bague

un collier

un bracelet

Les chaussures

des chaussures à talons plats

des chaussures à talons hauts, élégantes, chic

des chaussures confortables, de marche

☞ « Chic » est invariable : des vêtements chic.

Le maquillage

(handwritten: Agnès makes up every day   she wears)

Agnès se maquille tous les jours : elle porte un maquillage discret. Le soir, elle se démaquille.

(handwritten: discreet makeup   at night she cleanses.)

Les verbes

• **S'habiller, mettre, être en**
(handwritten: How was   dressed?)
— Comment est-ce qu'Héloïse était habillée ?
(handwritten: had wore   pearl grey suit)
— Elle avait/portait un tailleur gris perle et un haut marron. Cette tenue (= *ensemble des vêtements*) lui allait très bien. Le haut était assorti à la couleur de ses yeux.
— Elle est toujours en tailleur, non ?
— Au travail, oui. À la maison, elle est souvent en jean.

— Comment est-ce que tu t'habilles, ce soir ?
— Je vais mettre mon pantalon marron et ma chemise gris-bleu, tout simplement.
— Tu ne mets pas de cravate ?
— Non, personne ne met de cravate pour ce genre de dîner !

• **Se changer** (= *changer de vêtements*), **se mettre en**

— Tu te changes ou tu restes en costume-cravate ?
— Je vais me changer ! Je vais me mettre en jean noir.
— Ce sera assez habillé ?
— Oui, bien sûr ! C'est juste un dîner entre copains, non ?

☞ « Habillé » a deux sens : 1) avoir des vêtements sur soi. « Tu es habillée ? — Oui, je suis prête ! » ; 2) être élégant, chic : « une tenue habillée, une robe habillée ».

Civilisation

(handwritten: en tissu)

La mode

• **La haute couture** : la France vit sur sa réputation de capitale de la mode. Il est vrai que beaucoup de grands couturiers (« de grandes maisons ») ont gardé leur prestige : Chanel, Dior, Yves Saint-Laurent, Givenchy, Hermès… *(handwritten: they keep their prestige)*

• **Les écharpes** : les Parisiennes portent, plus encore que d'autres, des écharpes qu'elles considèrent comme un accessoire important, presque un bijou. *(handwritten: scarves   Parisian women wear more than others scarves which they consider as an important accessory almost a gem/jewel)*

• **Le noir** est une couleur particulièrement appréciée des Parisiens qui permet d'être à la fois chic et simple. *(handwritten: Black is a colour which is both chic and simple)*

• Il existe un site consacré à la mode française : www.lamodefrancaise.org *(handwritten: dedicated site to French fashion)*

Le plus-que-parfait

Se construit comme le passé composé, mais l'auxiliaire
« avoir » ou « être » est à l'imparfait.

FAIRE

j'**avais** fait

tu avais fait

il/elle/on avait fait

nous avions fait

vous aviez fait

ils/elles avaient fait

PARTIR

j'**étais** parti(e)

tu étais parti(e)

il/elle/on était parti(e)(s)

nous étions parti(e)s

vous étiez parti(e)(s)

ils/elles étaient parti(e)s

S'OCCUPER

je m'**étais** occupé(e)

tu t'étais occupé(e)

il/elle/on s'était occupé(e)(s)

nous nous étions occupé(e)s

vous vous étiez occupé(e)(s)

ils/elles s'étaient occupé(e)s

Utilisation

Permet d'exprimer une action antérieure à une autre,
dans un récit au passé. Les adverbes « déjà » ou
« jamais » interviennent fréquemment.

. Elle est retournée à Nice, mais elle y **avait déjà
passé** des vacances. En revanche, elle **n'était jamais
allée** à Cannes.

— Tu as dîné à La Coupole pour la première fois ?
— Non, j'y **étais déjà allé** l'année dernière.

. Les élèves ont fait le devoir que le professeur leur
avait donné la semaine dernière.

Le plus-que-parfait peut suivre des expressions comme
« quand », « dès que », « chaque fois que ».

. **Quand** ma grand-mère **avait préparé** un bon
gâteau, elle invitait *(ensuite)* tous les enfants de son
village à en manger un morceau !

. **Dès qu'**il avait fini ses devoirs, il pouvait jouer
dans le jardin. **Chaque fois que** ses parents s'étaient
disputés, ils se réconciliaient autour d'un bon dîner !

Le plus-que-parfait peut aussi exprimer le regret.
Il s'agit alors de la première partie d'une phrase hypo-
thétique *(voir unité 13, p. 109).*

. Ah, **si j'avais su !** Ah, si nous avions pu… Ah,
si elle avait eu une voiture ! Ah, si tu n'avais pas
oublié tes clés…

Dans la langue courante, le plus-que-parfait est souvent
employé à la place de « c'est la première fois que… »,
même quand la situation est en cours.

. Tiens, **je n'avais jamais remarqué** cette maison !
*(= je suis en train de me promener, et c'est la
première fois que je remarque cette maison)*
. Nous n'avions jamais goûté de truffes ! *(et nous
sommes en train d'en manger)*
. Tu avais vu que Solange avait changé de coiffure ?

« Comme si » + imparfait ou plus-que-parfait

Il parle comme si je n'existais pas ! Elle m'a téléphoné
comme si de rien n'était *(= comme si rien ne s'était
passé).*

Il m'a regardée comme s'il ne m'avait jamais vue ! Elle
a fait comme si elle n'avait pas compris.

Adjectifs de couleur

En général, ils s'accordent avec le nom :

. une veste bleu**e**, deux jupes noir**es**, des pulls vert**s**.

Lorsque la couleur est suivie d'une nuance, on
n'accorde pas les adjectifs :

. une robe **vert clair**, des jupes **gris foncé**, des
imperméables **bleu ciel**, des chemises **jaune pâle,**
une jupe **blanc cassé**…

On n'accorde pas certains adjectifs de couleur, venant
de noms concrets :

. une jupe **marron**, des chemises **kaki**, des yeux
noisette, un pull **turquoise**, des cheveux **acajou,** une
robe **ivoire**.

On n'accorde pas deux adjectifs juxtaposés :

. une jupe **gris-bleu**, une veste **bleu-vert**.

Il existe un site Internet d'une grande richesse sur les
couleurs : www.pourpre.com

Activités communication

1 ▸ Vrai ou faux ?

DIALOGUE 1

a. Adèle est devenue beaucoup trop grosse.

b. Étienne trouve qu'Adèle est trop maigre.

c. Adèle a les yeux bleus.

d. Adèle voudrait qu'Étienne change de vêtements.

DIALOGUE 2

e. L'ami de Julie est très grand.

f. Il a le même âge que son frère.

g. Thomas n'a pas des goûts classiques.

h. Julie manque d'élégance.

2 ▸ DOCUMENT 3 • Choisissez la bonne réponse.

1. La tête de l'homme [ressemble] [est assortie] à celle d'un bébé.

2. Il porte des [gants] [lunettes].

3. Il se [coiffe] [rase] les cheveux.

3 ▸ DOCUMENT 4 • Vrai ou faux ?

1. Le personnage a passé beaucoup de temps à devenir une « dame ».

2. La vieille dame a été belle dans sa jeunesse.

3. La vieille dame est contente qu'on lui rappelle sa beauté passée.

4 ▸ DOCUMENT 5 • Quelle phrase résume le mieux le texte ?

1. Le garçon était admiré par le village.

2. Le garçon n'aimait pas se sentir beau.

3. Le garçon était plus beau étant enfant qu'adolescent.

5 ▸ Associez.

1. Arthur est le portrait de sa grand-mère ?

2. Comment est-ce qu'il était habillé ?

3. Tu es habillé ?

4. Elle a quel âge ?

5. Tu vas te changer ?

6. Elle ne porte pas beaucoup de bijoux, non ?

a. — Oui, je suis prêt !

b. — Non, juste une bague, c'est tout.

c. — Une soixantaine d'années, je pense.

d. — Oui, il lui ressemble énormément !

e. — Il était en jean et en pull.

f. — Non, je reste en pantalon.

6 ▸ Choisissez la bonne réponse.

1. Elle est comment ?
☐ **a.** Elle est en jupe.
☐ **b.** Elle est plutôt du genre classique.

2. Comment tu t'habilles ?
☐ **a.** Je ne sais pas, je n'ai rien à me mettre !
☐ **b.** Je suis prête !

3. Sa tenue est bizarre.
☐ **a.** Ne te moque pas de lui !
☐ **b.** Oui, c'est à la limite du ridicule.

4. Il est sympa ?
☐ **a.** Oui, il est gentil comme tout.
☐ **b.** Oui, c'est un bel homme.

5. J'hésite sur cette couleur.
☐ **a.** Oui, elle est assortie.
☐ **b.** En tout cas, elle vous va bien.

6. Tu te changes ?
☐ **a.** Oui, je reste en jean.
☐ **b.** Oui, si cela peut te faire plaisir.

7 ▸ Vous êtes invité(e) chez des amis. Vous parlez avec un(e) proche de la manière de vous habiller. Imaginez le dialogue, en vous inspirant de la leçon de vocabulaire.

8 ▸ Décrivez votre apparence aujourd'hui : vêtements, accessoires, bijoux…

9 ▸ À vous ! Comment vous habillez-vous en général ? Quel style adoptez-vous ? Quelles couleurs portez-vous le plus souvent (ou jamais) ?

10 Complétez les mots croisés suivants, portant sur les accessoires et les bijoux.

Horizontalement :

1. Elle permet de lire l'heure. *It allows you to read the time* montre/watch
2. On le met sur la tête. *It is put on the head — hat* chapeau
3. On la porte autour du cou. *It is worn around the neck* écharpe
4. On les met aux mains pour avoir chaud. *It can be worn on the hands to keep them warm*
5. Il peut être de perles, par exemple. *It maybe pearls for example*

Verticalement :

a. C'est un bijou que l'on porte au poignet. *It is a jewel that is worn on the wrist.*
b. On la met au doigt. *It can be put on the finger*
c. Elle permet de porter un pendentif. *It allows you to wear a pendant*
d. Il nous protège de la pluie. *It protects us from the rain*

Crossword grid:
- 1 Horizontal: M O N T R E
- 2 Horizontal: C H A P E A U
- 3 Horizontal: E C H A R P E
- 4 Horizontal: G A N T S
- 5 Horizontal: C O L L I E R — *neck lace*
- a (vertical): B R A C E L E T
- b (vertical): B A G U E
- c (vertical): C H A I N
- d (vertical): P A P L U I (PARAPLUIE)

écharpe

11 Choisissez la bonne réponse.

1. Je vais me [mettre] [changer]. *I am going to change*
2. Il ne [met] [reste] pas en short.
3. Elle [est] [porte] toujours en jupe. *She always wears a skirt*
4. C'est une tenue [habillée] [prête]. *This is a casual dress*
5. Il [porte] [est] souvent un chapeau. *he often wears a hat*
6. Cette femme a de la [classe] [taille]. *class   size*

12 Trouvez une réponse appropriée.

1. Tu te changes ? — ....
2. Quel âge a-t-il ? — ....
3. Comment tu t'habilles ? — .... *How are you dressed?*
4. Tu restes en jean ? — ....
5. Il ressemble à son père ? — ....
6. Tu mets quelles chaussures ? — ....

13 Complétez les phrases.

1. Elle porte des .... d'oreilles et un collier assortis.
2. Je suis trop grande pour mettre des chaussures à .... hauts.
3. Il ressemble beaucoup à son grand-père, il est le .... de son grand-père.
4. Il ne s'habille pas de manière originale, mais plutôt ....
5. Quand elle reste à la maison, elle n'est pas aussi élégante, elle s'habille de manière ....
6. Elle porte des chaussures et un sac ...., en cuir noir.
7. Elle est grande, elle aime marcher, elle porte des chaussures ....
8. Pour le mariage de ma cousine, il faut que je trouve une .... habillée.

14 Vrai ou faux ?

1. Paris est une ville importante pour la mode.
2. Les écharpes sont des bijoux.
3. Les Parisiennes ne portent que des écharpes noires.
4. Beaucoup de maisons de couture ont disparu.
5. La couleur noire est facile à porter.

Activités ► grammaire

15 ► Répondez au plus-que-parfait.

1. Tu l'avais déjà vu ? — Oui, ...

2. Ils étaient déjà allés au Québec ? — Non, ...

3. Elle avait déjà mis cet ensemble ? — Oui, ...

4. Tu avais déjà visité Liège ? — Non, ...

5. Vous vous étiez déjà occupé de jeunes enfants ? — Oui, ...

6. Il avait déjà mangé de la tarte Tatin ? — Non, ...

16 ► Complétez au plus-que-parfait.

1. Elle n'est pas partie parce qu'elle .... (oublier) de réserver une place de TGV.

2. Je suis enfin revenu dans cette ville où mon grand-père .... (commencer) sa carrière de médecin et où il .... (se marier).

3. Cette femme, qui .... (divorcer) et qui .... (s'occuper) de ses enfants sans jamais prendre de vacances, s'est enfin décidée à partir avec une amie !

4. Nos amis, qui .... (se sentir) très à l'aise chez nous, nous ont remerciés de notre accueil.

5. Je suis retourné dans les Ardennes où je .... (passer) une partie de mon enfance et où je .... (apprendre) à conduire.

17 ► Ajoutez les adjectifs de couleur et faites les accords, <u>si nécessaire</u>.

1. gris-bleu → une robe ....

2. noir → des chaussures ....

3. gris foncé → une ceinture ....

4. bleu clair → une cravate ....

5. turquoise → des pulls ....

6. kaki → des robes ....

7. marron → une veste ....

8. blanc → des chemises ....

9. gris perle → des pantalons ....

10. ivoire → des chaussettes ....

18 ► Finissez les phrases à l'imparfait ou au plus-que-parfait, selon le cas.

1. Elle me pose toujours la même question, comme si ....

2. Il parle trop fort, comme si ....

3. Il a éclaté de rire, comme si ....

4. Ils n'ont jamais répondu, comme si ....

5. Elle a mangé comme si ....

6. Ils m'ont demandé de rester discret, comme si ....

19 ► Complétez au plus-que-parfait.

1. Chaque fois qu'ils .... (faire) une randonnée, ils rentraient morts de fatigue !

2. Dès qu'elle .... (recevoir) une lettre, elle y répondait dans la même journée.

3. Quand nous .... (terminer) une réunion, nous prenions toujours un café avec nos collègues.

4. Chaque fois qu'il .... (découvrir) un nouveau restaurant, il nous y invitait.

5. Dès qu'il .... (se lever), il faisait de la gymnastique.

20 🎧 **Écoutez le dialogue (piste 28 du CD). Vrai ou faux ?**

/10

1. Colette ne veut pas se changer.

2. Elle ne restera pas en jean.

3. Elle a une jupe turquoise.

4. Sa fille lui propose de mettre un pantalon noir.

5. La jupe noire n'est pas assez élégante.

6. Colette est souvent ridicule.

7. Elle ne fait pas son âge.

8. Sa fille aime bien la jupe noire de Colette.

9. Colette veut mettre une écharpe.

10. Colette va mettre une ceinture verte.

21 **Lisez le texte suivant et choisissez la meilleure explication, dans ce contexte.**

/10

Avez-vous été heureuse, au moins ?

Elle répondit, avec une voix qui venait du cœur :

— Oh ! oui, très heureuse. Il m'a rendue très heureuse. Je n'ai jamais rien regretté.

Je la contemplais, triste, surpris, émerveillé par la puissance de l'amour ! Cette fille riche avait suivi cet homme, ce paysan. Elle était devenue elle-même une paysanne. Elle s'était faite à sa vie sans charmes, sans luxe, sans délicatesse d'aucune sorte ; elle s'était pliée à ses habitudes simples. Et elle l'aimait encore. Elle était devenue une femme de rustre, en bonnet, en jupe de toile. […]

Elle n'avait jamais pensé à rien, qu'à lui. Elle n'avait regretté ni les parures, ni les étoffes, ni les élégances.

Guy de MAUPASSANT, « Le Bonheur », *in Contes du jour et de la nuit.*

1. « qui venait du cœur » ☐ **a.** sentimentalement ☐ **b.** avec sincérité

2. « contemplais » ☐ **a.** admirais ☐ **b.** regardais avec attention

3. « émerveillé » ☐ **a.** admiratif ☐ **b.** merveilleux

4. « s'était faite » ☐ **a.** s'était habituée ☐ **b.** avait accompli

5. « s'était pliée » ☐ **a.** avait refusé ☐ **b.** avait accepté

6. « rustre » ☐ **a.** grossier ☐ **b.** méchant

7. « bonnet » ☐ **a.** sorte de chapeau ☐ **b.** tablier

8. « de toile » ☐ **a.** tissu élégant ☐ **b.** tissu grossier

9. « parures » ☐ **a.** bijoux ☐ **b.** écharpes

10. « étoffes » ☐ **a.** tissus ☐ **b.** accessoires

22 **Un couple n'est pas d'accord sur la manière de s'habiller pour une soirée en famille. Imaginez le dialogue.**

/10

23 **Décrivez en détail les personnes suivantes.**

/10

1.

2.

La vie des autres

Enfin !

Valentine : Tu sais que Nina et Vincent vont se marier ?

Simon : Oui, à vrai dire, c'est un événement auquel je m'attendais ! Nina est divorcée depuis un certain temps, ses enfants sont grands, elle est libre maintenant. En plus, elle a un travail dont elle est très contente.

Valentine : Et elle a rencontré un homme dont la vie n'a pas été très heureuse jusqu'à présent. Tu es au courant qu'il est resté veuf avec trois enfants ?

Simon : Oui, on me l'a dit. Eh bien, à mon avis, Nina est une femme avec laquelle Vincent sera très heureux.

Valentine : Ah là là ! J'ai hâte de voir le mariage, avec tous les enfants.

Simon : Tu sais où cela va se passer ?

Valentine : Eh bien, je crois qu'ils ont choisi le village dans lequel ils ont passé leurs dernières vacances.

La vie de Romain Gary est un roman...

Roman Kacew naît le 8 mai 1914 à Wilno (l'actuelle Vilnius). Élevé par sa mère, qui est russe, il passe une bonne partie de son enfance à Varsovie, où il apprend le polonais. En 1928, la mère et le fils viennent s'installer en France, à Nice, où le garçon est scolarisé en français. Après avoir obtenu son bac, il commence des études de droit à Aix-en-Provence puis à Paris.

En 1938, il accomplit son service militaire comme aviateur. Révolté par la défaite de juin 1940, il décide de continuer à se battre et de partir en Angleterre. Il n'y arrivera qu'au bout de deux ans, après diverses péripéties, en particulier en Afrique du Nord et en Égypte. À Londres, il mène une véritable double vie : d'un côté, il s'engage auprès du général de Gaulle dans les Forces françaises aériennes libres comme copilote. D'un autre côté, il choisit son nom de plume, Romain Gary, et publie son premier roman, *Éducation européenne.*

De retour en France après la guerre et ses actions héroïques, il entre dans la carrière diplomatique. Parmi les divers postes qu'il occupera, mentionnons la Bulgarie, l'ONU, la Bolivie et finalement la Californie. Il écrit de nombreux romans et obtient, en 1956, le prix Goncourt pour *Les Racines du ciel.*

Au début des années soixante, il rencontre Jean Seberg qu'il épouse, quitte la carrière diplomatique et rentre à Paris. Dans les années soixante-dix, il est apparemment affecté par le succès d'un écrivain qui publie sous le nom d'Émile Ajar et qui est un cousin éloigné. Émile Ajar écrit *La Vie devant soi*, roman pour lequel il obtiendra le prix Goncourt en 1974. Le 2 décembre 1980, après avoir achevé son dernier livre, *Les Cerfs-volants*, Gary se suicide. Peu après la mort de l'écrivain, son éditeur révèle qu'Émile Ajar et Romain Gary n'étaient qu'une seule et même personne...

3 DOCUMENT **Décès et condoléances**

Isabelle et Quentin Duchâteau,
sa fille et son gendre,

Grégoire et Barbara Dupont,
son fils et sa belle-fille,

Nicolas, Fabien et Henriette,
ses petits-enfants

Audrey, Bastien et Capucine
ses arrière-petits-enfants

ont le chagrin de faire part du décès de
Marcel Dupont,
à l'âge de 95 ans.

Ses obsèques auront lieu
le jeudi 24 novembre à 14 H 30, au cimetière
de son village natal de Villeneuve.

Chère Isabelle, Cher Grégoire,

Je viens d'apprendre à l'instant la triste nouvelle.
Je comprends votre peine, car mon grand-oncle était
un personnage aussi original qu'attachant. Je voudrais
simplement vous témoigner ma compassion. Je vous
souhaite du courage dans cette épreuve.

Bien amicalement,
Laurence

Chers amis,
Avec toutes nos condoléances pour ce deuil.

Bien à vous,
Diane et Xavier Duroc

Ma chère Isabelle,
Je suis désolé pour toi et pour toute ta
famille. Quelle tristesse !

Bon courage. Je t'embrasse de tout cœur.
Serge

4 DOCUMENT **Mariage et félicitations**

Louise et Benoît

ont la joie de vous annoncer leur mariage,
qui aura lieu le 12 mai à 16 heures,
à la mairie de Sarlat.

Chers amis,
Nous apprenons avec joie la nouvelle
de votre mariage. Nous vous souhaitons
tout le bonheur du monde !
Nous vous embrassons bien affectueusement.
Julie et Valentin

Je n'aurai qu'un souhait : soyez heureux !
Gros bisous à tous les deux !
Domi

Tous mes vœux de bonheur
et de réussite aux jeunes mariés !
Adila

5 DOCUMENT **Bonne année !**

Bonne année à tous les deux !
Tous mes vœux pour la nouvelle
année !

Nous vous souhaitons une belle
et heureuse année !

Que cette nouvelle année vous apporte
bonheur, amour et prospérité !

EXPRESSIONS-CLÉS

- **À vrai dire...** *(= en fait)*
- **J'ai hâte de...** *(+ infinitif)*
- **Bien amicalement.** *(à la fin d'une lettre)*
- **Tous mes vœux !**
- **Je viens d'apprendre...**
- **Je vous souhaite...**

Vocabulaire

La famille

• **La famille proche :** les parents, les enfants, les grands-parents, les petits-enfants.

• **Le reste de la famille :** un cousin, une cousine ; un oncle, une tante ; un neveu, une nièce ; un arrière-grand-père, une arrière-grand-mère ; un gendre *(= le mari de la fille)*, une bru / une belle-fille *(= la femme du fils)*.

On peut utiliser des expressions plus vagues :

  • J'ai de la famille en Savoie : ce sont des cousins éloignés.
  • Au mariage de Rose, j'ai vu des parents éloignés.

• **La famille recomposée :** un demi-frère, une demi-sœur, un beau-fils, une belle-fille.

☛ Dans le cas d'un remariage, on a tendance à dire « la fille de mon mari » plutôt que « ma belle-fille » pour éviter les confusions.

Les étapes de la vie

Joël naît *(naître)*, puis il grandit *(= le nombre de centimètres augmente)*. Le petit garçon passe son enfance en Bretagne.

Joël rencontre Manon et, quelques années après, ils se marient. Ils ont trois enfants.

Malheureusement, Joël et Manon ne s'entendent pas bien ; ils décident de se séparer. Ils divorcent peu après.

Après le divorce, Manon obtient la garde des enfants. Bien sûr, Joël les voit souvent, pendant le week-end et les vacances scolaires.

Manon rencontre Paul et va se remarier avec lui. Paul a deux enfants d'un premier mariage.

La vieillesse

Vieillir n'est pas drôle, mais certaines personnes âgées conservent une extraordinaire jeunesse d'esprit, une bonne santé et du dynamisme.

Si ce n'est pas le cas, les personnes âgées dépendantes sont placées dans des maisons de retraite.

Un personnage étonnant : Jeanne Calment a vieilli *(vieillir)* en gardant toute sa tête et elle est morte *(mourir)* à l'âge de 122 ans, record inégalé à ce jour ! Elle était connue pour son amour du bon vin et des plaisirs de la vie. Par exemple, elle n'a arrêté de fumer qu'à l'âge de 100 ans !

Les condoléances

Quand quelqu'un meurt, on envoie un faire-part de décès *(décéder = mourir)*, puis on organise les obsèques. Les amis envoient leurs « condoléances » = des messages de regret et de sympathie.

Un homme qui a perdu sa femme est veuf, une femme qui a perdu son mari est veuve. Si les parents meurent, les enfants sont orphelins.

Les félicitations

Quand un événement heureux se produit, on envoie un faire-part de mariage ou de naissance. Les amis écrivent des messages de félicitations, avec leurs vœux de bonheur. Si on est invité à la cérémonie, l'usage veut qu'on apporte un cadeau.

Vers le 1er janvier, on envoie ses vœux de bonheur pour la nouvelle année : ce sont les « cartes de vœux ».

Civilisation

Les familles recomposées

C'est un nouveau phénomène sociologique. Après un remariage, les familles se « recomposent » : on cherche à faire vivre harmonieusement ses propres enfants, les enfants de son nouveau conjoint et, éventuellement, les enfants nés du deuxième mariage.

La vie d'un enfant

Les histoires du *Petit Nicolas* de Sempé et Goscinny sont toujours d'actualité, bien que datant des années soixante ! Un petit garçon y raconte avec humour et innocence, sa vie à l'école, en famille, en vacances.

Nombreux centenaires en France !

Comme dans de nombreux pays, la population française vieillit. En 2008, la France compte environ 20 000 centenaires sur 64 millions d'habitants.

Grammaire

Les pronoms relatifs

DONT

• Verbe construit avec « de »

. Je parle **d'**un ami. Cet ami a passé sa vie au Maroc.
→ L'ami **dont** je parle a passé sa vie au Maroc.
. Zoé est contente **de** son nouveau travail. → C'est un travail **dont** Zoé est contente.

Quelques verbes acceptant cette construction : s'apercevoir, avoir besoin/peur/envie, discuter, être content/sûr/fier…, se moquer, se souvenir, s'occuper **de**…

• Complément de nom

. J'ai un ami. Son père est pianiste. → J'ai un ami **dont le** père est pianiste.

. Voici un auteur. Ses livres sont traduits dans toutes les langues. → Voici un auteur **dont les** livres sont traduits dans toutes les langues.

⚠ Ne dites pas : j'ai un ami dont ~~son~~ père est pianiste.

LEQUEL, LAQUELLE, LESQUELS, LESQUELLES

• S'emploie après une préposition : pour, avec, dans, chez, de, à, sur, sans…

. La rue **dans laquelle** j'habite est en travaux.
. C'est un dictionnaire **sans lequel** je ne peux pas étudier.
. C'est un projet **sur lequel** ils vont travailler pendant plusieurs années.

• À + lequel, lesquels = AUQUEL, AUXQUELS

. Les livres **auxquels** je pense sont édités à Paris. *(penser à)*

☞ Pour une personne, on peut dire : la dame à qui / à laquelle j'ai parlé…

Le présent historique

Pour raconter la biographie de quelqu'un, on peut employer le présent. Cela s'appelle le « présent historique » ou le « présent de narration ».

. Le 18 juin 1940, Charles de Gaulle lance un appel à la résistance.
. En 1960, Romain Gary publie *La Promesse de l'aube.*

Ce procédé évite les problèmes du récit au passé et donne un caractère vivant et animé aux événements racontés.

À l'intérieur du texte au présent, on peut employer le futur simple, pour renforcer la vivacité du récit.

. Romain Gary obtiendra le prix Goncourt en 1956.

Le futur antérieur, dans ce contexte, donne un caractère plus achevé au récit.

. Tout au long de sa vie, elle aura lutté pour améliorer la condition des femmes.

L'apposition

Il s'agit d'un complément d'information, placé au début ou en milieu de phrase, entre virgules. Cela peut être un ou des noms, un ou des participes passés, un ou des adjectifs.

. **Écrivain et diplomate**, Romain Gary a mené une vie hors du commun.
. **Anthropologue respecté**, Claude Lévi-Strauss est né en 1908.
. **Révolté par la guerre d'Espagne**, André Malraux s'engage aux côtés des Républicains.
. La mère de Romain Gary, **épuisée par la maladie**, meurt pendant la guerre.

La ponctuation : la virgule

• Après une indication de temps

. **En 1962**, André Malraux devient ministre de la Culture.
. **La semaine dernière**, nous sommes partis à Limoges.

• Pour une énumération

. Jean Cocteau a été **poète, dessinateur, auteur de théâtre** et cinéaste.

• Pour une apposition *(voir ci-dessus)*

. *Le Petit Prince*, **l'un des romans les plus célèbres au monde, traduit en plus de 180 langues**, a été publié en 1943 par Saint-Exupéry.

1 Vrai ou faux ?

DIALOGUE 1

a. Simon n'est pas surpris par la nouvelle.

b. Vincent a perdu sa première femme.

c. Nina et Vincent ont eu un enfant ensemble.

DOCUMENT ORAL 2

d. Romain Gary est né à Nice.

e. Il est d'origine russe.

f. Il a été courageux pendant la Deuxième Guerre mondiale.

g. Il devient diplomate après la guerre.

h. Il obtient un grand prix littéraire en 1956.

i. Il meurt en 1974.

j. Émile Ajar est un autre nom de Romain Gary.

2 DOCUMENT 3 • Répondez aux questions.

1. Où Marcel Dupont est-il né ?

2. Comment s'appelle sa petite-nièce ?

3. Diane et Xavier sont-ils des amis proches ?

4. Serge est-il un frère d'Isabelle ?

5. De qui Marcel Dupont était-il l'arrière-grand-père ?

3 DOCUMENT 4 • Complétez.

1. Le .... de Benoît et Louise aura lieu à la .... de Sarlat.

2. Adila envoie ses .... de bonheur et de réussite.

3. Domi n'a qu'un .... : le bonheur de ses amis.

4 Que pouvez-vous écrire ou dire dans ces circonstances ?

1. Votre meilleure amie va se marier. Vous lui dites : ....

2. De bons amis ont perdu leur vieille mère. Vous leur écrivez : ....

3. C'est le 1er janvier. Vous croisez un voisin. Vous lui dites : ....

4. Les enfants de vos voisins vont se marier. Vous leur écrivez : ....

5. C'est le 1er janvier. Vous écrivez à une vieille cousine : ....

5 Choisissez la bonne réponse.

1. Nous allons nous marier.

☐ **a.** Toutes mes félicitations !

☐ **b.** Bonne année !

2. Mon grand-père est décédé.

☐ **a.** Je vous embrasse.

☐ **b.** Je suis désolé pour toi.

3. Bonne année !

☐ **a.** À toi aussi !

☐ **b.** Je t'embrasse.

4. Tu connais Bruno ?

☐ **a.** Non, mais je comprends.

☐ **b.** Non, mais j'ai hâte de le connaître !

5. Fabienne va divorcer !

☐ **a.** Non, elle est séparée.

☐ **b.** À vrai dire, je m'y attendais.

6 Des gens que vous connaissez vont se remarier. Racontez la biographie de chacune des deux personnes (premier mariage, enfants, divorce, nouvelle rencontre…).

7 Comment se passe un mariage traditionnel dans votre culture ?

8 Existe-t-il la tradition des cartes de vœux ?

9 Dans votre culture, quelle place tient la famille ? La notion de « famille recomposée » est-elle courante ? Quels sont les termes employés pour désigner la famille recomposée et la famille éloignée ?

10 Choisissez la bonne réponse.

1. Loïc [a grandi] [est né] à Vannes, le 10 février 2007.

2. Henri et Joséphine [se sont mariés] [ont divorcé] après sept ans de mariage.

3. Ils ont passé leur [enfance] [mariage] à la campagne.

4. Julie a obtenu la [séparation] [garde] des enfants.

5. Mon grand-père [est mort] [a vieilli] à l'âge de 90 ans.

6. Les parents de David [se marient] [s'entendent] bien.

7. Après son divorce, Catherine s'est [remariée] [divorcée].

11 Éliminez l'intrus.

1. cousin / oncle / gendre

2. séparation / jeunesse / divorce

3. naissance / obsèques / décès

4. vœux / retraite / félicitations

5. veuf / orphelin / centenaire

6. vieillesse / enfance / jeunesse

12 Vrai ou faux ?

1. C'est mon gendre = c'est le mari de ma fille.

2. Ma vieille voisine est décédée, donc je vais envoyer des félicitations à sa famille.

3. Ce sont des parents éloignés = ce sont mes frères.

4. C'est la bru de Valentine = Valentine est sa belle-mère.

5. François est veuf = la femme de François est morte.

6. Elle a trois petits-enfants = elle est grand-mère.

7. Jules est centenaire = il a au moins 100 ans.

13 Complétez.

1. J'ai reçu le .... de mariage de Colombe et Bruno.

2. Nous sommes le 1er janvier, nous devons envoyer des ....

3. Le pauvre Léonard a perdu sa femme, il est ...., maintenant.

4. Yves, qui est divorcé et remarié, a deux enfants de son premier ....

5. Quentin est le cousin d'une tante à moi, c'est un cousin ....

6. Voici Hugues, mon ...., le mari de ma fille.

7. Eugénie a 95 ans, elle a quatre arrière-petits-enfants, elle est ....

14 Vrai ou faux ?

1. Le 1er janvier, on envoie des faire-part.

2. Quand quelqu'un se marie, on lui envoie des messages de félicitations.

3. Une Française a vécu jusqu'à l'âge de 122 ans.

4. Il y a peu de centenaires en France.

5. Les condoléances sont des messages de sympathie.

6. Il existe des maisons spécialisées pour les personnes âgées.

7. *Le Petit Nicolas* est un texte récent.

Activités grammaire

15 ▼ Choisissez la bonne réponse.

1. Passe-moi le sac dans [lequel] [dont] j'ai mis mes clés.

2. C'est le livre [auquel] [dont] il pense.

3. Tu connais le projet sur [lequel] [auquel] il travaille ?

4. Il a un ami [lequel] [dont] la mère a publié un livre traduit en vingt langues !

5. Tu as lu l'article [dont] [auquel] je t'ai parlé ?

16 ▼ Complétez par « dont », « auquel », « lequel » ou « laquelle ».

1. Voici l'ordinateur .... nous avons besoin.

2. Montre-nous la photo sur .... on voit mon gendre.

3. Il m'a offert le livre .... j'avais tellement envie !

4. C'est un projet .... nous réfléchissons.

5. *Le Testament français* est un livre pour .... A. Makine a obtenu le prix Goncourt.

6. Tu as vu le film dans .... joue ma grand-mère ?

17 ▼ Faites une seule phrase avec les deux éléments.

Exemple : André Malraux a été ministre de la Culture. Il a aussi été un grand écrivain. → Ministre de la Culture, André Malraux a aussi été un grand écrivain.

1. Nancy Huston est d'origine canadienne et anglophone. Elle a choisi le français comme langue littéraire.

....

2. René Char est un grand poète. Il a été aussi un héros de la Résistance.

....

3. Romain Gary a été à la fois diplomate et romancier. Il a publié des livres en français et en anglais.

....

4. Léopold Sédar Senghor est né au Sénégal. Il a été le premier Africain élu à l'Académie française.

....

5. Stravinsky est un compositeur d'origine russe. Il quittera la Russie en 1914.

....

6. Albert Schweitzer a été médecin et philosophe. Il jouait aussi très bien de l'orgue.

....

7. Chagall est un peintre d'origine russe. Il a passé presque toute sa vie en France.

....

18 ▼ Racontez la vie de Madeleine à partir des éléments suivants. Employez le présent historique.

1. 1971 : naissance à Québec, enfance à Montréal. ....

2. 1990 : rencontre de Sébastien. ....

3. 1995 : mariage avec Sébastien. ....

4. 1997 : naissance de Jérôme. ....

5. 2003 : séparation, puis divorce. ....

6. 2007 : rencontre de Franck. ....

19 Écoutez le dialogue (piste 31 du CD). Vrai ou faux ? /10

1. Éléonore est une cousine de Maxime.

2. Éléonore va se marier.

3. Sonia va se marier avec Maxime.

4. Sonia a un chien.

5. Sonia a plusieurs enfants.

6. La fille de Sonia n'est plus une enfant.

7. Maxime a des enfants.

8. La fille de Maxime est proche de son père.

9. Le fils de Maxime est différent de sa sœur.

10. Le fils de Maxime est furieux du remariage de son père.

20 Lisez le texte suivant et dites si les phrases sont vraies ou fausses. /10

Eugène Grindel, dit **Paul Éluard**, est un grand poète français, né en 1895. Il commence à écrire très jeune, pendant la Première Guerre mondiale. En 1917, il épouse Gala, une jeune Russe, dont il aura une fille, en 1918. En 1930, Gala le quitte pour devenir la femme de Dali. Éluard rencontre peu après l'amour de sa vie, Nusch, avec qui il se marie en 1934. Il participe activement au mouvement surréaliste et publie de nombreux recueils de poésie. Pendant la Deuxième Guerre mondiale, il fait partie des poètes de la Résistance (en particulier, avec son très célèbre poème *Liberté*). En 1946, Nusch meurt brutalement, au désespoir d'Éluard. Cependant, trois ans plus tard, le poète rencontre sa troisième épouse, Dominique. Il ne vivra pas longtemps avec elle, puisqu'il meurt à l'âge de 57 ans, le 18 novembre 1952. Il est enterré à Paris, au fameux cimetière du Père-Lachaise.

1. Le nom d'Éluard est un pseudonyme.

2. Éluard n'est pas romancier.

3. Il a été marié deux fois.

4. Il a eu plusieurs enfants.

5. Sa première femme épousera un peintre.

6. Éluard est un poète surréaliste.

7. Il a arrêté d'écrire pendant la guerre.

8. Il est devenu veuf.

9. Il n'a pas voulu se remarier.

10. Sa tombe est à Paris.

21 Racontez la vie complète d'un membre de votre famille (par exemple, une arrière-grand-mère), depuis sa naissance jusqu'à sa mort. Employez le présent historique. /10

22 À partir des éléments suivants, écrivez un texte suivi sur la vie du grand acteur Jean Gabin. Employez le présent historique. /10

Naissance : Paris, le 17 mai 1904 (nom réel : Jean-Alexis Moncorgé). – Jeunesse : nombreux « petits boulots ». – 1925 : mariage avec Gaby Basset (divorce en 1929). – 1926 : artiste de music-hall, chanteur d'opérette. – 1933 : mariage avec Jeanne Mauchain. – 1936 : début de sa carrière dans le cinéma. – 1941 : départ de la France occupée, séjour à Hollywood, rencontre avec Marlène Dietrich, liaison. – 1943 : divorce, engagement auprès du général de Gaulle et participation à la victoire des Alliés. – 1949 : mariage avec Dominique Fournier (qui a déjà un fils), naissance de leur première fille (Florence). – 1952 : naissance de leur deuxième fille (Valérie). – 1956 : naissance de leur fils (Matthias). – 15 novembre 1976 : mort à Neuilly d'un cancer.

....

....

....

....

....

Nature et environnement

 **1** DIALOGUE

Les vacances à la ferme

Jérôme : Alors, Adèle, pour ces vacances de printemps, quels sont tes projets ?

Adèle : Si tout va bien, nous partirons avec les enfants pendant une semaine. Cette année, ce sera campagnard ! Nous passerons nos vacances à la ferme.

Jérôme : À la ferme ? Toi qui n'aimes que la ville et les musées ?

Adèle : Oui, mais pour les enfants, ce sera amusant et sain ! Ils pourront participer aux travaux de la ferme, ils verront les vaches, ils boiront du lait tout chaud, ils s'amuseront avec les canards, ils donneront à manger aux lapins… J'imagine déjà les cris de joie !

Jérôme : Et toi, qu'est-ce que tu feras ?

Adèle : Quand j'y serai, je trouverai bien quelque chose d'agréable à faire. Par exemple, s'il fait beau, j'irai me promener dans les champs, ou alors je m'installerai sur une chaise longue dans le jardin avec un bon livre. Dans la description de la ferme, j'ai vu qu'il y avait toutes sortes d'arbres fruitiers. Au printemps, j'imagine que tous seront en fleurs, ce sera magnifique…

Jérôme : Et si tu t'ennuies trop ?

Adèle : Je passerai ma vie au téléphone ! Non, je plaisante. Après tout, cela ne durera qu'une semaine, ce ne sera pas trop long, même si je suis plutôt citadine…

 **2** DIALOGUE

Bio ou pas bio ?

Étienne : L'agriculture biologique s'est bien développée en France, non ?

Philippe : Oui, mais moins que chez toi, en Suisse, ou qu'en Autriche.

Étienne : Il est vrai que chez nous, les gens apprécient particulièrement les produits bio. Quand tu vas dans un supermarché, tu trouves toujours énormément de choix.

Philippe : Ici aussi, ça se développe, mais je crois que la France est encore en retard, par rapport aux autres pays européens. À vrai dire, je ne sais pas pourquoi. Quand je parle à des amis, ils me disent tous qu'ils achètent des fruits ou des légumes bio.

Étienne : Les Français en consomment peut-être plus par gourmandise que par conviction politique.

Philippe : Connaissant mes compatriotes, je pense que c'est le cas !

3 DOCUMENT

Le Salon de l'agriculture

Le Salon international de l'agriculture, qui a lieu chaque année depuis 1964, constitue l'un des événements les plus appréciés des Français (plus de 700 000 visiteurs en 2009). Il se tient à Paris (Porte de Versailles) pendant une semaine, à la fin de l'hiver.

Quand vous visiterez cette immense foire, vous pourrez côtoyer une grande variété d'animaux de la ferme : vaches, cochons, moutons, chèvres, poules, poulets. Vous apprendrez tout sur la production de lait, de blé ou de vin. Si vous êtes gourmand, vous aurez la possibilité de déguster les meilleurs produits du terroir : fromages, pâtés, charcuteries, vins, pains, pâtisseries, spécialités de fruits et légumes. Chaque région sera représentée, ce qui vous permettra d'en découvrir les spécificités.

Vos enfants ne s'ennuieront pas : ils ne feront pas que découvrir les animaux, bien sûr ! Ils se familiariseront aussi avec les engins utilisés dans l'agriculture. Quand on est petit, il est impressionnant de monter sur un vrai tracteur ! Et quand on est un jeune citadin, ramasser des œufs frais constitue une véritable aventure !

Si vous vous intéressez à des aspects plutôt économiques ou scientifiques, les professionnels de toutes sortes répondront à vos questions. Quand vous quitterez le Salon, vous serez probablement fatigués par le bruit et la foule, mais heureux, instruits et le ventre plein !

> - J'imagine déjà...
> - Passer sa vie.
> - Après tout, ...
> - Par rapport à...
> - Par gourmandise.
> - Une véritable aventure !

4 DOCUMENT

Les parcs naturels en France

La France, comme de nombreux autres pays, cherche à préserver son patrimoine naturel, particulièrement riche et varié. Différentes structures permettent d'atteindre cet objectif.

La notion de parc naturel est née aux États-Unis au XIXe siècle (Yosemite Valley et surtout Yellowstone en 1872). La France ne crée son premier **parc national** qu'en 1963 : le parc de la Vanoise, dans les Alpes. En 2007, le pays compte neuf parcs nationaux (six en France métropolitaine, un en Guadeloupe, un à La Réunion et un en Guyane). Ils sont soumis à des contraintes très strictes de protection de l'environnement : leur paysage en est exceptionnel, tout comme leur faune et leur flore. [http://www.parcsnationaux-fr.]

En 1967, la France crée les **parcs régionaux**, qui per-

> La notion de parc naturel est née aux États-Unis au XIXe siècle

mettent de protéger et développer des territoires « à dominante rurale dont les paysages, les milieux naturels et le patrimoine culturel sont de grande qualité, mais dont l'équilibre est fragile » [http://www.parcs-naturels-regionaux.fr]. En 2007, on dénombre 45 parcs régionaux, aussi bien en France métropolitaine qu'en Martinique ou en Guyane. De nombreuses activités y sont organisées, pour découvrir et apprécier aussi bien la nature que ses productions (spécialités gastronomiques, par exemple).

Enfin, le **Conservatoire de l'espace littoral** voit le jour en 1975. Parmi ses nombreuses missions, il achète des terrains en bordure de mer ou d'océan, afin de les protéger contre les constructions qui détruisent le paysage. Il permet aussi l'aménagement de ces espaces en zones de loisirs ou en terres agricoles. Plusieurs centaines de sites appartiennent désormais à cet établissement public. Citons les falaises de Bonifacio en Corse, la baie du Mont-Saint-Michel, les calanques de Marseille ou encore la montagne Pelée en Martinique. [conservatoire-du-littoral.fr]

Vocabulaire

Un peu de géographie

La forêt (1) se trouve dans une plaine qui est entourée par des collines (2). La rivière (3) se jette dans le fleuve(4). De l'herbe bien verte pousse dans les (5) prés. Au loin, on voit une chaîne de montagnes (6) [par exemple, les Pyrénées ou les Alpes].

L'agriculture

L'agriculteur travaille dans les champs avec son tracteur. En été, on fait les moissons : on récolte les céréales (le blé, l'avoine, le maïs…). On cueille les fruits (les fraises, les pêches, les abricots, les cerises…).

Dans les régions productrices de vin, on fait les vendanges en septembre. Dans les vignes, on cueille les grappes de raisin quand elles sont mûres.

En automne, on ramasse les champignons.

Dans le jardin

Le jardinier jardine dans son jardin…

• **Un arbre**
un platane, un marronnier, un cyprès, un sapin, un pin

• **Une fleur**
une rose, un géranium, un lis, un pétunia, une tulipe, une marguerite

• **Le nom des arbres fruitiers** dérive du nom des fruits : un pommier, un cerisier, un oranger, un poirier, un abricotier, un pêcher…

Les animaux de la ferme

• une vache, un veau, un mouton, un cochon, un cheval

• **Les volailles**
une poule, un poulet, un coq, un canard

• Et n'oublions pas l'escargot ni la grenouille !

Civilisation

L'écologie

L'écologie est dans l'air du temps : on discute du réchauffement de la planète, de la réduction des gaz à effet de serre et de la protection de l'environnement. Les chercheurs travaillent sur les énergies renouvelables.

Certains pensent que les OGM (= organismes génétiquement modifiés) sont dangereux pour la santé.

Comme la plupart des pays européens, la France recycle de plus en plus ses déchets, en particulier le verre et le papier. On peut ensuite acheter du papier recyclé.

Les cultures bio[logiques]

L'agriculture biologique *(= naturelle, avec très peu de produits chimiques)* ne représente que 2 % des surfaces agricoles en France. Pourtant, les Français consomment de plus en plus de produits bio : fruits et légumes, œufs, produits laitiers, huiles, viande, pain, vin… Ils le font par souci pour leur santé (94 %) et par gourmandise (91 %).

Pour en savoir plus : www.agencebio.org

La France rurale

Même si la population française vit de plus en plus en ville, les Français restent très attachés à l'aspect rural du pays : l'agriculture (moins de 4 % du PIB) a gardé une valeur significative et identitaire.

Des fleurs symboliques

Certaines fleurs sont associées à des symboles ou des traditions : on offre du muguet le 1er mai ou des roses rouges pour déclarer son amour. À la Toussaint, on place des chrysanthèmes sur les tombes. Pour cette raison, on n'offre pas de chrysanthème comme cadeau.

Grammaire

La condition réelle

Il existe trois structures possibles.

SI + présent / présent

Exprime une condition qui se répète…

- Le dimanche, si je peux, je fais du vélo.
- Si ses cousins sont là, elle les invite.

…ou une condition qui se passe dans le présent immédiat (souvent avec les verbes « vouloir » ou « pouvoir »).

- Si tu veux, je t'accompagne !

SI + présent / impératif

- Si tu sors, mets ton manteau et tes gants !
- Dépêchez-vous, si vous voulez arriver à l'heure !
- Si tu vas dans une librairie, achète-moi le dernier livre d'Andreï Makine.
- Si vous pouvez, venez ce soir !

SI + présent / futur simple

Exprime une condition, une hypothèse réalistes, sans certitude ni répétition.

- Si nous déménageons en Allemagne, nous apprendrons l'allemand. *(nous ne sommes pas sûrs de déménager)*
- Elle viendra te voir, si elle passe dans le quartier. *(peut-être oui, peut-être non)*

L'utilisation de « quand »

Deux structures sont principalement employées.

QUAND + présent / présent

Exprime deux faits simultanés qui se répètent.

- Quand nous allons à la campagne, nous emportons un pique-nique. *(chaque fois que nous allons à la campagne, nous emportons un pique-nique)*
- Quand il est en vacances, il fait du sport.

☛ « Quand » insiste sur le temps, « si » insiste sur la condition.
Quand je peux = *chaque fois que je peux.*
Si je peux = *c'est une condition préalable.*

QUAND + futur simple / futur simple

Exprime deux faits simultanés, dans le futur. On peut aussi employer « le jour où… », « au moment où… ».

- Quand j'irai à Rome, je visiterai la Galerie Borghese.
- Le jour où elle parlera bien le grec, elle pourra continuer ses études en Grèce.
- Au moment où vous entrerez dans le parc, vous remarquerez des arbres magnifiques.

 Ne dites pas : quand je ~~vais~~ à Rome, je visiterai…

Ne… que

Cette structure exprime une restriction. Elle a un caractère plus idiomatique que « juste » ou « seulement ».

- Nous **n'**achetons **que** des produits bio. *(= nous achetons seulement/juste des produits bio)*
- Elle **ne** reviendra **que** la semaine prochaine.
- Je **n'**ai mangé **que** du riz.
- Ils **ne** lui ont téléphoné **que** mardi.

 Attention à la place de « que », différente de « pas », au passé composé :
Je n'ai pas vu… / Je **n'**ai vu **que**…
Ils n'étaient pas partis / Ils **n'**étaient partis **que**…

Dans la langue orale, on peut entendre des réponses telles que :

— Quel type de produits vous vendez ?
— **Que** des produits bio.

— Qu'est-ce que tu as bu ?
— **Qu'**un verre de vin.

Ou encore *(très familier)* :

— Tu as un peu d'argent ?
— « J'ai que » dix euros.

☛ Le « ne » de la négation ou de la restriction tend à disparaître, mais il est absolument nécessaire dans la langue écrite !

Activités communication

1 DIALOGUE 1 • **Vrai ou faux ?**

    a. Adèle passera des vacances à la montagne.

    b. Adèle a choisi les vacances pour ses enfants.

    c. Adèle adore la campagne.

    d. Adèle a l'intention de lire dehors.

2 DIALOGUE 2 • **Répondez aux questions.**

    a. De quelle nationalité est Étienne ?

    b. Où peut-on trouver des produits bio, dans le pays d'Étienne ?

    c. Que disent les amis de Philippe ?

    d. Quelle est la caractéristique des Français, selon Philippe et Étienne ?

3 DOCUMENT 3 • **Vrai ou faux ?**

    1. Le Salon de l'agriculture a lieu tous les deux ans.

    2. Le Salon ne présente que des animaux.

    3. On peut goûter des spécialités régionales.

    4. Certaines activités sont réservées aux enfants.

4 DOCUMENT 4 • **Choisissez la bonne réponse.**

    1. L'idée de parc naturel est née [en France] [aux États-Unis].

    2. En France, il existe neuf parcs [nationaux] [régionaux].

    3. La Guadeloupe a un parc [régional] [national].

    4. Le [Conservatoire] [parc] de l'espace littoral achète des terrains.

5 **Complétez par une expression de la conversation.**

    1. Tu pars à la mer ? — Oui, ... déjà la plage et les baignades !

    2. Vous voulez un peu plus de mousse au chocolat ? — Oui, par .... !

    3. Il est fou, il .... sa vie devant l'ordinateur.

    4. Partir à la campagne, pour cette vieille dame, c'est une .... !

    5. .... à l'Allemagne, la France a moins de parcs nationaux.

6 **À vous ! Répondez librement aux questions, en donnant le plus de détails possible.**

    1. Quelles sont vos fleurs préférées ?

    2. Vous sentez-vous mieux à la mer, à la campagne, à la montagne ou en ville ?

    3. Quels sont les arbres fruitiers les plus courants, dans votre région ?

    4. Votre région est-elle rurale ?

    5. Faites-vous du jardinage ?

    6. Avez-vous déjà eu des activités agricoles (cueillette de fruits, vendanges, soins à des animaux de la ferme) ?

7 **Existe-t-il, dans votre pays, des parcs naturels ? Où se trouvent-ils ? En avez-vous visité quelques-uns ? Savez-vous si votre pays a d'autres projets du même type ?**

8 **Existe-t-il, dans votre pays, des fleurs (ou des arbres) à valeur symbolique ? Lesquels ?**

9 **L'agriculture biologique a-t-elle du succès dans votre pays ? Vous-même, consommez-vous des produits biologiques ? Pourquoi ?**

10 Retrouvez 12 noms de plantes (arbres et fleurs) : 7 horizontalement, 5 verticalement.

```
D   S   A   P   I   N   P   R   O   S   E   K
H   E   O   O   S   A   U   J   F   D   T   P
A   B   R   I   C   O   T   I   E   R   U   E
P   V   A   R   L   I   S   U   R   E   L   C
I   W   N   I   L   A   A   J   M   N   I   H
N   S   G   E   R   A   N   I   U   M   P   E
I   Y   E   R   C   E   R   I   S   I   E   R
O   H   R   P   L   A   T   A   N   E   R   C
```

11 Vrai ou faux ?

1. Le platane est une fleur.

2. Le blé est une céréale.

3. On fait du vin avec du raisin.

4. Le sapin est un arbre fruitier.

5. Pendant les vendanges, on récolte l'avoine.

6. Un agriculteur travaille dans les champs.

7. L'oranger est un arbre fruitier.

12 Éliminez l'intrus.

1. cyprès / sapin / marguerite

2. rivière / colline / fleuve

3. vendanges / moissons / champignons

4. poule / escargot / coq

5. pétunia / pêcher / poirier

6. montagne / colline / plaine

13 Que font ces personnes ? Où se trouvent-elles et en quelle saison (probable) travaillent-elles ?

1.

2.

3.

14 Voici des noms de fruits. Devinez le nom de l'arbre correspondant.

1. une prune → ....

2. un citron → ....

3. une amande → ....

4. une figue → ....

5. une olive → ....

6. une châtaigne → ....

15 De quoi parle-t-on ?

1. C'est la fleur que l'on met sur les tombes. ....

2. Ce sont des produits naturels. ....

3. Ces sujets sont discutés actuellement. ....

4. Ils sont recyclés. ....

5. Elle ne représente pas beaucoup dans le PIB. ....

6. On en offre le 1er mai. ....

7. On pense qu'ils sont peut-être dangereux pour la santé. ....

Activités grammaire

16 Complétez au présent ou au futur simple, selon le cas.

1. Allez voir ce film, si vous en .... *(avoir)* le temps !

2. La semaine prochaine, si nous .... *(recevoir)* tous les documents, nous ....
(pouvoir) terminer notre projet.

3. S'il ne .... pas *(comprendre)* un mot, il le .... *(chercher)*
toujours dans le dictionnaire.

4. Si demain je ne .... pas *(trouver)* de magasin « bio », je ....
(aller) au supermarché.

5. S'ils n'... pas *(accepter)* cette solution, nous .... *(devoir)*
proposer autre chose.

6. Si tu .... *(jeter)* ces bouteilles vides, mets-les dans la poubelle réservée au verre.

17 Complétez par « quand » ou « si ».

1. .... nous verrons nos amis, nous leur offrirons un beau bouquet.

2. .... tu arrives avant moi, attends-moi devant le cinéma !

3. Je les appellerai .... j'arriverai à la maison.

4. Viens avec moi .... tu veux visiter ce musée !

5. .... ils iront dans l'île de La Réunion, ils exploreront le parc naturel.

6. C'est toujours la même chose ! .... ils vont à la campagne, ils ne font que de la randonnée.

18 Remplacez « seulement » ou « juste » par la structure « ne...que ».

1. Elle a seulement un petit appartement. → ....

2. Il reste seulement cinq minutes avant le départ du train. → ....

3. Elle s'intéresse seulement à la littérature. → ....

4. Quand il est venu à Paris, il a juste visité le musée d'Orsay. → ....

5. Ils ont répondu seulement hier soir. → ....

6. Nous viendrons juste pour prendre le thé. → ....

7. Il a vu seulement un film des frères Dardenne. → ....

8. Elle mange juste des produits bio. → ....

19 Complétez librement, en faisant attention au temps des verbes. Plusieurs solutions sont parfois possibles.

1. Quand j'irai en Pologne, ...

2. Si tu veux me faire plaisir, ...

3. Si nous ne sommes pas trop fatigués, ...

4. Quand j'écoute de la musique, ...

5. Quand elle lit un bon roman, ...

6. Le jour où j'irai en Martinique, ...

7. Si vous voulez voir les vendanges, ...

8. Le jour où je connaîtrai un peu les arbres, ...

20 🎧 **Écoutez le dialogue (piste 34 du CD). Vrai ou faux ?** ..../10

1. Colette partira dans deux semaines.

2. Elle ne sait pas encore où elle ira.

3. Elle partira au printemps.

4. Les cousins de Colette ont une ferme.

5. Ils ont des vaches.

6. Ils ont des volailles.

7. Ils cultivent des fruits.

8. Colette s'occupera des animaux.

9. Les cousins n'aiment pas que Colette les aide.

10. Colette marchera beaucoup dans la campagne.

21 **Lisez le texte suivant et complétez les phrases par des mots du texte.** ..../10

[Le petit prince] jeta un coup d'œil autour de lui sur la planète du géographe. Il n'avait jamais vu encore une planète aussi majestueuse.

— Elle est bien belle, votre planète. Est-ce qu'il y a des océans ?

— Je ne puis pas le savoir, dit le géographe.

— Ah ! (Le petit prince était déçu.) Et des montagnes ?

— Je ne puis pas le savoir, dit le géographe.

— Et des villes et des fleuves et des déserts ?

— Je ne puis pas le savoir non plus, dit le géographe.

— Mais vous êtes géographe !

— C'est exact, dit le géographe, mais je ne suis pas explorateur. Je manque absolument d'explorateurs. Ce n'est pas le géographe qui va faire le compte des villes, des fleuves, des montagnes, des mers, des océans et des déserts. Le géographe est trop important pour flâner. Il ne quitte pas son bureau. Mais il y reçoit les explorateurs. Il les interroge, et il prend en note leurs souvenirs.

Antoine de SAINT-EXUPÉRY, *Le Petit Prince*, © Éditions Gallimard.

1. La Terre est une ....

2. L'Atlantique est un ....

3. Les Alpes sont des ....

4. Bruxelles est une ....

5. Le Sahara est un ....

6. Un spécialiste de géographie est un ....

7. Quand on n'a pas quelque chose, on en ....

8. Celui qui explore est un ....

9. Si on se promène calmement, on ....

10. Quand on pose des questions, on ....

22 **Que voyez-vous sur cette image ?** ..../10

23 **Décrivez un paysage de votre pays (ou région) que vous aimez beaucoup.** ..../10
Parlez de sa géographie, de sa faune, de sa flore et peut-être aussi de son agriculture.

La gastronomie

 **DIALOGUE**

Si on préparait un bon dessert ?

Adèle : Si je préparais un dessert pour ce soir ?

Valentine : Ah oui, bonne idée ! Tu ne pourrais pas faire une tarte aux pommes ?

Adèle : Oui, j'y pensais, justement. Tu aurais de la pâte d'amandes, par hasard ? Il m'en faudrait un peu pour réaliser une tarte normande à ma façon.

Valentine : Ah non, je n'en ai pas. Mais on pourrait faire une tarte Tatin, à la place.

Adèle : D'accord, je vais chercher tout ce qu'il nous faut. Si tu avais un moule en porcelaine, ce serait mieux, mais tant pis, on se contentera de celui en métal.

(Un peu plus tard.)

Adèle : Tu es sûre que le four marche bien ? On dirait que ça ne cuit pas bien.

Valentine : Non, ça marche, mais je ferais bien de changer de matériel. Cette cuisinière est vieille et ce serait le moment d'en acheter une neuve.

 **DIALOGUE**

Quels personnages !

Boniface : Chez vous, les Français, la cuisine est toute une histoire ! Il faudrait des années pour découvrir ce véritable patrimoine. Vous avez même des personnages historiques passionnants, du point de vue gastronomique.

Virginie : Tu penses à Brillat-Savarin ?

Boniface : Oui, bien sûr ! Un magistrat gastronome, qui écrit un livre de conseils culinaires et qui donne son nom à un fromage, ce n'est pas courant !

Virginie : C'est lui qui a dit : « Dis-moi ce que tu manges, je te dirai ce que tu es… ». Pense aussi à ce pauvre Vatel, le grand cuisinier, qui s'est suicidé parce que le poisson a failli arriver un peu en retard pour une magnifique fête donnée au XVIIe siècle…

Boniface : Et Carême (quel nom !) qui considérait la pâtisserie comme un art proche de l'architecture et qui est devenu l'artiste des pièces montées.

Virginie : Donc, si je voulais te faire un beau cadeau, je t'offrirais le *Larousse gastronomique* ou le *Guide Escoffier* !

Boniface : Tu me ferais un immense plaisir ! En attendant, je pourrais lire le *Dictionnaire de la cuisine* d'Alexandre Dumas ! J'y trouverais certainement des merveilles…

3 DOCUMENT **Cuisine et culture**

Comme l'alimentation, à laquelle elle est attachée, la cuisine a une dimension culturelle et symbolique forte. Elle est aussi un révélateur du changement social. Ainsi, la cuisine festive est plus variée et « métissée » que par le passé, mélangeant les traditions régionales les plus anciennes (pot-au-feu, cassoulet, choucroute, etc.) et la recherche d'exotisme (Chine, Japon, Afrique, Mexique, Antilles…).

Opposée à la cuisine-devoir du quotidien, la cuisine-loisir est moins contrainte par le temps, dans sa préparation comme dans sa consommation. Elle est marquée par la recherche du « polysensualisme ». Le goût, l'odorat, la vue et le toucher sont sollicités ; c'est le cas aussi de l'ouïe avec la présence fréquente de la musique, qui se mêle aux conversations. La composante diététique est ainsi moins présente. Les accessoires apportent une touche finale : bougies, décoration de la table et des plats, etc. Outre la satisfaction des sens, la convivialité est une motivation essentielle. Ainsi, rien n'est gratuit dans les « rites » qui président à la cuisine, surtout dans un pays où la tradition gastronomique reste forte.

Gérard MERMET, *Francoscopie 2007*,
© Larousse, 2006.

4 DOCUMENT

Des cafés remplis d'histoire…

Si l'on considère les cafés et les restaurants, il faut reconnaître que Paris recèle quelques bijoux : **Le Procope** (créé en 1686), le plus ancien café de Paris, se situe dans le sixième arrondissement. Plusieurs personnages historiques y ont laissé une trace de leur passage (B. Franklin, Robespierre, Voltaire, Rousseau, Bonaparte…). Dans les salons du restaurant **Lapérouse** (1767), on peut admirer les miroirs et les cuivres d'époque. **Le Bouillon Chartier**, restaurant bon marché, est connu pour sa magnifique salle classée « monument historique ». Enfin, de nombreuses brasseries comportent de riches décors, datant souvent de la période « art nouveau » : **Julien, Brasserie Flo, Bofinger**…

D'autres lieux, dont le cadre ne manque pas de charme, sont devenus célèbres du fait de leur importance littéraire : la **Closerie des Lilas** a accueilli aussi bien Cézanne et Apollinaire que Henry Miller et Hemingway, tandis que les **Deux Magots** et le **Café de Flore** constituaient le point de rencontre des intellectuels et des artistes du XXᵉ siècle (Picasso, Sartre, Simone de Beauvoir, Jean-Louis Barrault…).

Ces traditions se sont conservées puisqu'un certain nombre de cafés se transforment en « café-philo », c'est-à-dire que des débats philosophiques y sont organisés régulièrement.

EXPRESSIONS-CLÉS

- **Bonne idée !**
- **J'y pensais !**
- **Tu ne pourrais pas…**
- **Une merveille.**
- **Il faut reconnaître que…**
- **Au quotidien.**

5 DOCUMENT

Paris gourmand

Les restaurants régionaux et les restaurants de cuisine ménagère[1] donnent le meilleur reflet de l'identité culinaire française et de ce que les Français consomment au quotidien. Il s'agit souvent d'entreprises familiales fondées par des provinciaux, qui apportent dans leurs valises savoir-faire et recettes. Les spécialités des restaurants régionaux sont autant de cartes postales envoyées de Provence, de Bourgogne ou du Sud-Ouest. Dans les restaurants de cuisine ménagère, le cadre est intime, sans prétention ; les recettes classiques, simples et rustiques, n'en sont pas moins délicieuses. Les Parisiens prisent particulièrement cette forme de restauration au déjeuner : ils s'attablent devant un poulet-frites ou des escargots avant de reprendre leur travail.

Paris gourmand
par Nicolas Ragonneau, Guide Gallimard Paris,
© Gallimard Loisirs.

1 Cuisine ménagère = cuisine familiale.

Vocabulaire

Le restaurant

On distingue une « table » *(= un grand restaurant gastronomique)* du « bon petit restaurant », plus simple mais de bonne qualité et accueillant.

☛ Rappelons que « petit » peut être un mot affectueux (un « petit gâteau », un « petit ami ») et « grand » signifier « de grande importance ».

Recevoir à la maison

Si l'on invite des amis à dîner, on peut « mettre les petits plats dans les grands », c'est-à-dire organiser un repas sophistiqué et particulièrement bien présenté : vaisselle en porcelaine, verres en cristal… Au contraire, si le dîner est très simple (mais bon et chaleureux), on explique qu'on reçoit « à la bonne franquette ».

Quelques commentaires

Un fruit est mûr (≠ vert, pas mûr). Le pain est frais, croustillant (≠ rassis, sec). Une orange est juteuse *(= donne du jus).*

Une bonne viande est tendre (≠ dure), le camembert est moelleux et la sauce est onctueuse.

Un plat peut être léger (≠ lourd), réussi (≠ raté).

Un bon plat est d'abord appétissant *(visuellement),* puis savoureux *(= il a du goût).*

Quelques ustensiles

une casserole

une cocotte avec son couvercle

un moule à tarte

une poêle

un batteur

un mixeur électrique

une cafetière électrique

une louche

Un peu de technique…

On épluche les oignons et on les fait revenir à feu vif (≠ doux).

On coupe les pommes de terre en petits morceaux et on les fait sauter à la poêle. Il faut remuer souvent.

On fait cuire un poulet au four, puis on le découpe en morceaux.

Pour faire de la pâte, mélangez la farine et le beurre, ajoutez un peu de sel. Étalez la pâte.

Faites bouillir le lait et versez-le dans un bol.

Pour faire une omelette, battez les œufs.

Avant de servir la salade, assaisonnez-la (avec de l'huile d'olive, du vinaigre, du sel, des fines herbes, de la moutarde…)

Le verbe « faillir »

Utilisé au passé composé, ce verbe signifie qu'une action a manqué de se produire, mais ne s'est pas produite :

• J'ai failli tomber. *(mais je ne suis pas tombé)*
• Ils ont failli oublier le rendez-vous.

Civilisation

Le meilleur ouvrier de France

Cette distinction fort respectée, qui existe depuis 1929, récompense à la fois le talent et le savoir-faire, ajoutés au respect des traditions. En ce qui concerne la cuisine, le diplôme peut être attribué dans différentes spécialités : la boulangerie, la pâtisserie, la confiserie, la boucherie, la charcuterie, la poissonnerie, la fromagerie…

Ce titre est décerné à vie (on en voit la mention chez certains commerçants).

Les salons

Depuis quelques années, se développent de très nombreux « salons » (= foires) spécialisés dans la cuisine, le vin, les produits du terroir, l'agriculture biologique, le chocolat… Ces événements remportent toujours beaucoup de succès.

Une valeur fondamentale : la convivialité

La cuisine tient une place considérable dans la culture française. Non seulement elle est appréciée et pratiquée avec le plus grand plaisir, mais elle structure les rapports sociaux et personnels. La convivialité *(= manger ensemble)* permet de créer des liens, de développer des amitiés, voire des amours !

Parler de cuisine, d'expériences gastronomiques, constitue un sujet de conversation plaisant et riche, surtout entre convives. Il s'agit d'une véritable culture et non d'une frivolité.

Grammaire

Le conditionnel présent

Pour construire le conditionnel présent, on prend le radical du futur et on ajoute les terminaisons de l'imparfait. Il n'y a pas d'exception à cette règle !

ALLER j'ir-ai *(futur)*

j'ir**ais**

tu ir**ais**

il/elle/on ir**ait**

nous ir**ions**

vous ir**iez**

ils/elles ir**aient**

ÊTRE : je serais

AVOIR : j'aurais

POUVOIR : je pourrais

DEVOIR : je devrais

FAIRE : je ferais

RECEVOIR : je recevrais

VOULOIR : je voudrais

VOIR : je verrais

VENIR : je viendrais

FALLOIR : il faudrait

S'OCCUPER : je m'occuperais

Usage du conditionnel

Pour le futur dans le passé, voir unité 14, p. 117.

La politesse

On atténue un verbe grâce au conditionnel.

. Je veux un café ! *(impoli)*

. Je **voudrais** un café. *(normal)*

. Tu peux m'appeler ce soir ? *(usuel)*

. Tu **pourrais** m'appeler ce soir, s'il te plaît ? *(poli)*

. Vous avez un stylo rouge ? *(réponse : oui ou non)*

. Vous **auriez** un stylo rouge ? *(on n'est pas sûr de la réponse)*

La proposition (forme négative)

– Tu **ne pourrais pas** faire une tarte ?

– Vous **ne seriez pas** disponibles jeudi, par hasard ?

SI + imparfait / conditionnel présent

Expression d'une hypothèse irréelle dans le présent :

. Si Léo pouvait, il partirait au Sénégal. *(mais il ne peut pas)*

. Je l'aiderais avec plaisir, si elle me le demandait ! *(mais elle ne me demande rien)*

. Si nous vivions à la campagne, nous aurions un jardin.

☞ On peut changer l'ordre des phrases.

Le conseil

Selon le contexte et l'intonation, le conseil peut être plus ou moins agressif…

. Tu **devrais** voir cette exposition, elle est magnifique.

. À mon avis, **ce serait bien de** lui téléphoner.

. Vous **pourriez** l'inviter, vous ne croyez pas ?

. Il **faudrait** peut-être réserver des places.

. Elle **ferait bien/mieux** de prendre des cours de français !

L'information non confirmée

Si une information (en particulier dans les médias) n'est pas confirmée officiellement, elle est donnée au conditionnel.

. Le ministre rencontrerait les syndicats mardi prochain. *(= il les rencontrera probablement, mais ce n'est pas confirmé)*

 La proposition avec « si » + imparfait

. Et si on allait au cinéma ? Si tu téléphonais à ta tante Juliette ? Et si vous invitiez vos voisins ?

Cette tournure a un caractère oral et spontané. La deuxième partie de la structure est sous-entendue :

. Si on allait au restaurant ? *(…ce serait bien, ce serait une bonne idée, cela me ferait plaisir…)*

« On dirait que… »

Cette expression idiomatique exprime une impression, une apparence.

. On dirait qu'il va pleuvoir. *(= c'est mon impression)*

. On dirait qu'ils sont furieux contre nous.

. On ne dirait pas qu'elle a 80 ans, elle fait plus jeune que son âge !

Activités communication

1 DIALOGUE 1 • **Vrai ou faux ?**

   a. Adèle ne veut pas faire de tarte aux pommes.

   b. Valentine n'a pas tous les ingrédients nécessaires.

   c. Valentine devrait changer de cuisinière.

2 DIALOGUE 2 • **Choisissez la bonne réponse.**

   a. Brillat-Savarin est un [cuisinier] [gastronome].

   b. Vatel s'est suicidé [parce qu'un plat était raté] [parce que les convives ont failli attendre].

   c. Carême est le nom d'un [architecte] [pâtissier].

   d. Alexandre Dumas a écrit [un dictionnaire] [le *Larousse gastronomique*].

3 DOCUMENT 3 • **Vrai ou faux ?**

   1. Les plats traditionnels sont influencés par la cuisine exotique.

   2. La cuisine quotidienne est très recherchée.

   3. La décoration de la table joue un rôle important dans la cuisine de tous les jours.

4 DOCUMENT 4 • **Répondez aux questions.**

   1. Quel restaurant n'est pas cher malgré son décor historique ?

   2. Quel est le nom du plus ancien café de Paris ?

   3. Dans quel café des écrivains américains se sont-ils souvent retrouvés ?

5 DOCUMENT 5 • **Vrai ou faux ?**

   1. Les restaurants décrits dans le texte sont de grand luxe.

   2. Les Parisiens aiment dîner dans les restaurants de cuisine ménagère.

6 **Associez pour constituer une phrase complète.**

   1. J'ai besoin d'un moule pour faire

   2. Ce pain n'est plus frais, il est

   3. Je pourrais assaisonner la salade avec

   4. Comme fromage, ils ont servi un brie

   5. Nous avons reçu nos amis

   6. Ces poires sont encore

   a. de l'huile de noix.

   b. bien moelleux.

   c. vertes.

   d. à la bonne franquette.

   e. une tarte aux abricots.

   f. rassis.

7 **Complétez les phrases par une expression de la conversation.**

   1. — Chéri, ... rentrer un peu plus tôt, ce soir ?

   2. — Justement, j'y .... !

   3. Ce livre est une vraie .... , il est splendide !

   4. Il est intéressant d'imaginer la vie de ces personnes ....

8 **Si un étranger venait dans votre pays, quels conseils lui donneriez-vous en ce qui concerne la cuisine ? Quels plats seraient, pour vous, les plus typiques ? Dans quel genre de restaurant lui recommanderiez-vous de déjeuner ou de dîner ?**

9 **Dans votre culture, la cuisine tient-elle une place importante ? La convivialité fait-elle partie de la vie de tous les jours ?**

10 Complétez par les termes appropriés.

1. Mon plat n'est pas réussi, il est complètement .... !

2. Ne prends pas ce pain, il n'est plus frais, il est ....

3. Ce steak se coupe facilement, il est très ....

4. C'est agréable, ces tomates sont bien rouges, elles sont ....

5. Le confit de canard est délicieux, mais pas très léger ; c'est même un peu .... !

6. Ce plat a l'air délicieux, il me donne envie de le manger, il est très ....

7. Anne nous a invités très simplement, ...

11 Replacez les verbes manquants dans la recette de la « piperade ».

ajoutez – battez – épluchez – bouillir – revenir – cuire – versez – coupez – remuez – assaisonnez

1. Faites .... de l'eau et mettez les tomates quelques minutes dedans.

2. .... les oignons et pelez les tomates.

3. .... les légumes en morceaux et faites-les .... dans une poêle.

4. .... du piment et de l'ail. Laissez .... pendant un quart d'heure environ.

5. .... les œufs comme pour une omelette. .... -les avec du sel et du poivre.

6. .... les œufs sur les légumes et .... de temps en temps.

12 Que font ces personnes et de quels ustensiles se servent-elles ?

1.   **2.**   **3.**

13 Choisissez les termes possibles.

1. On *fait cuire / découpe / invite / mange* un poulet.

2. On fait cuire de l'eau dans une *casserole / poêle / louche / cocotte*.

3. On *épluche / fait bouillir / verse / ajoute* de l'eau.

4. On *fait / mélange / étale / fait cuire* de la pâte.

5. Ma quiche est *ratée / mûre / réussie / juteuse / appétissante*.

14 Vrai ou faux ?

1. Il existe un salon du chocolat.

2. Des amitiés peuvent se développer autour d'un bon repas.

3. La récompense du « meilleur ouvrier de France » n'existe pas pour quelqu'un qui fait du pain.

4. Il est peu poli de parler de cuisine en France.

5. Les différents « salons » spécialisés en cuisine n'ont pas beaucoup de succès.

6. La cuisine conserve un rôle très important dans la culture française.

Activités grammaire

15 Mettez les verbes au conditionnel présent.

1. Tu .... *(avoir)* un stylo violet ?

2. Vous .... *(pouvoir)* m'envoyer un mail ?

3. Il .... *(vouloir)* une tarte au citron.

4. Vous .... *(avoir)* la monnaie de 50 euros ?

5. Il .... *(falloir)* répondre à ce courrier.

6. Tu .... *(pouvoir)* me faire cette photocopie, s'il te plaît ?

7. Vous .... *(être)* libre, dimanche prochain ?

16 Complétez (imparfait / conditionnel présent).

1. Si mon ami .... *(venir)*, je .... *(être)* très heureuse.

2. Nous .... *(rester)* plus longtemps si nous... *(avoir)* le temps.

3. S'ils ne .... pas *(parler)* la langue du pays, ils ne... pas *(pouvoir)* communiquer aussi facilement.

4. Je vous .... *(accompagner)* volontiers si vous le .... *(vouloir)*.

5. Nous l'... *(inviter)* s'il .... *(être)* de passage à Paris.

6. Si je .... *(connaître)* son adresse, je lui .... *(écrire)*.

7. Si nous .... *(vivre)* à la campagne, nous .... *(avoir)* une vie plus saine, mais plus ennuyeuse.

8. Si j'... *(oser)*, je lui .... *(téléphoner)*.

17 Faites des propositions en employant « si + imparfait » à la forme interrogative.

1. Vous aimeriez faire du tennis. ....

2. Votre ami se sent seul et triste. ....

3. Votre fille a oublié de remercier sa grand-mère de son cadeau. ....

4. Vous aimeriez partir à Venise. ....

18 Quel(s) conseil(s) pourriez-vous donner à ces personnes ? Utilisez TU ou VOUS.

1. Brigitte ne sait pas quel film voir. *Tu devrais/pourrais/ferais bien de…* ....

2. Le petit Fabien s'ennuie et ne sait pas quoi faire. ....

3. Joan est invitée à dîner chez sa vieille voisine française, mais ne sait pas quoi apporter.

....

4. Steve vient en France pour deux semaines et ne sait pas quoi visiter. ....

....

5. Juliette ne sait pas comment faire pour surmonter sa timidité. ....

....

6. Paul se sent seul ! ....

7. Marianne est fatiguée et dort mal. ....

8. Gianni vient à Paris et voudrait découvrir des cafés historiques. ....

....

19 🎧 Écoutez le dialogue (piste 37 du CD). Vrai ou faux ?   /10

1. Adèle et Étienne vont faire un dîner sophistiqué.

2. Adèle va préparer une salade composée.

3. Étienne va faire un dessert au chocolat.

4. La mousse au chocolat n'est pas légère.

5. Étienne ne rate pas la mousse au chocolat.

6. Adèle et Étienne vont préparer deux desserts.

7. La salade d'oranges est lourde.

8. Le fromage est très important !

9. Adèle et Étienne sont fromagers.

10. Le dîner va être bon.

👁 20 Lisez le texte suivant et complétez les phrases par des mots du texte.   /10

Parmi les personnages qui ont marqué l'histoire de la cuisine et de la nutrition, il faut mentionner **Antoine Augustin Parmentier** (1737-1813). Pharmacien de formation, il reste connu pour la manière dont il a introduit et encouragé la consommation de la pomme de terre en France. En effet, Parmentier cherchait un moyen d'éviter les grandes crises alimentaires. Il avait découvert en Allemagne ce curieux légume, la pomme de terre, dont il a vite vu les avantages, alors que ses contemporains s'en méfiaient. Au terme d'années d'efforts, il finit par convaincre Louis XVI de cultiver et de consommer de la pomme de terre. Par ailleurs, toujours préoccupé par le bien-être de la population, il travaillera sur l'extraction du sucre à partir de la betterave et du raisin, sur les techniques de conservation des aliments, la culture du maïs et l'amélioration de la qualité du pain.

En l'honneur de ce grand homme, digne représentant de l'Âge des Lumières, on nommera « hachis Parmentier » un plat simple et nourrissant à base de purée de pommes de terre et de viande de bœuf hachée.

1. Parmentier est pharmacien de ....

2. Il a encouragé la .... de la pomme de terre.

3. Il voulait .... les crises alimentaires.

4. Il avait .... le légume en Allemagne.

5. Ses contemporains se .... de ce légume.

6. Parmentier finit par .... le roi.

7. Parmentier était préoccupé par le .... de la population.

8. Il a travaillé sur la .... des aliments.

9. Il est un représentant de l'Âge des ....

10. Le .... Parmentier est un plat.

👄 21 Si vous deviez préparer un repas de fête, quels plats et quelles boissons choisiriez-vous ? Comment décoreriez-vous la table ? Répondez en employant principalement le conditionnel.   /10

✏ 22 Donnez une recette d'une bonne spécialité de votre pays.   /10

....

....

....

....

....

....

....

....

....

Spectacle et musique

 **1** DIALOGUE

Quel beau spectacle !

Héloïse : Alors, comment est-ce que tu as trouvé la pièce ?

Romain : Excellente ! La mise en scène était simple, sobre, mais sans froideur. Les costumes étaient magnifiques, les acteurs pleins de talent. Quelle beauté ! Si j'avais su, j'aurais proposé à Louise et Benoît de venir avec nous. Ils aiment tellement le théâtre !

Héloïse : Tu as raison, cela aurait été bien de voir ce spectacle avec eux. En fait, je devais les appeler, et puis cela m'est complètement sorti de l'esprit.

Romain : Tu sais que Louise devait monter une pièce avec sa troupe d'amateurs ? Finalement, elle a dû renoncer à son projet, faute de crédits…

Héloïse : C'est dommage ! Je suis convaincue qu'elle aurait pu trouver un financement d'une autre manière. À sa place, je ne me serais pas découragée si vite !

Romain : Je suis d'accord avec toi. C'est ce qui est décevant chez Louise : ce mélange d'impatience et de faiblesse. Pour son projet, j'aurais imaginé qu'elle se batte davantage.

 **2** DIALOGUE

Si j'avais su…

Adèle : Tiens, hier, je me suis occupée de mes nièces. Je les ai emmenées au cinéma.

Philippe : Qu'est-ce que vous êtes allées voir ?

Adèle : En fait, j'aurais dû me renseigner avant d'organiser mon après-midi. Nous sommes allées voir un film complètement nul. C'était raté ! Si j'avais su qu'elles s'intéressaient tellement au cinéma, j'aurais fait plus attention. C'est rare, chez des adolescentes, de voir une telle passion pour le septième art ! Elles auraient aimé voir un film classique, avec Jean Gabin ou Arletty.

Philippe : Oui, si j'avais été toi, j'aurais jeté un coup d'œil au programme du cinéma d'art et d'essai qui se trouve à côté de la fac. Il passe toujours des films d'auteurs.

Adèle : Merci pour le renseignement. Décidément, j'aurais dû t'appeler, tu as toujours de bonnes idées.

Un lieu insolite et théâtral : la Cartoucherie de Vincennes

La Cartoucherie, ancienne zone militaire située dans le bois de Vincennes, près de Paris, est constituée d'un ensemble de bâtiments datant du XIXᵉ siècle. Ces hangars abandonnés devaient être détruits. Cependant, en 1970, un groupe de personnalités du théâtre (Ariane Mnouchkine, Jean-Marie Serreau, etc.) s'y installent et créent, au fil des années, diverses troupes : théâtre de la Tempête, théâtre du Soleil, théâtre de l'Aquarium, théâtre du Chaudron, théâtre de l'Épée de bois.

Ce lieu hors norme permet la création de spectacles originaux, mais aussi de nombreuses formations de comédiens, d'ateliers et de rencontres avec des troupes étrangères. Il initie également le public au fonctionnement d'une troupe de théâtre (les coulisses et la préparation des acteurs sont souvent visibles), tout en l'accueillant chaleureusement : il est en effet possible de se restaurer avant ou après les représentations dans un hall où circulent comédiens, maquilleurs, costumiers, metteurs en scène et spectateurs.

Jacques Tati

Jacques Tatischeff, dit Jacques Tati, est un acteur et cinéaste français, né en 1907 dans la banlieue parisienne. S'il ne fait pas d'études brillantes, il montre certaines prédispositions pour le sport et pour le comique. Dans les années 30, il tient quelques rôles au cinéma, mais c'est après la Deuxième Guerre mondiale que sa carrière se développera. Son premier film *Jour de fête* (1949) se passe dans un petit village de « la France profonde » et raconte en particulier la vie d'un simple facteur. Avec *Les Vacances de monsieur Hulot* (1953), Tati met au point

Il représente un personnage poétique, innocent...

son personnage : généralement vêtu d'un imperméable beige, un pantalon trop court sur ses longues jambes, un chapeau sur la tête et surtout, une pipe à la bouche, il représente un personnage poétique, innocent, imperturbablement étranger à la vie moderne et aux pressions sociales.

Tati n'aura pas le temps de tourner un grand nombre de films. *Mon oncle* (1958), qui existe également en version anglaise, obtiendra l'Oscar du meilleur film étranger à Hollywood. Suivront *Playtime* (1967), *Trafic* (1971) et *Parade* (1973). Malade et affaibli par de graves problèmes financiers, Tati meurt le 4 novembre 1982.

EXPRESSIONS-CLÉS

- **Quelle beauté !**
- **Cela m'est sorti de l'esprit.** (= *j'ai oublié*)
- **À ta/sa/votre/leur place, je...** (+ *conditionnel*)
- **Davantage.** (= *plus*)
- **Jeter un coup d'œil.** (= *regarder rapidement*)
- **Décidément...** (= *en définitive*)

Maurice Béjart, le chorégraphe voyageur

Maurice Béjart est né le 1ᵉʳ janvier 1927 à Marseille. Après avoir étudié la danse à l'Opéra de Paris, il part s'installer à Bruxelles où il fonde, en 1960, le célèbre « Ballet du XXᵉ siècle ». Avec cette troupe, il monte en particulier *Le Sacre du printemps* et *L'Oiseau de feu* (sur des musiques de Stravinsky), le *Boléro* de Ravel, *Le Marteau sans maître* (sur une musique de Pierre Boulez et des poèmes de René Char). En 1970, il fonde à Bruxelles l'école de danse Mudra, qui formera de nombreux danseurs et chorégraphes.

En 1987, il quitte la Belgique pour venir en Suisse, à Lausanne. Sa troupe s'appellera désormais « Béjart Ballet Lausanne ». L'école Mudra, après un passage à Dakar, sera elle aussi établie à Lausanne, sous le nom d'École-atelier Rudra.

Béjart meurt le 22 novembre 2007. Il restera l'un des plus importants chorégraphes du XXᵉ siècle, autant par son talent artistique que par ses activités pédagogiques.

Vocabulaire

Le cinéma

Le/la cinéaste, le réalisateur, la réalisatrice tournent/font/réalisent un film. Un film peut être en couleur ou en noir et blanc.

Les différents personnages du film sont joués par les acteurs et les actrices : par exemple, Jean-Paul Belmondo joue le rôle principal dans *À bout de souffle* de Godard.

Il existe différents genres de films : la comédie, le drame, le film documentaire, le dessin animé… Quand un film marque l'histoire du cinéma, on le considère comme un chef-d'œuvre.

Le théâtre

les coulisses

les comédiens (= les acteurs)

le décor

la scène

un fauteuil   un rang
LA SALLE   les spectateurs = le public

Le metteur en scène choisit et dirige les comédiens, le décorateur, le costumier : il réalise une mise en scène. La troupe monte une pièce de théâtre et donne plusieurs représentations.

La musique et la danse

• François aime la musique, il joue du piano en amateur. Il va souvent au concert = il assiste à des concerts.

Michel est musicien : il joue d'un instrument de musique, il joue du violon, il est violoniste. Avant les concerts qu'il donne, il va à une répétition : il répète avec l'orchestre dont il fait partie. Ils vont interpréter un concerto pour violon de Mozart. Michel est un grand interprète.

Florence fait du chant, elle fait partie d'un chœur. Elle chante dans un opéra de Verdi.

• Les danseurs et les danseuses dansent dans un ballet moderne (≠ classique). Le chorégraphe réalise la chorégraphie *(= la mise en scène du ballet).*

À propos des interprètes

Catherine Deneuve est une actrice très connue, célèbre (≠ inconnue). Jean Gabin est un très grand acteur de l'histoire du cinéma. Il avait beaucoup de talent.

Un comédien, un danseur ou un musicien peuvent être bons ou mauvais, talentueux ou non. Ils jouent bien ou mal, incarnent bien ou mal leurs personnages.

Civilisation

La place du cinéma en France

Le cinéma constitue une passion française ! Il porte même un nom particulier : « le septième art ».

Il existe environ un millier de salles de cinéma « d'art et d'essai », destinées à encourager les films de qualité, films d'auteur, films non commerciaux, etc.

Au mois de mai, le **Festival de Cannes** réunit de très nombreuses personnalités du cinéma. La **Palme d'or** du Festival en constitue la plus haute récompense.

Le Festival d'Avignon

Ce célèbre festival de théâtre se crée progressivement, grâce à Jean Vilar, et prend forme en 1954. Installé dans le magnifique cadre du palais des Papes (XIVᵉ siècle), il devient, au cours des années, un festival d'une grande inventivité : chaque été, d'innombrables acteurs, metteurs en scène, chorégraphes, mimes, décorateurs, écrivains sont présentés à Avignon.

La danse en France

Ce sont les Français qui ont codifié la chorégraphie, en particulier aux XVIIᵉ et XVIIIᵉ siècles (ce qui explique les termes techniques français utilisés même en langue étrangère). L'école de danse de l'Opéra de Paris est restée prestigieuse.

Grammaire

Le conditionnel passé

C'est la structure du passé composé, mais l'auxiliaire « être » ou « avoir » est au conditionnel présent.

FAIRE

j'**aurais** fait

tu aurais fait

il/elle/on aurait fait

nous aurions fait

vous auriez fait

ils/elles auraient fait

ALLER

je **serais** allé(e)

tu serais allé(e)

il/elle/on serait allé(e)(s)

nous serions allé(e)s

vous seriez allé(e)(s)

ils/elles seraient allé(e)s

S'OCCUPER

je me **serais** occupé(e)

tu te serais occupé(e)

il/elle/on se serait occupé(e)(s)

nous nous serions occupé(e)s

vous vous seriez occupé(e)(s)

ils/elles se seraient occupé(e)s

Usage du conditionnel passé

- **Exprime le reproche…**

  - Tu aurais pu me téléphoner !

  - Vous n'auriez pas pu attendre ?

  - Il n'aurait pas dû partir !

  - Ils auraient dû la prévenir !

- **… ou le regret**

  - J'aurais voulu être poète… mais je suis devenu banquier !

  - Nous n'aurions pas dû partir en vacances ensemble.

  - Zut, j'aurais dû réserver des places plus longtemps à l'avance !

En fait, la seule différence entre le reproche et le regret est la personne concernée et le ton de la voix ! Dans les deux cas, les verbes les plus couramment employés sont « devoir » et « pouvoir ».

« Si » + plus-que-parfait / conditionnel passé

Exprime une hypothèse irréelle dans le passé.

- Si elle avait travaillé davantage, elle serait devenue une grande artiste. *(malheureusement, elle n'a pas travaillé !)*

- Si j'avais su que ce film était si mauvais, je ne l'aurais pas vu. *(= je ne savais pas qu'il était mauvais et je l'ai vu !)*

- Nous aurions réservé des places si nous avions pu. *(mais, hélas, nous n'avons pas pu)*

Le verbe « devoir »

Ce verbe change de sens en fonction du temps et du mode.

- **Présent**

Je dois téléphoner au dentiste. *(obligation dans le présent)*

À cette heure-ci, Vanessa doit être chez elle. *(probabilité)*

- **Passé composé**

Il a dû annuler son rendez-vous. *(obligation dans le passé)*

- **Imparfait**

Je devais aller au cinéma, mais finalement je suis resté chez moi. *(changement de projet)*

- **Conditionnel présent**

Tu devrais lire ce roman. Elle ne devrait pas porter de rouge, cela ne lui va pas. *(conseil)*

- **Conditionnel passé**

J'aurais dû les inviter ! *(regret)*

Tu n'aurais pas dû lui parler sur ce ton ! *(reproche)*

Utilisation de « chez »

La préposition « chez » remplace bien sûr « dans la maison de ».

- Je vais dîner **chez des amis, chez Anne et Christian.**

Mais elle signifie aussi « à l'intérieur d'un groupe ».

- **Chez les Belges**, on retrouve la même chaleur humaine que **chez** les gens du Nord.

- C'est rare, **chez les vieux**, de voir une telle énergie !

« Chez » signifie aussi « dans l'œuvre de… » ou « dans la personnalité de ».

- Le thème de la jalousie intervient souvent **chez Molière.**

- On retrouve ce type de composition **chez Matisse.**

- Je n'aime pas ce défaut **chez Quentin.**

Activités communication

1 Vrai ou faux ?

DIALOGUE 1

a. Romain a beaucoup apprécié la pièce de théâtre.

b. Louise et Benoît ont refusé d'assister à la pièce.

c. Louise est actrice professionnelle.

d. L'argent a manqué à Louise pour monter sa pièce.

DIALOGUE 2

e. Les nièces d'Adèle sont actrices de cinéma.

f. Adèle a mal choisi le film.

g. Il est possible de voir un film d'auteur dans la ville.

2 DOCUMENT 3 • Choisissez la bonne réponse.

1. La Cartoucherie est située [à] [non loin de] Paris.

2. [Deux] [Plusieurs] théâtres ont été créés sur ce site.

3. La Cartoucherie organise des [cours] [troupes] pour les acteurs.

4. Les spectateurs sont mêlés [au public] [aux acteurs].

3 DOCUMENT 4 • Vrai ou faux ?

1. Tati avait des dons pour le sport.

2. Son premier film ne se passe pas à Paris.

3. Tati n'était pas très grand.

4. Tati n'a pas tourné beaucoup de films.

4 DOCUMENT 5 • Répondez aux questions.

1. Dans quelles villes Béjart a-t-il travaillé ?

2. Quelle autre activité le chorégraphe a-t-il eue ?

3. Quel ballet est fondé sur des poèmes ?

5 Choisissez la bonne réponse.

1. Quelle [beauté] [film], ce film !

2. L'idée m'est [partie] [sortie] de l'esprit.

3. [Décidément] [Dernièrement], j'adore Tati !

4. Il va [donner] [jeter] un coup d'œil sur le texte.

5. Elle a [davantage] [d'avantages] de talent.

6. À [son lieu] [sa place], je refuserais !

6 Associez pour constituer une phrase complète.

1. Le metteur en scène

2. Les spectateurs

3. Ce film a obtenu

4. Ce chorégraphe a

5. Ce flûtiste va répéter

6. *La Grande Illusion*, de Jean Renoir est

7. Cette pièce de Claudel a été présentée

a. un chef-d'œuvre du cinéma.

b. beaucoup de talent.

c. avec son orchestre.

d. au Festival d'Avignon.

e. la Palme d'or au Festival de Cannes.

f. dirige les comédiens.

g. assistent à une représentation.

7 À vous ! Répondez aux questions en donnant quelques précisions.

1. Est-ce que vous pratiquez un instrument de musique ? Si oui, lequel ? Quelle musique préférez-vous jouer ?

2. Allez-vous quelquefois au théâtre ? Pour voir quel genre de pièces ?

3. Faites-vous partie (ou avez-vous fait partie) d'un groupe artistique d'amateurs ?

4. Si vous deviez choisir une dizaine de films de votre pays, lesquels recommanderiez-vous ? Pourquoi ?

5. Quels sont les acteurs de théâtre que vous admirez le plus dans votre pays ? Pourquoi ?

8 Vrai ou faux ?

1. Un acteur joue un rôle dans un film.

2. Il existe différents caractères dans ce film.

3. On peut être acteur de théâtre ou de cinéma.

4. Le dessin animé est un genre cinématographique.

5. Un grand acteur a généralement du talent.

6. Le metteur en scène réalise un ballet.

9 Éliminez l'intrus.

1. ballet / chorégraphie / acteur

2. mise en scène / concert / musicien

3. rôle / décorateur / personnage

4. répétition / décor / coulisses

5. salle / fauteuil / ballet

6. jouer / assister / interpréter

10 De qui parle-t-on ?

1. Il/elle réalise un ballet moderne.

2. Il/elle fait les costumes de théâtre.

3. Il/elle tourne un film.

4. Il/elle choisit les acteurs.

5. Il/elle assiste à une pièce de théâtre.

6. Il/elle joue dans le film.

11 Choisissez la bonne réponse.

1. Le [metteur en scène] [chorégraphe] dirige les acteurs.

2. Les musiciens vont à une répétition [avant] [après] le concert.

3. Henriette fait du chant, elle fait partie d'un [ballet] [chœur].

4. Les [acteurs] [spectateurs] assistent à une pièce de théâtre.

5. Le cinéaste tourne [un film] [une pièce].

6. Les comédiens se préparent dans [le décor] [les coulisses].

7. Cette troupe a donné une vingtaine de [représentations] [répétitions] dans le théâtre de ma ville.

12 Complétez par le mot approprié.

1. Cet acteur n'est pas inconnu, au contraire il est très ....

2. Cet homme fait du chant en .... , il n'est pas professionnel.

3. Mes enfants adorent regarder des dessins .... à la télévision.

4. Gérard Depardieu tient le rôle .... dans *Cyrano de Bergerac*.

5. *Le Lac des cygnes* de Tchaïkovski est un ballet .... , il n'est pas moderne.

13 Répondez aux questions.

1. Quelle expression emploie-t-on pour désigner le cinéma ? ....

2. Pourquoi les termes techniques de danse classique sont-ils généralement français ? ....

3. À quel moment de l'année se passe le Festival d'Avignon ? ....

4. Dans quelle ville a lieu un célèbre festival de cinéma ? ....

5. Comment s'appelle la principale récompense de ce festival de cinéma ? ....

6. Dans quel type de salles sont montrés les films de qualité ? ....

Activités grammaire

14 Mettez au conditionnel passé (regret/reproche).

1. Vous .... (*devoir*) me téléphoner !

2. Je .... (*vouloir*) vivre aux États-Unis.

3. Il .... (*préférer*) être musicien.

4. Ils .... (*aimer*) rester plus longtemps.

5. Tu .... (*pouvoir*) me prévenir !

6. Je ne .... pas .... (*devoir*) lui dire.

7. Nous .... (*souhaiter*) la rencontrer.

8. Elle .... (*vouloir*) étudier la médecine.

9. Je .... (*devoir*) penser à prendre mon parapluie !

15 Imaginez librement des regrets ou des reproches, selon les exemples.

*Exemples : Cet hôtel est complet. → **J'aurais dû réserver plus tôt.***

*Cette route n'est pas jolie. → **Tu n'aurais pas dû la prendre. Tu aurais pu en prendre une autre.***

1. Je n'ai pas emporté mon dictionnaire et je ne comprends rien à ce texte !

....

2. Mon ami a oublié de faire des photocopies de ce document.

....

3. C'est idiot, j'ai pris mon vélo alors qu'il pleuvait à torrents.

....

4. Mon cousin n'a rien offert à sa mère pour son anniversaire !

....

5. Je m'y suis pris trop tard pour réserver des places de théâtre, c'est déjà complet !

....

16 Complétez selon l'exemple (attention à l'ordre de la phrase).

*Exemple : Si je .... (pouvoir), je .... (venir). → Si j'**avais pu**, je **serais venu**.*

1. S'il .... (*être*) acteur, il .... (*devenir*) célèbre.

2. Ils .... (*téléphoner*), s'ils............................... (*avoir*) un problème.

3. S'il ne .... pas........................... (*obtenir*) ce poste, il ....
(*changer*) d'entreprise.

4. Si vous .... (*prendre*) un verre de vin seulement, vous ne ....
pas .... (*avoir*) mal à la tête !

5. Nous lui .... (*dire*), si nous .... (*savoir*).

6. Je ne .... pas........................... (*prendre*) cette décision, si je ....
(*avoir*) le temps de réfléchir.

7. Je lui .... (*faire*) un cadeau, si je .... (*savoir*) que c'était son
anniversaire.

8. Si vous ne .... pas .... (*habiter*) à Paris, vous n'...............................
pas .... (*pouvoir*) voir l'exposition Doisneau.

17 🎧 **Écoutez le dialogue (piste 40 du CD). Vrai ou faux ?**

/10

1. Virginie n'a pas pu assister à l'opéra.

2. Romain a vu l'opéra.

3. Romain est parti en vacances.

4. Romain a oublié l'opéra.

5. On a parlé de l'opéra à Virginie.

6. Les chanteurs ont bien chanté.

7. Romain n'est pas souvent satisfait par un opéra.

8. Romain est critique de théâtre.

9. Il aurait voulu être chanteur professionnel.

10. Il a chanté en amateur.

18 👁 **Lisez le texte suivant et dites si les phrases sont vraies ou fausses.**

/10

Marcel Mangel, dit « **le mime Marceau** », est sans conteste l'un des plus grands artistes de son époque. Il naît le 22 mars 1923 à Strasbourg. Après la Deuxième Guerre mondiale et ses activités de résistant, il suit les cours de théâtre de Charles Dullin avant de trouver sa voie chez le mime Etienne Decroux. En 1947, il crée un personnage poétique, Bip, sorte de Pierrot lunaire à la silhouette filiforme, qui passe en un éclair de l'allégresse à une profonde tristesse. Il fonde, la même année, sa propre compagnie de mime, la seule au monde, et inscrit au répertoire des mimodrames et des pantomimes tels que *Le Manteau* d'après Gogol, *Le Joueur de flûte*, *Paris qui rit*, *Paris qui pleure*…

Vénéré au Japon, pays du théâtre kabuki et nô, mais aussi en Amérique latine ou en Russie, le mime Marceau est l'inventeur de la marche contre le vent qui a inspiré la danse *Moonwalker* de Michael Jackson et influencé le danseur Rudolf Noureïev.

Officier de la Légion d'honneur, le mime Marceau est nommé en 2002 ambassadeur de bonne volonté pour le troisième âge de l'ONU.

Il meurt le 22 septembre 2007 à Cahors et est enterré à Paris, au cimetière du Père-Lachaise.

1. « Le mime Marceau » est un pseudonyme.

2. Il a pris des cours de théâtre.

3. Il a commencé sa carrière après la guerre.

4. Il a écrit de la poésie.

5. Il n'existe qu'une compagnie de mime.

6. Il est respecté dans de nombreux pays.

7. Il n'est célèbre qu'en France.

8. Il a imité Rudolf Noureïev.

9. Il a fait une carrière politique.

10. Il est mort à Paris.

19 👄 **Parlez de ce que vous auriez aimé faire comme activités artistiques (théâtre, cinéma, danse, musique…), en utilisant le conditionnel passé, bien sûr.**

/10

20 ✏ **Décrivez un spectacle que vous avez vu et qui vous a marqué(e). Parlez des comédiens (ou danseurs ou chanteurs), de la mise en scène, des costumes…**

/10

....

....

....

....

....

....

....

Presse et médias

 **1** DIALOGUE

La langue de bois ?

Zohra : Tu as écouté les nouvelles, aujourd'hui ? Que s'est-il passé ? Le ministre a donné une conférence de presse, finalement ?

Boniface : Oui ! Il a annoncé qu'une réunion de crise aurait lieu mardi. Il a déclaré que, dès qu'une solution acceptable serait trouvée, il la soumettrait au Parlement.

Zohra : Et pendant que sa conférence passait à la télévision, les manifestations continuaient… Cet après-midi, je me suis demandé ce qu'il dirait et quelle attitude il aurait…

Boniface : Eh bien, à toutes les questions, il a répondu que son gouvernement travaillait…

Zohra : … qu'il ferait de son mieux pour résoudre la crise…

Boniface : … et qu'il tiendrait les Français au courant ! Bref, la langue de bois, comme d'habitude

 **2** DIALOGUE

Une revue indépendante

Boniface : Cela fait des années que je suis abonné à ce journal, mais je commence à en avoir assez. Les journalistes répètent tout le temps la même chose, et ils ne parlent que de sport ! Quant à la rubrique « politique internationale », elle est vide. Pourtant, le directeur avait annoncé qu'il changerait de ligne éditoriale…

Philippe : Maintenant qu'ils ont été rachetés par un grand groupe, c'est encore pire. J'ai lu partout que la presse était en crise et cela semble vrai !

Boniface : Il n'y a pas que la presse… Parfois, je me demande si je n'aimerais pas fonder une nouvelle revue, libre, indépendante, humoristique…

Philippe : Eh bien, dès que tu m'en montreras un numéro, je deviendrai ton premier lecteur fidèle et je m'abonnerai !

Boniface : J'ai déjà quelques idées : des interviews de personnalités politiques et intellectuelles d'opinions complètement différentes, des articles sur des sujets dont on ne parle jamais, des reportages bien illustrés sur des sujets controversés, des critiques de livres…

Philippe : Et comment est-ce que tu financeras ce grand projet ?

Boniface : Bonne question. Ce n'est pas un mince problème, mais Lucien m'a assuré que d'autres journalistes étaient intéressés par mon idée.

La presse féminine

L'apparition, au XIXe siècle, de la presse féminine en France est étroitement liée à l'émergence d'idées féministes visant à promouvoir une place plus importante de la femme dans la société. À partir du XIXe siècle, avec l'essor de l'industrie de la presse, les gazettes et autres journaux se multiplient. Dès lors, la presse féminine est marquée par un dualisme entre titres militants, dont certains dépassent les 100 000 exemplaires, et titres conservateurs, prompts à conforter la femme dans son rôle traditionnel de maîtresse de maison. Ce dualisme perdure jusque dans les années 1990, qui voient une éclosion de titres sans précédent.

Depuis une quinzaine d'années, la tendance générale est à l'industrialisation et à la segmentation de la presse féminine. Si ce mouvement n'est pas l'apanage des magazines féminins, il y est plus fortement marqué du fait de sa haute rentabilité : le secteur est aujourd'hui le plus riche en publicités de toute la presse. Sur le marché, la France occupe une place de choix, puisqu'elle se situe au troisième rang mondial, derrière les États-Unis et l'Italie.

F. MIGEON, « Les Femmes telles qu'elles se feuillettent »,
Le Français dans le monde, n° 358 (juillet-août 2008).

Les journaux francophones

Les lecteurs francophones disposent de nombreux quotidiens répartis dans différents pays. Citons, parmi d'autres exemples : en Algérie, *El Watan*, *Liberté Algérie* ; en Suisse, *Le Temps*, *La Tribune de Genève* ; en Belgique, *La Libre Belgique*, *Le Soir* ; au Canada, *Le Devoir*, *Le Droit* ; au Liban, *L'Orient-Le Jour* ; au Sénégal, *Le Quotidien*… La plupart de ces journaux disposent d'un site Internet. Il existe, de plus, une « Union internationale de la presse francophone », qui se réunit régulièrement. Vous trouverez la liste des médias francophones sur le site du programme français des Nations unies [http://www.un.org/Depts/OHRM/sds/lcp/French/].

Ces publications offrent un point de vue intéressant et souvent peu connu des Français. Elles jouent un rôle particulier dans des pays où le français n'est qu'une des langues nationales (en Algérie, en Suisse…). Elles s'adressent donc à des lecteurs bilingues (au minimum) et souvent privilégiés. Pour une analyse plus approfondie de la presse francophone, vous pouvez lire l'article de Gilles Kraemer sur le site [http://www.cairn.info/revue-reseaux-2002-1-page-194.html].

EXPRESSIONS-CLÉS

- **Faire de son mieux.**
- **La langue de bois.** *(les phrases-clichés employées par les politiciens)*
- **Quant à...** *(= en ce qui concerne)*
- **Ce n'est pas un mince problème.** *(= c'est un gros problème)*
- **De plus...**
- **D'une part, d'autre part...**

Le journalisme critique

Il faut bien que nous nous occupions aussi du journalisme d'idées. La conception que la presse française se fait de l'information pourrait être meilleure, nous l'avons déjà dit. On veut informer vite au lieu d'informer bien. La vérité n'y gagne pas.

[...] Une chose du moins est évidente, l'information telle qu'elle est fournie aujourd'hui aux journaux, et telle que ceux-ci l'utilisent, ne peut se passer d'un commentaire critique. C'est la formule à laquelle pourrait tendre la presse dans son ensemble.

D'une part, le journalisme peut aider à la compréhension des nouvelles par un ensemble de remarques qui donnent leur portée exacte à des informations dont ni la source ni l'intention ne sont toujours évidentes. Il peut, par exemple, rapprocher dans sa mise en pages des dépêches qui se contredisent et les mettre en doute l'une par l'autre.

[...] Il est un autre apport du journaliste au public. Il réside dans le commentaire politique et moral de l'actualité.

Albert CAMUS,
Actuelles I, « Le Journalisme critique »,
© Éditions Gallimard.

Vocabulaire

La presse

Pour être informé, on peut lire un quotidien *(= un journal qui paraît tous les jours)*, un hebdomadaire *(qui paraît toutes les semaines)*, un mensuel *(qui paraît tous les mois)*.

Le lecteur (la lectrice) peut aussi lire un magazine spécialisé ou une revue, que l'on achète chez un marchand de journaux. Un lecteur fidèle prend un abonnement au journal = il est abonné *(= il reçoit chaque numéro du journal à la maison)*.

Le journal comprend différentes rubriques : politique intérieure, politique étrangère, faits divers, sports, météo, débats… Les journalistes écrivent un article, un éditorial ou un reportage.

La radio et la télévision

Les auditeurs d'une station de radio écoutent une émission, les téléspectateurs en regardent une sur « le petit écran ».

Sur une chaîne de télévision, le présentateur (la présentatrice) présente les nouvelles / les informations / « le journal ». Il/elle annonce les événements, il/elle commente l'actualité. Une nouvelle importante est « à la une » des médias. Le matin et le soir sont les heures de grande écoute.

À la télévision, on peut regarder des débats, des reportages, des séries télévisées, des téléfilms, du sport, la météo, des jeux de toutes sortes…

Les activités des médias

Un(e) journaliste interviewe un homme ou une femme politiques, un sportif, un scientifique… Les journalistes assistent aussi aux conférences de presse que donnent les personnalités politiques.

☞ « Interviewer » et « une interview » s'emploient uniquement pour des questions posées publiquement et rapportées par les médias. Sinon, on parle d'un entretien (par exemple, dans une entreprise).

Les médias commandent de nombreux sondages (qui permettent de dire que, par exemple, 57 % des Français pensent ceci ou cela). Ils publient aussi une enquête d'opinion, plus développée qu'un sondage.

Certains journaux consacrent beaucoup de place aux faits divers ou aux rumeurs : on appelle cela la « presse people ».

Civilisation

Une véritable institution !

Le Canard enchaîné, fondé en 1915, est un hebdomadaire satirique qui refuse obstinément d'avoir un site Internet. Ce journal respecte de strictes règles éthiques, en particulier l'absence complète de publicité. « Le Canard » est craint pour ses moqueries et ses critiques souvent dures, et généralement respecté pour la fiabilité et le sérieux de ses informations.

Les grands quotidiens nationaux

Le Figaro, fondé en 1826, est un journal de centre droit [www.lefigaro.fr].

Le Monde, fondé en 1944, est un journal de centre gauche [www.lemonde.fr].

Libération, fondé en 1973, est un journal de gauche [www.liberation.fr].

Les principaux hebdomadaires

L'Express, fondé en 1953, est un magazine de centre droit [www.lexpress.fr].

Le Nouvel Observateur, fondé en 1964, est un magazine de centre gauche [www.tempsreel.nouvelobs.com].

Le Point, fondé en 1972, est un magazine de droite [www.lepoint.fr].

Marianne, fondé en 1997, est un magazine indépendant [www.marianne2007.info].

Quelques dates marquantes

En 1835, Charles-Louis Havas crée en France la première agence de presse au monde. Elle porte maintenant le nom de « Agence France-Presse » ou AFP [www.afp.com].

Le 29 juillet 1881 a été promulguée la loi sur la liberté de la presse, qui en définit les droits et les devoirs.

Grammaire

Le discours rapporté au passé

Quand le verbe introducteur est au passé (imparfait ou passé composé), les verbes qui suivent changent de temps ou de mode.

Présent → imparfait

Irène <u>dit</u> que son mari **est** malade.

Irène <u>a dit</u> que son mari **était** malade.

Léon <u>disait</u> toujours que sa sœur **se moquait** de lui.

Passé composé → plus-que-parfait

Il <u>annonce</u> que ses amis **sont arrivés**.

Il <u>a annoncé</u> que ses amis **étaient arrivés**.

Futur → conditionnel présent

Elle <u>promet</u> qu'ils **reviendront** bientôt.

Elle <u>a promis</u> qu'ils **reviendraient** bientôt.

Changement d'expressions de temps

Selon la situation, les expressions de temps doivent changer.

Elle a dit : « nous partirons demain ».

→ *(Ce matin)* Elle a dit qu'ils partiraient **demain**. *(pas de changement)*

→ *(Lundi dernier)* Elle a dit qu'ils partiraient **le lendemain**. *(changement)*

hier	→ la veille
demain	→ le lendemain
aujourd'hui	→ ce jour-là
ce matin	→ ce matin-là
ce soir	→ ce soir-là
il y a dix ans	→ dix ans auparavant
l'année dernière	→ l'année précédente
l'année prochaine	→ l'année suivante

 ## Expressions de temps

DEPUIS QUE + présent ou passé composé

Depuis qu'il habite à Paris, il se sent mieux.

Depuis qu'ils ont déménagé, ils ne voient plus personne !

PENDANT QUE + présent, imparfait ou futur

Je vais préparer le dîner pendant que le bébé dort.

Pendant qu'il lisait le journal, sa femme écoutait la radio.

Qui s'occupera du chien pendant que vous serez absents ?

CELA FAIT… QUE

- **Remplace « depuis »…**

  Cela fait des années que je n'ai pas vu ce film. *(= je n'ai pas vu ce film depuis des années)*

- **…ou « il y a »**

  Cela fait trois ans que nous l'avons rencontré. *(= nous l'avons rencontré il y a trois ans)*

Dans tous les cas, l'expression « cela fait » ou, plus familièrement, « ça fait », a un caractère moins neutre, plus insistant, que « depuis » ou « il y a ».

— Ça fait longtemps que vous vivez ici ?

— Oui, ça fait au moins vingt ans.

— Ça fait combien de temps qu'ils sont mariés ?

— Ça fait dix ans.

MAINTENANT QUE + présent ou passé composé

Maintenant que vous parlez bien français, vous allez pouvoir lire quelques romans passionnants !

Maintenant qu'elle a un bébé, on ne la voit plus !

Maintenant qu'il a changé de travail, il a plus de responsabilités.

DÈS QUE + futur simple

(Voir l'unité 18 pour l'usage du futur antérieur.)

Dès que je serai à Marseille *(immédiatement après)*, j'irai la voir.

Nous t'appellerons dès que nous recevrons la réponse.

 ## Usage de certaines prépositions

Dans un journal, j'ai lu un article **sur** la francophonie.

Dans cet article, il est question d'écrivains canadiens.

Sur une photo, on distingue le visage du journaliste, que j'ai entendu parler **à** la télévision et **à** la radio.

Dans cette émission, plusieurs opinions étaient confrontées.

Activités communication

1 DIALOGUE 1 • **Choisissez la phrase qui correspond le mieux au dialogue.**

a. Le ministre a donné une brillante conférence de presse.

b. Le ministre a catégoriquement refusé de répondre aux questions des journalistes.

c. Le ministre a parlé pour ne rien dire.

2 DIALOGUE 2 • **Vrai ou faux ?**

a. Boniface est déçu par le journal qu'il reçoit.

b. Boniface a créé une nouvelle revue.

c. Philippe ne croit pas au projet de Boniface.

d. Boniface n'a pas encore d'argent pour son projet.

3 DOCUMENT 3 • **Vrai ou faux ?**

1. La presse féminine est apparue dans les années 1800.

2. Tous les journaux féminins de l'époque encouragent la femme à rester à la maison.

3. La presse féminine est en pleine crise.

4 DOCUMENT 4 • **Répondez aux questions.**

1. Pouvez-vous citer le titre d'un journal canadien, d'un libanais et d'un suisse ?

2. Où peut-on trouver une liste des médias francophones ?

3. Quel genre de lecteurs cette presse touche-t-elle ?

5 DOCUMENT 5 • **Répondez aux questions.**

1. Quel reproche Camus fait-il à la presse française ?

2. De quel complément l'information a-t-elle besoin ?

3. Comment le journalisme peut-il traiter les dépêches ?

4. Quelle est la contribution du journaliste à la compréhension du public ?

6 **Choisissez la bonne réponse.**

1. L'émission passe à la radio ? ☐ **a.** Oui, sur cette chaîne. ☐ **b.** Oui, sur cette station.

2. Cet événement est important ? ☐ **a.** Oui, il est à la une. ☐ **b.** Oui, il est dans une série télévisée.

3. Vous aimez les débats ? ☐ **a.** Oui, car j'aime les faits divers. ☐ **b.** Oui, car j'aime la politique.

4. Cette revue est intéressante ? ☐ **a.** Oui, ce magasin est intéressant. ☐ **b.** Oui, ce magazine est intéressant.

5. Tu écoutes les nouvelles ? ☐ **a.** Oui, j'écoute l'éditorial. ☐ **b.** Oui, j'écoute les informations.

6. 35 % des gens sont d'accord ? ☐ **a.** Oui, c'est le résultat du sondage. ☐ **b.** Oui, c'est le résultat du débat.

7. Cette station de radio
a du succès ? ☐ **a.** Oui, elle a de bons journalistes. ☐ **b.** Oui, elle a de nombreux auditeurs.

7 **À vous ! Répondez librement aux questions.**

1. Lisez-vous régulièrement un journal ? Pourquoi ?

2. Regardez-vous la télévision ? Si oui, combien de temps par jour ?

3. Aimez-vous les émissions politiques ?

4. Quelles sont les heures de « grande écoute » dans votre pays ?

5. Vous intéressez-vous à la politique internationale ?

6. Lisez-vous des revues spécialisées (en histoire, sport, arts, musique, tourisme…) ?

7. Les journaux de votre pays sont-ils clairement marqués, politiquement ?

8 De qui ou de quoi parle-t-on ?

1. Il/elle regarde la télévision. ....

2. Il/elle vend des journaux. ....

3. Il/elle présente les nouvelles à la télévision. ....

4. Il/elle écrit des articles dans une revue. ....

5. Il/elle lit régulièrement un journal. ....

9 Choisissez les termes possibles.

1. *Le présentateur / le lecteur / le journaliste / le téléspectateur* présentent les informations.

2. J'ai lu *une émission / un article / un reportage / une interview / une chaîne.*

3. À la télévision, nous avons regardé *un reportage / un match de foot / un article / un quotidien.*

4. Elle a acheté *une conférence de presse / un magasin / un journal / un magazine* chez le marchand de journaux.

5. Les *sondages / téléfilms / enquêtes d'opinion / sports* donnent des informations sur l'opinion des Français.

6. Un journaliste *paraît / écrit / présente / commente / interviewe.*

10 Complétez en choisissant parmi les termes suivants.

une – stations – quotidien – enquête d'opinion – chaînes – hebdomadaire – conférence – sondages – téléfilm – émission

1. Il existe de très nombreuses .... de télévision.

2. Selon les derniers .... , 62 % des Français ne sont pas d'accord avec ce projet.

3. Le ministre va donner une .... de presse.

4. Cet événement se trouve à la .... de tous les journaux.

5. Nous avons regardé une .... très intéressante, hier soir, à la télévision.

6. Toutes les semaines, j'achète le même ....

11 Éliminez l'intrus.

1. sondage / conférence de presse / enquête d'opinion

2. magazine / article / éditorial

3. nouvelles / faits divers / informations

4. présenter / annoncer / interviewer

5. journaliste / auditeur / téléspectateur

12 Vrai ou faux ?

1. *Le Monde* est un hebdomadaire.

2. *Le Canard enchaîné* paraît toutes les semaines.

3. *Le Nouvel Observateur* a été créé pendant la Deuxième Guerre mondiale.

4. Il existe trois grands journaux satiriques.

5. L'AFP est un nouveau journal.

6. La loi sur la liberté de la presse date du XIXe siècle.

Activités **grammaire**

13 Transformez au style indirect.

1. Tu présentes les nouvelles à la télévision. — On m'a dit que tu ....

2. Elle lit le journal tous les jours. — Il m'a expliqué qu'elle ....

3. Nous assisterons à la conférence de presse. — J'ai promis que nous ....

4. Tu t'es abonné à une revue de musique. — Tu m'as dit que tu ....

5. Elle a fondé un nouveau journal. — Ils m'ont annoncé qu'elle ....

6. Il n'a pas reçu de réponse. — Tu m'as dit qu'il ....

7. Ils passent leurs journées devant le petit écran. — Elle a prétendu qu'ils ....

14 Transformez au style indirect.

1. « Le ministre de l'Éducation nationale rencontrera demain les représentants des professeurs et des étudiants. La réunion portera sur les nouveaux projets d'organisation des études. »

→ Ce matin, le journaliste a annoncé ....

....

2. « Demain, je reprendrai l'entraînement. Je n'ai pas très bien joué hier soir, mais j'ai la ferme intention de donner le meilleur de moi-même lors du match qui se tiendra la semaine prochaine. »

→ Lundi dernier, le footballeur a déclaré ....

....

3. « J'ai été contacté pour une nouvelle pièce de théâtre. Les répétitions ont commencé il y a deux jours, mais la première représentation n'aura lieu qu'en janvier. »

→ La semaine dernière, l'acteur a confié aux journalistes ....

....

15 Complétez par « maintenant que », « dès que » ou « pendant que », selon le sens.

1. .... nous habitons à la campagne, nous avons une vie saine.

2. Je vous répondrai .... je recevrai votre courrier.

3. .... il est devenu ministre, personne ne peut plus lui parler !

4. Je m'occupe du dîner .... tu fais le ménage.

5. Il allumera la télévision .... il arrivera à la maison.

6. .... mes enfants seront en vacances, je ferai du rangement.

7. .... nous verrons Héloïse, nous lui expliquerons la situation.

16 Complétez par « sur », « dans » ou « à ».

1. Nous avons entendu une émission très intéressante .... la radio.

2. Le journal a publié un article .... les problèmes financiers de cette entreprise.

3. .... cet article, l'auteur présente une nouvelle stratégie.

4. Est-ce que tu me reconnais .... cette photo ?

5. Ils ont regardé un très mauvais film .... la télévision.

6. Il a lu une interview de ce poète .... le journal.

7. Je ne sais plus .... quelle émission j'ai vu cet écrivain.

17 🎧 **Écoutez le dialogue (piste 43 du CD). Vrai ou faux ?**   .... /10

1. Étienne est en vacances.
2. Il reçoit la presse à la maison.
3. Normalement, il ne lit pas le journal.
4. Adèle ne regarde que la première page.
5. Étienne écoute la radio dans sa voiture.

6. On peut écouter des interviews à la radio.
7. Le ministre a refusé de répondre à la question.
8. Étienne déteste les journalistes.
9. Adèle aime lire les journaux.
10. Elle trouve la télévision plus intéressante.

18 **Lisez le texte suivant et dites si les phrases sont vraies ou fausses.**   .... /10

La presse écrite est en crise. Elle connaît, en France, aux États-Unis et ailleurs, une baisse notable de sa diffusion et souffre gravement d'une perte d'identité. Pour quelles raisons, et comment en est-on arrivé là ? Indépendamment de l'influence certaine du contexte économique, il faut chercher les causes profondes de cette crise dans la transformation qu'ont connue, au cours de ces dernières années, quelques-uns des concepts de base du journalisme.

En premier lieu, l'idée même d'information. Récemment encore, informer c'était, en quelque sorte, fournir non seulement la description précise – et vérifiée – d'un fait, d'un événement, mais également d'un ensemble de paramètres contextuels permettant au lecteur de comprendre sa signification profonde. C'était répondre à des questions de base : qui a fait quoi ? Quand ? Où ? Comment ? Pourquoi ? Avec quels moyens ? Dans quelles circonstances ? Et quelles en sont les conséquences ?

Ignacio RAMONET, *La Tyrannie de la communication*, © Éditions Galilée, 1999.

1. La presse écrite est en crise en Europe.
2. Elle est moins diffusée.
3. La crise économique joue un rôle.
4. Les causes profondes de la crise sont inconnues.
5. Le journalisme s'est transformé.

6. L'information a changé.
7. Une information doit être vérifiée.
8. La description d'un fait n'est pas précise.
9. Le lecteur doit répondre à des questions.
10. Informer implique de poser des questions.

19 **À vous ! Qu'attendez-vous d'un bon journaliste (de radio, de télévision et/ou de presse écrite) ?**   .... /10

20 **Présentez les médias de votre pays. Quelles sont les principales chaînes de télévision et stations de radio ? Quels journaux sont les plus respectés et les plus lus ? Existe-t-il un journal satirique équivalent au *Canard enchaîné* ?**   .... /10

....
....
....
....
....
....
....
....
....
....

Gestes et postures

 **1** DIALOGUE

Tu n'as pas de chance !

Adèle : Oh là là ! Qu'est-ce qui t'est arrivé ?

Zohra : Eh bien, je me suis cassé le bras en tombant dans la rue !

Adèle : Ma pauvre ! Raconte-moi ce qui s'est passé !

Zohra : C'est vraiment très bête. Tu te souviens que lundi dernier, il pleuvait à torrents ? Comme j'étais en retard, je suis sortie en courant de chez moi. En arrivant à l'arrêt de bus, j'ai glissé sur le trottoir. Je suis tombée directement sur le bras, et voilà… Maintenant, j'ai un plâtre pour trois semaines !

Adèle : Tu n'as vraiment pas de chance… Au fait, tu es droitière ou gauchère ?

Zohra : Je suis gauchère, heureusement ! Mais ça me complique un peu la vie. Ça me gêne pour emmener les enfants à l'école, car je ne peux plus les tenir tous les deux par la main.

 **2** DIALOGUE

Nicolas est un grand nerveux…

Jérôme : Tiens, ce matin, j'ai aperçu Nicolas dans les couloirs. Il était en train de parler, très énervé, en remuant les bras, les épaules… Ce sont des tics ? Il est nerveux comme tout, cet homme !

Boniface : C'est de pire en pire. Il est tellement agité qu'il fatigue tout le monde. Tout à l'heure, il a fait tomber deux dossiers. Je l'ai aidé à les ramasser, mais comme il était furieux, il est parti en claquant la porte !

Jérôme : Charmant personnage ! En se comportant comme cela, il va se faire détester !

Boniface : Oui, je suis d'accord avec toi. De plus, le matin, quand il arrive, il ne serre la main à personne. Pourtant, en France, c'est une habitude, surtout entre hommes.

Jérôme : Quel contraste avec sa femme, toujours raide, qui se tient droite comme un i… Ils ne sont vraiment pas pareils, tous les deux.

Boniface : Oui, mais au moins, il est intelligent, tandis que sa femme est bête comme ses pieds !

205 ▷

Des gestes anciens

Certes, nous croyons que nous faisons très peu de gestes, parce que notre culture, depuis fort longtemps, nous a appris qu'il était « mal » de gesticuler et que les « autres » (les barbares, les étrangers, les gens du Midi pour ceux du Nord, les Français pour les Américains, les Italiens pour les Français, etc.) font bien plus de gestes que « nous ». [...]

Pour nous, le Moyen Âge est alors tout proche, et d'autant plus qu'il a « inventé » certains des gestes qui nous sont aujourd'hui familiers : se découvrir la tête ou retirer son gant pour saluer, joindre les mains pour prier, lever la main pour prêter serment, etc. D'autres gestes ont disparu, mais leur sens, devenu métaphorique, reste intelligible : « tirer son chapeau », « tendre la main », « se faire tirer l'oreille », « jeter son gant », etc. Une expression, très fréquente, mais assez récente semble-t-il, garde la mémoire de cette force des gestes : quand nous disons d'un homme politique ou d'un gouvernement qu'il « fait un geste » à l'égard d'un adversaire (un gouvernement étranger, un syndicat qui revendique, etc.), nous rappelons qu'un simple geste, même entendu en un sens figuré, peut aboutir au même résultat qu'une action militaire ou financière plus substantielle.

Jean-Claude SCHMITT, *La Raison des gestes dans l'Occident médiéval*,
© Éditions Gallimard.

Un sourire étrange

Ce sourire reste, dans ma mémoire, la principale caractéristique de Roger Vincent : il flottait toujours sur ses lèvres. Roger Vincent baignait dans ce sourire qui n'était pas jovial, mais distant, rêveur, et l'enveloppait comme d'une brume très légère. Il y avait quelque chose de feutré dans ce sourire, dans sa voix et son allure. Roger Vincent ne faisait jamais de bruit. Vous ne l'entendiez pas venir, et quand vous vous tourniez, il était derrière vous. De la fenêtre de notre chambre, nous l'avons vu quelquefois arriver au volant de sa voiture américaine. [...] Roger Vincent sortait de la voiture, les gestes lents, son sourire aux lèvres. Il ne claquait jamais la portière, mais la refermait doucement.

Patrick MODIANO, *Remise de peine*,
© Éditions du Seuil 1988, coll. Points 1996.

L'art du mime

Un art a renoncé à la parole pour glorifier le geste : le mime. Il s'agit en effet d'exprimer toutes sortes de sentiments, de raconter des histoires en n'employant que le langage du corps : postures, gestes, mimiques. Cette technique, qui remonte à l'Antiquité, exige de l'artiste une grande concentration et, bien sûr, une remarquable agilité, qui s'apparente à celle de la danse. Ainsi, le mime doit non seulement représenter des émotions par ses gestes, mais également faire apparaître ce qui est invisible : l'artiste franchit des obstacles, monte des escaliers, tient des objets, serre des personnages dans ses bras, tous absents de la scène, bien entendu. Il s'agit d'un extraordinaire jeu d'illusion, sollicitant l'imagination. Le résultat en est un art poétique à portée universelle.

Un art poétique à portée universelle

En France, certains mimes ont marqué l'histoire : Baptiste Deburau (magnifiquement incarné par Jean-Louis Barrault dans *Les Enfants du Paradis* de Marcel Carné), Étienne Decroux et surtout le mime Marceau ont fait rire, pleurer et rêver plusieurs générations de spectateurs.

EXPRESSIONS-CLÉS

- Raconte-moi ce qui s'est passé !
- C'est vraiment très bête.
- Tiens... = au fait.
- Au moins.
- Certes. (= *il est vrai*)
- Ainsi... (= *de cette manière*)

Vocabulaire

Les mouvements

On fait un mouvement, un geste = on remue une partie du corps = on bouge. Quand on ne peut plus bouger, on est paralysé (réellement ou psychologiquement). Quand on fait des gestes nerveux et incontrôlés, on a un tic.

Si on se sert naturellement de la main droite, on est droitier, -ère (≠ gaucher, -ère).

Elle tient un stylo à la main. Si elle le lâche, elle le fait tomber et doit le ramasser.

La mère se penche à la fenêtre pour guetter ses enfants. Quand elle les voit, elle lève (≠ baisse) la main pour leur dire bonjour. Elle se retourne pour prévenir son mari de l'arrivée des enfants.

La danseuse tend la jambe, puis la plie. Ses gestes sont harmonieux : elle est gracieuse.

La vieille dame s'appuie sur le bras de sa fille, pour ne pas glisser dans la rue.

Loïc lance le ballon et l'autre joueur l'attrape.

La petite fille donne la main à sa mère.

Du mouvement à la posture

Il se lève *(se lever)*. Maintenant, il est debout.

Elle s'assied *(s'asseoir)*. Maintenant, elle est assise.

Il s'allonge *(s'allonger)*. Maintenant, il est allongé sur le dos.

Elle est allongée sur le ventre.

L'enfant est allongé sur le côté.

☛ La description n'est pas toujours très précise dans la langue courante : j'**étais** au cinéma *(assis, bien sûr)* / je **faisais la queue** au supermarché *(debout, bien sûr)*.

Mener (une personne), porter (une chose)

Je **mène** les enfants à l'école. Je **porte** leur sac.

Mes enfants **amènent** leurs amis chez nous. J'**apporte** des fleurs à ma voisine qui est malade.

J'**emmène** mes enfants au cinéma. J'**emporte** mon appareil photo en voyage.

Je **ramène** Léa chez elle. Je **rapporte** le livre à la bibliothèque.

Expressions imagées

Elles sont très nombreuses ! En voici quelques exemples.

• Le gouvernement va faire un geste en faveur des pays pauvres *(= une action généreuse et symbolique)*. C'est un beau geste !

• Je n'ai pas sous la main *(= à disposition)* l'article qui explique tout cela.

• Il saute de joie. *(= il est fou de joie)*

• Cette explication ne tient pas debout. *(= est absurde)*

Civilisation

Les gestes symboliques

Certains gestes ont une valeur symbolique.

• Au spectacle, on applaudit pour manifester sa joie, sa satisfaction. On entend les applaudissements.

• Se serrer la main peut avoir un fort sens symbolique, par exemple entre deux anciens ennemis réconciliés. On parle alors de « poignée de main historique » entre deux hommes politiques.

• Pour marquer un événement (généralement tragique), on peut rester debout pour « observer une minute de silence ».

• Le geste de la victoire est commun aux pays occidentaux.

Les gestes pour compter

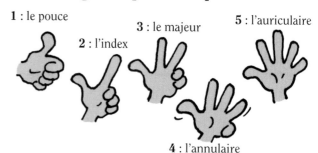

1 : le pouce
2 : l'index
3 : le majeur
5 : l'auriculaire
4 : l'annulaire

Des gestes typiquement français

Chaque culture a ses propres gestes, et les Français en font beaucoup ! Parmi les plus courants :

On se téléphone ?

Bof … Pfuui …
(Il hausse les épaules.)

Grammaire

Le participe présent

En général, il se construit sur la forme « nous » du présent + la terminaison « -ant ».

PRENDRE → nous **pren**ons → prenant

FAIRE → nous **fais**ons → faisant

DIRE → nous **dis**ons → disant

• **Quelques exceptions**

ÊTRE → étant   **AVOIR** → ayant

SAVOIR → sachant

Le gérondif

Il est formé de « en » + participe présent.

ALLER → en allant

PRENDRE → en prenant

FAIRE → en faisant

S'OCCUPER → en m'occupant, en t'occupant, en s'occupant, en nous occupant, en vous occupant, en s'occupant.

Le gérondif permet d'exprimer :

• **La manière**

Il répond à la question « comment ? ».

. Il s'est cassé la jambe **en faisant** du ski.

. Elle est partie **en courant**.

. Ils ont découvert ce musée **en se promenant**.

• **La simultanéité**

Il répond à la question « à quel moment ? ».

. Il est interdit de téléphoner **en conduisant**.

. Elle continue à travailler **tout en mangeant**.

. **En arrivant**, j'ai rencontré ma voisine.

☞ On peut ajouter l'adverbe « tout » pour insister.

• **La condition**

Dans ce cas, le gérondif remplace « si ».

. **En disant** cela, elle risque de provoquer une dispute. *(= si elle dit cela…)*

. **En étudiant** un peu plus, tu obtiendrais de meilleurs résultats ! *(= si tu étudiais…)*

. **Même en partant** maintenant, tu arriverais trop tard. *(= même si tu partais…)*

La comparaison

On peut employer des adjectifs exprimant une similarité : même, semblable à, pareil à, identique à, comparable à, analogue à…

> — Ici, on serre la main quand on rencontre une personne pour la première fois.
> — Dans mon pays, c'est pareil !
> — Chez moi, dans une situation comparable, on prend la personne dans ses bras.
> — Chez nous, les salutations ne sont pas du même type.

On peut aussi faire une comparaison avec « comme » suivi, généralement, d'une expression imagée. Il s'agit aussi bien de caractéristiques physiques que psychologiques.

. Il se tient droit comme un « i ». Je rougis comme une tomate.

. Elle est maigre comme un clou. Il est beau comme un dieu. Elle est jolie comme un cœur.

. Je suis malade comme un chien.

. Ils sont riches comme Crésus.

. Il est têtu comme une mule ! Il est ennuyeux comme la pluie. Elle est bête comme ses pieds.

. Les deux sœurs se ressemblent comme deux gouttes d'eau.

Il existe une comparaison familière : « comme tout » (= extrêmement).

. Tu m'as apporté des fleurs ? C'est gentil comme tout !

Absence d'adjectif possessif

Quand on parle des parties du corps, il est fréquent de ne pas utiliser de possessifs mais l'article défini.

. J'ai mal à **la** tête. Il m'a serré **la** main. Ils ont **les** yeux bleus. Elle s'est fait couper **les** cheveux. Elle s'est cassé **le** bras. Il n'arrive plus à remuer **les** doigts. Il est allongé sur **le** ventre. Il a un livre à **la** main. Elle a **les** jambes lourdes.

Tellement (de), tant de… que

(Voir aussi unité 1, page 13.)
Exprime l'intensité suivie d'une conséquence.

. Je suis tellement fatigué que je n'arrive plus à marcher !

. Elle a tant/tellement de choses à faire qu'elle s'est levée à 5 heures du matin !

. Il bouge tellement qu'on croit qu'il a des tics !

Activités communication

1 Vrai ou faux ?

DIALOGUE 1

a. Zohra était pressée quand l'accident est arrivé.
b. Elle a été renversée par un bus.
c. Elle se sert de sa main droite pour tenir les enfants.

DIALOGUE 2

d. Nicolas remue trop.
e. Nicolas est très sympathique.
f. La femme de Nicolas lui ressemble.
g. La femme de Nicolas n'est pas intelligente.

2 DOCUMENT 3 • Associez pour constituer une phrase complète.

1. Les « autres » font
2. On enlève son chapeau
3. On lève la main
4. « Faire un geste » est
5. Un geste symbolique donne parfois

a. pour prêter serment.
b. le même résultat qu'une action militaire.
c. plus de gestes que nous.
d. pour saluer.
e. une expression imagée.

3 DOCUMENT 4 • Choisissez la phrase correspondant le mieux au texte.

1. Roger Vincent se déplaçait sans bruit et ne claquait jamais les portes.
2. Roger Vincent souriait tout le temps, ce qui lui donnait un air joyeux.
3. Roger Vincent avait des gestes délicats et souriait légèrement.

4 DOCUMENT 5 • Vrai ou faux ?

1. Le mime n'est pas un art récent.
2. Il existe des similarités entre le mime et la danse.
3. Baptiste Deburau a joué dans un film.

5 Choisissez la bonne réponse.

1. C'est vraiment [bête] [une bêtise], j'ai eu un petit accident.
2. Raconte-moi ce qui [est] [s'est] passé !
3. Thomas n'est pas un bon acteur, mais [au] [à] moins, il a du talent comme mime.
4. Les gestes jouent un rôle important dans la communication. – [Certes] [Certain] !
5. [Viens] [Tiens], l'autre jour, nous avons vu un beau spectacle.

6 Décrivez les gestes et les attitudes de ces deux personnes.

7 Savez-vous s'il existe des gestes caractéristiques de votre culture ?

8 Vous-même, faites-vous beaucoup de gestes, en particulier quand vous parlez ?

Activités vocabulaire et civilisation

9 Choisissez la bonne réponse.

1. Il [se penche] [se lève] à la fenêtre pour guetter des amis.

2. Elle [fait] [remue] la main.

3. Il se sert de sa main gauche, il est [gauche] [gaucher].

4. Il [prend] [emmène] ses cousins au théâtre.

5. Elle a du mal à marcher, elle [s'appuie] [glisse] sur son fils.

6. J'ai fait tomber mon livre, je dois le [lever] [ramasser].

10 Replacez les mots suivants dans les phrases.

allongé – vous asseoir – se lever – debout – me lève – assise – s'allonger

1. Elle est .... sur une chaise et elle va .... pour aller à la cuisine.

2. Il est à la plage, il est .... sur le sable.

3. Quand une personne âgée entre dans le bus, je .... pour lui donner ma place.

4. Ils sont restés .... à faire la queue pendant une heure !

5. Il est fatigué, il va .... sur le lit.

6. Monsieur, vous voulez .... ?

11 Associez pour constituer une phrase complète.

1. Il emmène

2. Ils m'ont rapporté

3. J'ai trouvé un bon magasin de pizzas

4. Après la soirée, Karim a eu la gentillesse de

5. Nous allons apporter

6. Tu peux amener

a. à emporter.

b. me ramener chez moi.

c. une bouteille de champagne.

d. ta cousine puisqu'elle est de passage !

e. sa vieille mère chez le médecin.

f. le livre que je leur avais prêté.

12 Choisissez les termes possibles.

1. Il *tient / glisse / lâche / fait tomber* un objet.

2. Nous *lançons / levons / remuons / baissons* la main.

3. Elle fait *un geste / un mouvement / un tic / un applaudissement*.

4. Je *ramasse / lance / remue / attrape* le ballon.

5. Elle est allongée *sur le côté / debout / sur le ventre / sur une chaise*.

13 Vrai ou faux ?

1. On applaudit quand on est satisfait d'un spectacle.

2. Les Français font beaucoup de gestes.

3. On ne serre jamais la main d'un ennemi.

4. On doit rester assis pour observer une minute de silence.

5. Pour compter sur ses doigts, en France, on commence par le pouce.

6. On fait le geste de la victoire en sautant.

7. Faire un geste peut être symbolique.

Activités grammaire

14 ▼ Transformez les phrases en utilisant le gérondif, selon l'exemple.

Exemple : Il a répondu et il a ri en même temps. → Il a répondu en riant.

1. Elle est partie et elle a claqué la porte en même temps. →..

2. J'ai rencontré mon chef quand je suis arrivé au bureau. →..

3. Il s'est fait mal pendant qu'il faisait du jardinage. →..

4. Arrête de parler et de manger en même temps ! →..

5. J'ai découvert un joli restaurant marocain pendant que je me promenais en ville. →....................................

6. Elle a glissé sur le trottoir pendant qu'elle allait au travail. →..

7. Nous lui avons fait plaisir parce que nous nous sommes installés près de chez elle. →................................

8. Elle m'a téléphoné et elle a pleuré en même temps. →..

9. Nous avons retrouvé ces vieilles photos pendant que nous rangions la maison. →....................................

15 ▼ Complétez les phrases par une comparaison avec « comme ».

1. Elle ne change jamais d'avis ! Elle est ....

2. Il est tellement timide qu'il .... dès qu'on lui parle !

3. Ce pauvre Augustin n'est vraiment pas intéressant, il est ....

4. Ces gens ont tant d'argent qu'ils ne savent plus quoi en faire ! Ils sont ....

5. Ma pauvre, tu as trop mangé de chocolat et de glaces, tu es .... !

6. Malgré ses 80 ans, mon père se tient ....

7. Les deux sœurs sont jumelles, elles se ....

16 ▼ Transformez, selon l'exemple.

Exemple : Si vous étudiez plus, vous ferez des progrès. → En étudiant plus, vous ferez des progrès.

1. Si je me penche trop, je risque de tomber. →..

2. Si nous offrons un livre à notre grand-père, nous lui ferons plaisir. →..

3. Même s'il a une recommandation, il n'obtiendra pas ce poste. →..

4. Si tu réserves tes billets à l'avance, tu auras une chance de trouver des tarifs peu élevés. →..........................

5. Si vous vous levez, faites attention de ne pas vous faire mal ! →..

6. Si tu dis toujours la vérité, tu ne deviendras pas diplomate ! →..

7. Si elle sait utiliser ce logiciel, elle pourra mieux gérer ce projet. →..

8. Même si tu fais attention, tu risques de réveiller le bébé. →..

17 ▼ Répondez librement aux questions en employant le gérondif.

1. Comment avez-vous appris le français ? ....

2. À quel moment avez-vous connu ce livre ? ....

3. Comment découvrez-vous de nouveaux livres à lire ? ....

4. Comment apprenez-vous de nouveaux mots ? ....

5. Comment restez-vous en forme ? ....

6. À quel moment écoutez-vous de la musique ? ....

7. À quel moment rencontrez-vous vos voisins ?..

.... /10

18 🎧 **Écoutez le dialogue (piste 46 du CD). Vrai ou faux ?**

1. Virginie a rencontré Béatrice en allant au bureau.

2. Béatrice ramenait ses enfants à la maison.

3. La fille de Béatrice lui ressemble.

4. La petite fille n'est pas jolie.

5. Elle n'est pas agitée.

6. Le frère est très ennuyeux.

7. Le frère ressemble à sa mère aussi.

8. Béatrice tenait les enfants dans ses bras.

9. Virginie et Béatrice ont échangé une poignée de main.

10. Virginie s'est couchée en rentrant chez elle.

.... /10

19 **Lisez le texte et complétez les phrases par les mots du texte.**

Mémé est arrivée le soir. Quand elle a sonné, j'ai couru à la porte avec maman, et mémé est entrée avec sa valise. « Ma chérie ! a dit mémé en embrassant maman, je suis si contente de te voir ! » et puis mémé m'a pris dans ses bras, elle m'a embrassé partout sur la figure, elle m'a dit que j'étais un grand garçon, un homme et son bébé à elle. Papa s'est approché, son journal à la main, et mémé lui a tendu une joue que papa a embrassée très vite, plic. « Bonjour, gendre », a dit mémé. « Bonjour, belle-mère », a dit papa. Moi, je sautais autour de mémé et je regardais sa grosse valise, parce que mémé, quand elle vient, elle m'apporte toujours de chouettes cadeaux dans sa valise.

SEMPÉ et GOSCINNY, *Histoires inédites du petit Nicolas*, volume 2, © Éditions IMAV.

1. J'ai .... à la porte.

2. Mémé est .... avec sa valise.

3. … a dit mémé en .... maman.

4. Mémé m'a pris dans ....

5. Elle m'a .... partout sur la figure.

6. Papa s'est ....

7. Mémé lui a .... une joue…

8. …que papa a .... très vite.

9. Moi, je .... autour de mémé.

10. Quand elle vient, elle .... toujours de chouettes cadeaux.

.... /10

20 **Que font ces personnes ? Décrivez-les.**

1.

2.

.... /10

21 **Expliquez par écrit deux mouvements de gymnastique que vous trouvez utiles.**

....

....

....

Sentiments et émotions

 **1** DIALOGUE

Ils vont être fous de joie !

Étienne : Il faut absolument que je fasse les réservations pour les vacances. Ce serait bien que nous puissions louer le chalet que j'avais repéré à Verbier.

Adèle : Oui, et j'aimerais bien qu'Alice et Laurent viennent avec nous. Ce sont d'excellents skieurset là, ils seraient fous de joie !

Étienne : Et puis, Laurent, qui est canadien, a un peu le mal du pays. Ça lui ferait plaisir de passer des vacances à la neige.

Adèle : Certainement. L'année dernière, j'avais été déçue qu'ils n'aient pas la possibilité de nous accompagner. J'espère que, cette fois-ci, ils seront disponibles !

Étienne : Cela m'étonnerait qu'ils ne prennent pas de congés en février. Tiens, je vais les appeler.

 **2** DIALOGUE

Colette est tout émue...

Valentine : Qu'est-ce que tu as ? Je te vois toute pâle…

Colette : Ce n'est rien, j'attends un coup de fil de Philippe et je tremble comme une feuille ! Je ne comprends pas ce qui m'arrive ! Je suis tout émue, je n'arrête pas de penser à lui…

Valentine : Maintenant, tu es toute rouge ! Eh bien moi, cela ne m'étonne pas du tout que tu sois dans cet état, ma chère Colette ! Tu veux que je te dise ce que j'en pense ? Tu es amoureuse, tout simplement !

Colette : Tu crois ? À mon âge ! Mais qu'est-ce que mes enfants vont dire ?

Valentine : Quoi, à ton âge ? Tu es belle, tu es libre puisque tu es divorcée, et Philippe aussi est seul. Il est temps que tu prennes ta vie en main. Tes enfants voudraient bien que tu sois heureuse et non plus déprimée et triste, comme l'année dernière…

Colette : Tu as peut-être raison. Cela fait tellement longtemps que je n'ai pas éprouvé quelque chose pour un homme que cela me bouleverse !

Valentine : Et lui, est-ce qu'il te manifeste de l'intérêt ?

Colette : Je crois, je ne sais pas, je… *(Le téléphone de Colette sonne.)* Allô ? Ah ! C'est Philippe !

De quelle maladie souffre-t-elle ?

Souvent, je repense à Madame Jargonos, à ces jours de malheur passés en sa compagnie. Aucun désir de revanche ne me prend, aucune vague de colère. Plutôt de la tristesse. J'aimerais avoir un courage, une générosité que je n'aurai pas : braver les hélicos[1] noirs et revenir la sauver de sa maladie, une maladie qui la ronge plus cruellement que le cancer et l'empêche de vivre. Les médecins n'ont pas leur pareil pour baptiser de manière incompréhensible les maladies qu'ils découvrent. Moi, je n'ai pas ce talent ni leur sens du mystère. La maladie que j'ai découverte en elle, je l'appellerai simplement : la peur, la peur panique du plaisir des mots.

Erik ORSENNA,
La grammaire est une chanson douce,
© Éditions Stock.

1 Abréviation familière = hélicoptères.

Anna a-t-elle changé ?

LE DOCTEUR. — Pourtant, je m'attendais à trouver la maison plus triste. J'avoue qu'en entrant, ce que j'ai éprouvé tout de suite, c'était un sentiment d'apaisement et non de tristesse… ou d'inquiétude… C'était peut-être à cause de votre présence, Anna… *(Il revient vers elle et lui prend les mains.)*… Toute votre personne respire le calme, la sérénité, une sorte de sagesse avec… oui, au fond, un goût secret pour la gaieté… Ce dernier trait, sans doute, était plus accusé, dans votre enfance. Un tourbillon de joie et de malice, voilà ce que vous étiez.

ANNA, *avec une résignation très naturelle.* — Ce n'est plus tout à fait cela… évidemment.

Jean TARDIEU, « Le Temps du verbe »,
in Poèmes à jouer © Éditions Gallimard.

La nostalgie

MOI.— […] Le monde électronique mène à la solitude.

LUI. — T'es pas gai…

MOI.— J'essaie de comprendre et puis j'ai des nostalgies.

LUI. — C'est une maladie ?

MOI.— Pour certains, oui. La nostalgie est un sentiment lié au regret. On regrette l'effacement de choses heureuses qu'on a connues et que d'autres choses remplacent, qui nous séduisent moins. J'ai la nostalgie de la conversation, lorsque des amis prenaient leur temps pour échanger de vraies paroles et de vraies histoires, des visions, des jugements nuancés, des questions, sans jamais vouloir convaincre mais pour l'unique plaisir de l'échange.

Patrick RAMBAUD,
La Grammaire en s'amusant,
© Grasset & Fasquelle, 2007.

EXPRESSIONS-CLÉS

- **Et là…** (= *et dans ces circonstances…*)
- **Qu'est-ce que tu as ?** (= *quel est le problème ?*)
- **Tout simplement.**
- **À mon âge ?**
- **Au fond…**
- **Sans doute !**

(= *probablement*)

Vocabulaire

Les émotions

Les émotions sont vives et passagères. Ce sont des réactions à des situations.

Les émotions sont souvent visibles : on pâlit *(= on devient blanc)*, on rougit *(= on devient rouge)*, on tremble, on a des palpitations, on pleure, on rit, on peut en être malade :

> Cela me rend malade de voir tant de pauvreté. J'en suis malade !

Les personnes émotives manifestent (≠ cachent) leurs émotions.

Quand on éprouve une très forte émotion, positive ou négative, on est ému < très ému < bouleversé.

> L'autre jour, j'ai vu un film très émouvant < bouleversant. C'était l'histoire d'un petit garçon pendant la guerre.

• La joie

On peut exprimer la joie par des rires, en éclatant de rire. Des enfants joyeux rient beaucoup. On peut même « sauter de joie » !

• La colère et l'irritation

Quand le petit garçon a cassé le joli vase, sa mère s'est mise en colère. C'est normal, car elle est très énervée en ce moment. Elle s'énerve facilement.

Ce bruit constant m'irrite < m'exaspère = cela provoque mon irritation < mon exaspération.

• La peur

Cet énorme bruit m'a fait peur ! Pourtant, en général, je n'ai pas peur, à la différence d'Ariane, qui s'affole/panique facilement.

• La pitié

Nous éprouvons de la pitié, de la compassion, quand nous voyons des personnes âgées qui vivent seules et isolées.

• La déception

Je suis très déçu que mon meilleur ami ne puisse pas venir à mon anniversaire ! Quelle déception !

• La gêne

J'ai vu une vieille dame se déshabiller dans la rue : j'ai été gêné. Je me suis senti mal à l'aise devant cette situation. Après, la vieille dame a eu honte.

• La surprise

Lise m'a fait une bonne (≠ mauvaise) surprise : elle est venue à ma fête ! En revanche, cela m'étonne que Sami ne soit pas là !

Quand j'ai appris le mariage de Clémence, j'ai été stupéfaite ! Quelle stupéfaction ! Elle avait toujours refusé le mariage !

• L'enthousiasme

J'ai été enthousiasmé/émerveillé par ce spectacle. Il était magnifique, splendide, extraordinaire !

Les sentiments

Par rapport aux émotions, les sentiments sont plus durables et plus profonds. On peut exprimer (≠ cacher) ses sentiments envers une personne (ou un animal !).

Vis-à-vis d'une personne, on peut ressentir de la sympathie < de l'amitié < de l'affection < de la tendresse < de l'amour. Il est possible d'admirer quelqu'un, de ressentir de l'admiration pour cette personne.

Au contraire, certains sentiments sont négatifs : la jalousie, la haine ou même l'indifférence.

 Le mot « haine » est extrêmement fort. On peut dire qu'on déteste une personne *(un peu moins fort)*.

Antoine a quitté Léa, alors elle est triste, elle ressent une grande tristesse et de la nostalgie. Elle regrette les périodes heureuses qu'elle a vécues avec lui.

Si on perd quelqu'un (parce qu'il est mort), on a du chagrin < un immense chagrin.

Quand on habite à l'étranger, on peut s'ennuyer de son pays : on a le mal du pays.

Civilisation

L'analyse et la description des sentiments constituent un point fort de la littérature française. Depuis les poèmes du Moyen Âge jusqu'à l'époque contemporaine, la plupart des auteurs français ont écrit des chefs-d'œuvre liés à la description de l'amour, de la jalousie, de la tristesse : Racine, Rousseau, Balzac, Stendhal, Hugo, Baudelaire, Proust…

Grammaire

 ## Le subjonctif présent

Le subjonctif est un mode, utilisé après un certain nombre d'expressions.

Verbes réguliers

Même structure que le présent, sauf pour les formes « nous » et « vous ».

PARLER

(que) je parl**e**

tu parl**es**

il/elle/on parl**e**

nous parl**ions**

vous parl**iez**

ils/elles parl**ent**

Verbes irréguliers

Certains verbes ont un radical irrégulier, mais gardent les mêmes terminaisons que les verbes réguliers.

FAIRE : (que) je fasse, tu fasses, il fasse…

POUVOIR : (que) je puisse, tu puisses, il puisse…

SAVOIR : (que) je sache, tu saches, il sache…

DIRE : (que) je dise, tu dises, il dise…

LIRE : (que) je lise, tu lises, il lise…

METTRE : (que) je mette, tu mettes, il mette…

PARTIR : (que) je parte, tu partes, il parte…

CONNAÎTRE : (que) je connaisse, tu connaisses, il connaisse…

ÉCRIRE : (que) j'écrive, tu écrives, il écrive…

VOIR : (que) je voie, tu voies, il voie, nous voyions, vous voyiez, ils voient

Autres verbes irréguliers

ÊTRE : (que) je sois, tu sois, il soit, nous soyons, vous soyez, ils soient

AVOIR : (que) j'aie, tu aies, il ait, nous ayons, vous ayez, ils aient

PRENDRE : (que) je prenne, tu prennes, il prenne, nous **prenions**, vous **preniez**, ils prennent

ALLER : (que) j'aille, tu ailles, il aille, nous **allions**, vous **alliez**, ils aillent

VENIR : (que) je vienne, tu viennes, il vienne, nous **venions**, vous **veniez**, ils viennent

Usage du subjonctif

Le subjonctif s'utilise après certaines expressions de « subjectivité » : opinion, obligation, sentiment, émotion, volonté…

• **Il faut que**

C'est l'expression la plus importante de l'obligation, de la nécessité.

. Il faut qu'elle **parte** tôt demain. Il faut que je **fasse** les courses. Il faut que mes élèves **apprennent** le subjonctif !

• **Être content/ravi/furieux/triste/déçu que…**

. Nous sommes contents que vous **soyez** là. Il est déçu que son cousin ne **vienne** pas. Elle est furieuse que sa fille ne **fasse** pas le ménage. Je suis désolé que vous ne **puissiez** pas nous accompagner.

• **Vouloir, aimer, accepter, refuser, souhaiter que…**

. Le père ne veut pas que son fils **parte** en voyage. J'aimerais que tu **viennes** avec moi. Ma mère n'aime pas que je **dise** des bêtises !

⚠️ Le verbe « espérer » n'est pas suivi du subjonctif.

• **C'est/il est bien, possible, dommage que…**

. C'est bien que tu **prennes** ton vélo pour aller au travail. C'est dommage qu'il n'**ait** pas de vacances. Il est possible qu'elle **aille** au Japon. C'est normal qu'il ne **soit** pas là.

☞ Dans ce cas, « il est » est plus élégant que « c'est ».

• **Ça/cela m'énerve, m'étonne, m'agace, me fait plaisir, me bouleverse que…**

. Ça m'énerve qu'elle **fasse** du bruit ! Cela m'étonne qu'il ne **soit** pas là. Cela fait toujours plaisir à la vieille dame qu'on **aille** la voir.

☞ « Cela » est plus élégant que « ça ».

Tout(e) = complètement

Suivi d'un adjectif ou d'un adverbe, « tout(e)» signifie « complètement », « vraiment », « entièrement ».

• **Au masculin**, le mot est invariable.

. Il est tout triste. Ils sont tout contents.

• **Au féminin**, le mot est invariable devant « a », « e », « i », « o », « u », « y », « h » non aspiré.

. Elle est **tout** <u>é</u>tonnée, **tout** <u>h</u>eureuse, **tout<u>e</u>** contente.

. Elles sont **<u>tout</u>** <u>é</u>tonnées, **tout<u>es</u>** contentes.

Sentiments et émotions

Activités communication

1 Vrai ou faux ?

DIALOGUE 1

a. Alice et Laurent seraient très heureux de venir.

b. Laurent s'ennuie de son pays.

c. Alice et Laurent étaient déjà venus l'année dernière.

d. Les vacances se passeront en hiver.

DIALOGUE 2

e. Colette n'est pas une adolescente.

f. Colette a un peu honte d'être amoureuse.

g. Philippe va divorcer.

h. Les enfants de Colette sont jaloux de Philippe.

2 DOCUMENT 3 · Choisissez la phrase correspondant le mieux au texte.

1. Pour le narrateur, madame Jargonos a peur d'être malade.

2. Pour le narrateur, la peur constitue la maladie de madame Jargonos.

3. Le narrateur a peur de la maladie de madame Jargonos.

3 DOCUMENT 4 · Vrai ou faux ?

1. Le docteur s'est tout de suite senti triste.

2. Le docteur trouve qu'Anna est inquiète.

3. Anna n'est plus aussi joyeuse qu'avant.

4 DOCUMENT 5 · Choisissez la bonne réponse.

1. Le monde électronique mène à la [nostalgie] [solitude].

2. La nostalgie est [un sentiment] [une émotion].

3. On [regrette] [espère] l'effacement de choses heureuses.

5 Choisissez la bonne réponse.

1. Elle adore aller au concert et [ça] [là], elle va être heureuse, il y en a tous les jours !

2. Qu'est-ce que vous [êtes] [avez] ? — Je suis en colère contre ma mère !

3. Il va bien ? — Oui, il est tout [simplement] [seulement] heureux !

4. Pourquoi est-elle triste ? — Je ne sais pas, mais [sans doute] [certainement] parce que Vincent est parti !

5. [À] [Au] fond, la seule chose qui m'intéresse, c'est la psychologie !

6. Je vais faire du ski. — [Avec] [À] ton âge ?

6 Répondez librement aux questions, de manière aussi détaillée que possible.

1. Êtes-vous plutôt émotif/émotive de tempérament ?

2. Qu'est-ce qui peut vous mettre en colère ?

3. Avez-vous lu un roman bouleversant, cette année ?

4. Vous est-il arrivé d'éprouver de la nostalgie ?

5. Quel genre de personnes admirez-vous le plus ?

7 À vous ! Dans votre culture (ou votre éducation), manifeste-t-on aisément ses émotions ? Lesquelles sont acceptées ? Comment les montre-t-on ?

8 Vous vous sentez un peu triste. Qu'est-ce que vous aimeriez qu'un(e) ami(e) fasse pour vous changer les idées ?

9 ▼ Associez une situation et une émotion.

1. La toute petite fille voit un énorme chien.   **a.** la pitié
2. Notre beau voyage a été annulé !   **b.** la joie
3. Il a vu un petit garçon handicapé.   **c.** la peur
4. Mon fils m'a menti encore une fois !   **d.** la surprise
5. J'ai vu un film sur une histoire d'amour impossible.   **e.** la déception
6. Une amie, que je n'ai pas vue depuis 20 ans, m'a téléphoné !   **f.** la colère
7. Tous leurs amis sont réunis pour la fête !   **g.** l'émotion

10 ▼ Complétez par un verbe approprié au passé composé.

1. Cet homme menaçant m'.................................... peur !
2. Nous .... très déçus par ce spectacle.
3. Je me .... en colère quand mon fils a fait tomber mon ordinateur !
4. Tu .... peur, quand tu as entendu le bruit ?
5. Nos amis nous .... une magnifique surprise.
6. Il .... une très grande émotion en écoutant cette histoire.

11 ▼ Que diriez-vous, dans les situations suivantes, pour exprimer votre émotion ?

Exemple : Vous voyez une personne seule et pauvre. → J'ai eu pitié d'elle, elle m'a fait pitié.

1. Vous voyez un film magnifique sur quelqu'un qui a survécu à des tragédies. ....
....

2. Vous vous trouvez tout(e) seul(e) dans un train, sans personne autour de vous. ....
....

3. Vous écoutez pour la soixantième fois votre vieille tante Ursule raconter son unique voyage à Paris.
....

4. On sonne à la porte : un ami que vous n'avez pas vu depuis plus de dix ans vient à votre anniversaire !
....

5. Votre petite fille a perdu son livre de mathématiques pour la troisième fois. ....
....

6. Vous avez vu le plus beau spectacle de votre vie. ....
....

7. Vous n'êtes pas retourné(e) dans votre pays, que vous adorez, depuis plusieurs années. ....
....

12 ▼ Choisissez les termes possibles.

1. Elle *éprouve / exprime / déteste / admire* des sentiments.
2. Ce bruit dans la rue *énerve / irrite / cache / exaspère* ma sœur.
3. Nous avons été *gênés / émus / bouleversés / énervés* par cette magnifique histoire.
4. Pour ma grande amie Jane, j'ai de *l'affection / la tristesse / la tendresse / l'amour*.
5. Il n'est pas agréable de ressentir de *la pitié / l'amour / la haine / la sympathie / la honte*.

Activités grammaire

13 ▸ **Transformez selon l'exemple.**

*Exemple : Elle part. → Il faut qu'elle **parte.***

1. Elle revient. → Il faut ....

2. Je finis ce travail. → ....

3. Nous prenons rendez-vous. → ....

4. Le dîner est prêt à 20 heures. → ....

5. Je sais conduire. → ....

6. Il va en Espagne. → ....

7. Nous faisons les courses. → ....

8. Il connaît Lyon. → ....

9. C'est fait. → ....

10. Tu mets une cravate. → ....

14 ▸ **Répondez aux questions.**

1. Il vient à Paris. Vous êtes content(e) ? — Oui, je suis content(e) qu'il ....

2. Nous ne partons pas avec toi. Tu es déçu(e) ? — Oui, je suis déçu(e) que vous ....

3. Il ne fait pas le ménage. Ça vous énerve ? — Oui, ça m'énerve qu'il ....

4. Ils ne vont pas aux sports d'hiver. Ça vous étonne ? — Oui, ça m'étonne qu'ils ....

5. Loïc n'est pas là. C'est normal ? — Non, ce n'est pas normal qu'il ....

6. Elle lit le courrier personnel de ses enfants. C'est bien ? — Non, ce n'est pas bien qu'elle ....

7. Il ne sait pas conduire. C'est bizarre ? — Oui, c'est bizarre qu'il ....

15 ▸ **Complétez par « tout » ou « toute ».**

1. Elle est .... triste.

2. Il est .... content.

3. Elle est .... étonnée.

4. Ils sont .... pâles.

5. Elle est .... joyeuse.

6. Ils sont .... énervés.

16 ▸ **Mettez les verbes au subjonctif présent.**

1. C'est bizarre que Léon ne .... pas *(savoir)* où est sa femme !

2. J'aimerais bien que tu .... *(faire)* le ménage.

3. Tu veux que je .... *(mettre)* la table ?

4. C'est dommage qu'ils .... *(partir)* maintenant !

5. Vous voulez que je .... *(venir)* avec vous ?

6. Ça m'énerve qu'elle ne .... jamais *(être)* à l'heure aux rendez-vous !

7. Ça me fait plaisir qu'ils .... *(pouvoir)* participer à la fête.

17 ▸ **Répondez librement aux questions, en vous inspirant de l'exemple.**

*Exemple : Qu'est-ce qui vous étonne ? — **Cela m'étonne que mon ami soit en retard.***

1. Qu'est-ce qui vous fait plaisir ? ....

2. Qu'est-ce qui vous exaspère ? ....

3. Qu'est-ce qu'il faut que vous fassiez, aujourd'hui ? ....

4. Qu'est-ce qui vous semble bizarre ? ....

5. Qu'est-ce que vous voulez que nous fassions ? ....

6. Qu'est-ce qu'il faut que vous lisiez, demain ? ....

7. Qu'est-ce qui vous amuse ? ....

8. Qu'est-ce qui vous agace ? ....

/40

18 🎧 **Écoutez le dialogue (piste 49 du CD). Vrai ou faux ?**

/10

1. Léon n'a pas donné de nouvelles.

2. Léon veut organiser une réunion.

3. Personne ne sait si Léon viendra ou non.

4. Antoine est en vacances.

5. Léon est en vacances lui aussi.

6. Antoine est le chef de l'équipe.

7. Il a accepté que Léon prenne des vacances.

8. Romain est furieux que Léon ne soit pas là.

9. Léon va prendre sa retraite.

10. Romain est plutôt émotif !

19 **Lisez le texte suivant et dites si les phrases sont vraies ou fausses.**

/10

Bonjour, mon cher Arthur !

Je viens de recevoir ton message. Je suis toute contente que tu partes pour une année scolaire en Allemagne. C'est une excellente idée ! Je suis un peu jalouse de toi, car, quand j'avais ton âge, mes parents n'ont pas voulu que j'aille à l'étranger, ce que j'ai toujours regretté. Il faut que tu saches que j'adore Berlin, qui est une ville fascinante. Cela me fait particulièrement plaisir que tu y fasses un long séjour. Il faudra que tu me dises tout ce que tu fais ! Je suis ravie que tu aies l'occasion de perfectionner ton allemand et de t'intégrer dans une culture étrangère (et voisine).

Tu aimerais probablement que tout le monde vienne te voir, ou en tout cas, tes meilleurs copains. À ce moment-là, il faudra que tu connaisses les moindres secrets de la ville. Il est bien possible que moi aussi, je vienne faire un tour à Berlin…

Tu vois, ton message m'a fait rêver. Ta tata préférée t'embrasse de tout cœur !

Agathe

1. Arthur a écrit à sa tante.

2. Elle approuve la décision de son neveu.

3. Elle n'a pas vécu à l'étranger.

4. Elle aime beaucoup Berlin.

5. Elle va y passer une année.

6. Agathe voudrait recevoir des nouvelles d'Arthur.

7. Arthur va commencer à étudier l'allemand.

8. Arthur aimerait recevoir des amis à Berlin.

9. Agathe voudrait venir à Berlin.

10. Elle aime bien son neveu !

20 **Racontez quelle a été (ou quelle pourrait être) la plus belle surprise de votre vie.**

/10

21 **Vous envoyez un mail à un(e) ami(e) pour raconter une soirée animée, pendant laquelle les convives ont manifesté (ou au contraire caché) différentes émotions.**

/10

....

....

....

....

....

....

Arts et littérature

 **1** DIALOGUE

Elle ne lit plus rien !

Héloïse : Virginie, est-ce que tu sais si Béatrice a lu du Makine ? Tu sais, c'est un auteur d'origine russe qui écrit ses romans en français.

Virginie : Aucune idée, mais de toute façon, cela m'étonnerait qu'elle en ait lu. Cela fait déjà plusieurs mois qu'elle ne lit plus rien ! Elle ne va plus jamais en librairie, alors que c'était sa passion ! Je ne sais pas ce qui lui arrive…

Héloïse : C'est peut-être par fatigue… Elle a tellement travaillé ! Pour revenir à la littérature, j'ai récemment découvert un texte de Modiano illustré par Sempé. C'est étonnant que cet auteur ait écrit ce genre de livre… Même si on retrouve des thèmes fréquents chez lui, c'est plus drôle et plus léger que d'habitude.

Virginie : Mais Héloïse, c'est un grand écrivain, donc il nous surprendra toujours.

 **2** DIALOGUE

Les prix littéraires

Boniface : Qu'est-ce qu'il y a comme prix littéraires, en France ! Je suis stupéfait qu'on en ait créé autant !

Jérôme : Tu as raison, Boniface, je crois qu'il y en a plusieurs centaines… Les Français adorent les récompenses ! Bien sûr, le prix Goncourt reste le plus important, à part le prix Nobel de littérature qui, lui, est international.

Boniface : Ceux-là sont renommés, mais à vrai dire, je n'en connais aucun autre.

Jérôme : Eh bien, tu as le prix Médicis, par exemple, qui récompense un nouveau roman ou un auteur débutant. Ou encore le prix Fémina qui, comme son nom l'indique, est décerné par un jury de femmes.

Boniface : D'un côté, c'est bien que les Français aient conservé cette passion pour le livre et la littérature. D'un autre côté, jamais personne ne se souvient du nom des auteurs qui ont reçu le prix Goncourt.

Jérôme : Je ne me souviens pas de tous, c'est sûr ! De mémoire, on se rappelle les plus célèbres, comme Proust, Camus, Duras ou Ben Jelloun. Il est tout de même intéressant que tant d'auteurs francophones aient été découverts grâce à ce prix. Il n'est donc pas inutile !

Deux grands peintres à Collioure :

Matisse et Derain

Matisse et Derain, pendant près de deux mois, peindront les sites remarquables de Collioure. Ils reproduisent pratiquement les mêmes lieux, mais jamais sous le même angle, il est évident qu'ils ne les saisissent pas au même moment, sauf pour quatre ou cinq pièces peut-être peintes en même temps. Après étude du travail effectué par les deux artistes pendant ces deux mois, il convient de souligner qu'ils peignaient chacun de leur côté. Ils se retrouvaient probablement pour discuter ou passer un moment ensemble, mais ils travaillaient séparément. En fait, les sites reproduits se trouvent constamment sous leurs yeux, aussi bien le Voramar que le Port d'Avall ou la plage de Saint-Vincent. [...]

Derain peint un plus grand nombre de tableaux de la plage du Voramar et du Port d'Avall. Matisse, lui, peint essentiellement des aquarelles et dessine beaucoup plus ces lieux que Derain. En fait, les dessins qu'il produit pendant cet été-là, une centaine, sont autant de prises de notes, mais ils n'aboutissent pas, dans leur majorité, à la réalisation de peintures.

Joséphine MATAMOROS, « L'incidence du site de Collioure et du paysage dans l'œuvre de Matisse et de Derain », *Matisse-Derain, Collioure 1905, un été fauve*, Catalogue d'exposition, © Éditions Gallimard.

EXPRESSIONS-CLÉS

- **Aucune idée !**
- **De toute façon.**
- **Qu'est-ce qu'il y a comme...** (= *quel nombre !*)
- **D'un côté,... d'un autre côté.**
- **De mémoire...**

5 DOCUMENT

Un auteur parle de l'un de ses livres

Pour en finir avec *Des bleus à l'âme* dont j'ai peu parlé, je dirais quand même que c'est peut-être le seul livre que je pourrais opposer à un détracteur de mon œuvre. Ce livre a beaucoup de défauts mais une liberté et par moments une poésie qui appartiennent à un écrivain ou en tout cas à quelqu'un qui fait pour écrire. Il y a de grands défauts, comme l'utilisation forcenée de l'adjectif « gai » qui, quelle que fût mon euphorie d'alors, n'aurait pas dû à ce point envahir ma prose. Mais il y a des choses sur la nature, sur les sentiments, sur l'avenir, sur ceci et sur cela qui font passer rapidement, sans à-coups, de l'amusement à l'émotion, cela avec une liberté que je ne me soupçonnais pas. Enfin, pour les gens qui ont envie de me connaître, c'est peut-être le plus personnel de mes livres.

Françoise SAGAN, *Derrière l'épaule*, © Plon.

Quelques grands photographes

L'histoire de la photo en France est marquée par quelques grands noms, représentant la photo dite « humaniste ». L'un des « pères fondateurs » en est certainement **Eugène Atget** (1857-1927) dont les images des « petits métiers de Paris », des boutiques sur le point de disparaître, des ouvriers et des pauvres constituent une extraordinaire source documentaire et artistique. De son côté, **Henri Cartier-Bresson** (1908-2004), qui a donné son nom à une fondation, a voyagé dans le monde entier. Il a été le témoin d'événements historiques majeurs : la guerre civile en Espagne, la libération de Paris, la victoire de Mao en Chine, sans compter ses reportages en Afrique, au Mexique, aux États-Unis, au Japon... Avec d'autres grands artistes, il crée, en 1947, la fameuse agence Magnum. **Marc Riboud** (né en 1923), fait aussi partie de ces photographes voyageurs, qui parcourent le monde et en reviennent avec des reportages : les plus connus montrent la Chine, le Vietnam pendant la guerre et la décolonisation en Afrique. Enfin, **Édouard Boubat** (1923-1999), lui aussi grand voyageur (Union Soviétique, Iran, Inde, Afrique, États-Unis), a été qualifié par Jacques Prévert de « correspondant de paix » (par opposition au « correspondant de guerre » des journaux).

D'autres photographes talentueux se concentrent sur Paris, comme **Willy Ronis** (1910-2009), ou, bien sûr, **Robert Doisneau** (1912-1994). Ce dernier a parcouru la capitale et ses faubourgs pour saisir les scènes de la vie quotidienne, les enfants et leurs jeux, les amoureux et les petits cafés de banlieue. Doisneau est devenu l'un des photographes français les plus célèbres.

Vocabulaire

Chaque réalisation artistique est une œuvre.

La littérature

La littérature comprend différents genres : le roman, la nouvelle *(= un roman très court)*, la poésie, le théâtre…

L'auteur d'une œuvre littéraire est un écrivain. Le romancier écrit des romans, le dramaturge écrit des pièces de théâtre et le poète écrit des poèmes.

Un livre est publié par une maison d'édition et chaque exemplaire est vendu en librairie.

Les lecteurs (lectrices) peuvent aussi emprunter un livre à la bibliothèque ou, parfois, le consulter en ligne, sur Internet.

Les arts visuels

Un peintre fait de la peinture : il peint un tableau. Un sculpteur fait de la sculpture : il sculpte une statue ou un relief. Un dessinateur fait un dessin, il dessine un objet, par exemple.

Les œuvres d'art sont exposées dans un musée ou sont vendues dans une galerie d'art.

Un historien d'art est spécialiste d'une période particulière, par exemple : l'art antique, l'art médiéval *(= du Moyen Âge)*, la Renaissance, l'art moderne, l'art contemporain…

Un amateur apprend à peindre, à dessiner, à sculpter…

La photo

Un(e) photographe fait/prend une photo[graphie], puis, si elle est réussie (≠ ratée), il la développe/l'imprime.

Il est possible de faire des photos en couleur ou en noir et blanc. Une photo peut être nette (≠ floue), bien (≠ mal) cadrée.

Utilisation de « grand »

L'adjectif « grand » peut signifier « de grande importance ».
- Balzac est un grand écrivain.
- Baudelaire est un grand poète.
- *Guerre et paix* est un grand roman de Tolstoï.

Civilisation

La culture

• La France accorde une grande place à la culture en général. C'est pourquoi il existe un ministère de la Culture.

• Les musées jouent un rôle fondamental dans la culture française : il en existe de très prestigieux à Paris (le Louvre, le musée d'Orsay, le Centre Pompidou), mais aussi en province : la fondation Maeght à Saint-Paul de Vence, le musée Toulouse-Lautrec à Albi, le musée Chagall à Nice, etc.

• De nombreux châteaux constituent de véritables musées : Versailles, Fontainebleau, Compiègne, Chenonceau…

• Chaque année a lieu « la nuit des musées » : plusieurs centaines de musées sont ouverts gratuitement très tard dans la nuit.

Un « grand homme » de la culture

André Malraux (1901-1976), écrivain, historien de l'art et homme politique, a été pendant dix ans ministre de la Culture. C'est lui qui a soutenu une loi obligeant à la restauration systématique du patrimoine français (monuments historiques en particulier).

Le livre en France

• La France est très attachée à l'édition et au livre. Malgré les difficultés économiques, de nombreuses librairies indépendantes fonctionnent, surtout dans les villes universitaires.

• Depuis 1981, la loi Lang oblige les éditeurs à vendre les livres à un tarif unique. Cette loi a sauvé les librairies indépendantes.

• Chaque année a lieu à Paris le « Salon du livre », où se retrouvent éditeurs, écrivains, poètes, journalistes, libraires, critiques littéraires…

• Enfin, depuis 1859, une belle tradition parisienne offre aux bouquinistes un emplacement le long de la Seine. Ces célèbres « boîtes » vertes sont classées au patrimoine mondial de l'UNESCO. L'amateur peut acheter des livres d'occasion ou de collection, des cartes postales, des magazines anciens, etc.

Grammaire

Le subjonctif passé

Il se construit comme le passé composé, mais l'auxiliaire « avoir » ou « être » est au subjonctif présent :

FAIRE

(que) j'**aie** fait

    tu aies fait

    il/elle/on ait fait

    nous ayons fait

    vous ayez fait

    ils/elles aient fait

ALLER

(que) je **sois** allé(e)

    tu sois allé(e)

    il/elle/on soit allé(e)(s)

    nous soyons allé(e)s

    vous soyez allé(e)(s)

    ils/elles soient allé(e)s

S'OCCUPER

(que) je me **sois** occupé(e)

    tu te sois occupé(e)

    il/elle/on se soit occupé(e)(s)

    nous nous soyons occupé(e)s

    vous vous soyez occupé(e)(s)

    ils/elles se soient occupé(e)s

Usage du subjonctif passé

Il s'utilise pour parler d'un événement passé sur lequel on porte un jugement subjectif présent.

- Vous avez été malade ? Je suis désolé *(maintenant)* que vous **ayez été** malade *(hier)*.
- C'est dommage *(maintenant)* qu'elle **ne soit pas venue** avec nous *(le week-end dernier)*.
- Elle était ravie *(lundi dernier)* que nous **soyons allés** la voir *(le week-end précédent)*.
- Je regrette qu'il **soit parti** si vite !

Le subjonctif passé est donc particulièrement fréquent après des expressions telles que :

être bien/bizarre/dommage que…

regretter que…

être content/déçu/désolé que…

La négation complexe

- **Ne … aucun(e) / Aucun(e) ne…**

    — Où est Sonia ?

    — Aucune idée ! Je n'ai aucune idée de l'endroit où elle se trouve.

    - Aucun ami n'habite dans ce quartier. *(= pas un seul)*

- **Ne… plus personne / Plus personne ne…**

    - J'ai déménagé il y a longtemps, je ne connais plus personne dans cette ville.

    - Plus personne ne fume dans ma famille, tout le monde a arrêté de fumer.

- **Ne… jamais personne / Jamais personne ne…**

    - Il ne verra jamais personne s'il ne sort pas de chez lui !

    - Jamais personne ne pourra la consoler ! Elle est trop triste.

- **Ne… nulle part / Nulle part…**

    - Elle ne trouve nulle part ce livre rare. *(= dans aucun endroit)*

    - Nulle part je n'ai trouvé ce renseignement.

- **Ne… plus rien / Plus rien ne…**

    - Elle est anorexique, elle ne mange plus rien !

    - Plus rien ne m'étonne, maintenant !

- **Ne… plus jamais / Plus jamais…**

    - C'est fini, je n'irai plus jamais au cinéma avec elle !

    - Plus jamais nous ne retournerons dans ce restaurant !

On peut même faire des combinaisons plus élaborées :

- Puisque tu as révélé mon secret, je ne te dirai **plus jamais rien** !

Omission de l'article

Dans de nombreuses expressions, l'article (défini ou indéfini) disparaît, en particulier après des prépositions :

- C'est un auteur **sans valeur**. Elle mange des pâtes **par habitude**. L'avocat a défendu son client **avec talent**. Ils ont cité Flaubert **de mémoire**.

Dans certaines listes :

- Ils ont tout donné : livres, vêtements, meubles et bijoux !

Activités communication

1 Vrai ou faux ?

DIALOGUE 1

a. Béatrice n'emprunte jamais de livre à la bibliothèque.　**c.** Virginie trouve que Modiano est un écrivain de valeur.

b. Héloïse vient de lire un livre de Modiano.

DIALOGUE 2

d. Le prix Goncourt est international.　**f.** Jérôme connaît tous les écrivains ayant reçu le prix

e. Le prix Fémina est réservé aux écrivains féminins.　Goncourt.

2 DOCUMENT 3 · Vrai ou faux ?

1. Matisse et Derain ont peint les mêmes lieux.　**3.** Derain dessine plus que Matisse.

2. Ils peignaient ensemble.

3 DOCUMENT 4 · Répondez aux questions.

1. Quel était le sujet principal des photos d'Atget ? ....

2. Lesquels des photographes cités ont énormément voyagé ? ....

3. L'un des photographes cité est mort presque centenaire. Lequel ? ....

4. De qui Prévert parlait-il en l'appelant « correspondant de paix » ? ....

5. Quel photographe est le plus connu pour ses photos de Paris ? ....

4 DOCUMENT 5 · Vrai ou faux ?

1. Sagan n'aime pas son propre livre *Des bleus à l'âme*.　**2.** Sagan est surprise par sa propre liberté de ton.

5 Choisissez la bonne réponse.

1. Tu connais la chronologie des rois de France ? — [De la]　[De] mémoire, non.

2. [D'un]　[De] côté, je suis très content, [d'un autre]　[d'autre] côté, je suis inquiet.

3. Qu'est-ce qu'il y a [comme des]　[comme] librairies, dans ce quartier !

4. Nous lirons ce livre de [chaque]　[toute] façon.

5. Où se trouve la bibliothèque ? — [Pas d']　[Aucune] idée !

6 Quelle est la place du livre dans votre culture ? Existe-t-il de nombreuses librairies ? Des bibliothèques sont-elles facilement accessibles ?

7 Existe-t-il un équivalent des bouquinistes parisiens ? Où trouve-t-on des livres d'occasion ou des livres rares et anciens ?

8 Quels sont les musées les plus importants de votre ville (ou région, ou pays) ?

9 Les écrivains sont-ils respectés, publiés, interviewés dans votre pays ? La littérature constitue-t-elle une partie importante des études, à l'école et au lycée ?

10 Quels sont les photographes d'art les plus connus dans votre pays ?

11 À vous ! Quelle place donnez-vous à la culture ? Trouvez-vous important que les enfants pratiquent un art ? Considérez-vous que l'État doit encourager la pratique littéraire et artistique ?

Activités vocabulaire et civilisation

12 Choisissez la bonne réponse.

1. [Ce roman] [Cette nouvelle] fait 400 pages.

2. Il [emprunte] [achète] un livre dans une librairie du Quartier latin.

3. Rodin est un très grand [sculpteur] [sculpture].

4. Les photos de Cartier-Bresson sont [réussies] [ratées].

5. Il est spécialiste de l'art médiéval, c'est un [artiste] [historien d'art].

6. René Char est un [dramaturge] [poète], il a écrit des poèmes.

7. Ionesco a écrit de nombreuses [œuvres] [pièces] de théâtre.

13 Dites si le mot désigne une personne ou une chose.

a. une personne :	**b.** une chose : ....

1. un roman

2. une œuvre

3. une peinture

4. un peintre

5. un dessin

6. un photographe

7. un poète

8. une photographie

9. une poésie

10. un poème

14 Choisissez les termes possibles.

1. Un photographe *fait / dessine / imprime / emprunte / prend* une photo.

2. Un peintre fait *une photo / de la peinture / un tableau / une galerie / une œuvre.*

3. Un auteur écrit *un roman / un dessin / une œuvre / une nouvelle / un exemplaire.*

4. *Le roman / la bibliothèque / le théâtre / le poète / l'œuvre* sont des genres littéraires.

5. On peut *écrire / publier / développer / lire / apprendre* un livre.

15 Associez pour constituer une phrase complète.

1. La librairie a vendu

2. À mon avis, cette photo n'est pas

3. Les tableaux de ce peintre sont exposés

4. Nous avons emprunté plusieurs livres

5. Cette maison d'édition a publié

6. Je n'ai pas pu consulter

7. Cet écrivain n'a plus écrit

a. toutes les œuvres de ce poète.

b. à la bibliothèque.

c. cette pièce de théâtre en ligne.

d. de romans depuis longtemps.

e. au musée d'art moderne.

f. assez nette.

g. 10 000 exemplaires de ce livre.

16 Vrai ou faux ?

1. Il n'existe presque plus de librairies en France.

2. Chez les bouquinistes, on peut acheter des livres rares.

3. Tous les musées se trouvent à Paris.

4. Le château de Fontainebleau constitue un véritable musée.

5. Les livres sont vendus partout en France au même prix.

6. André Malraux a été un ministre de la Culture très influent.

7. Un salon du livre a lieu tous les cinq ans à Paris.

Activités ▸ grammaire

17 ▸ **Transformez les phrases au subjonctif passé, selon l'exemple :**

*Exemple : Il n'a pas téléphoné. → C'est curieux **qu'il n'ait pas téléphoné**.*

1. Il n'est pas venu. → Je suis déçu qu'il ....

2. Elle n'a pas pris de photo. → Je suis furieuse qu'elle ....

3. Il y a eu un problème technique. → Ça ne m'étonne pas qu'il ....

4. Elle est arrivée en retard. → C'est bizarre qu'elle ....

5. Ils n'ont pas voulu visiter ce musée. → Ce n'est pas normal qu'ils ....

6. Vous avez été malade. → Je suis désolé que vous ....

7. Ils sont allés au théâtre. → Je trouve bien qu'ils ....

8. Vous avez pu écrire un roman. → C'est merveilleux que ....

9. Tu n'as pas visité le château de Vaux-le-Vicomte. → C'est dommage que tu ....

10. Ils se sont trompés de numéro. → C'est curieux qu'ils ....

18 ▸ **Répondez par la négative, en utilisant « plus personne », « nulle part », « plus rien », « plus jamais ».**

1. Tu as réussi à trouver ce livre ? — Non, ...

2. Elle retournera dans cette ville ? — Non, c'est fini, ...

3. Il y a encore des gens qui se servent de ce logiciel ? — Non, ...

4. Il continue à boire ? — Non, c'est terminé, ...

5. Vous connaissez encore des gens dans ce village ? — Non, ...

6. Tu as déjà vu quelque part ce genre de choses ? — Non, ...

7. Vous comprenez encore quelque chose à cette situation ? — Non, ...

19 ▸ **Complétez librement en utilisant le subjonctif passé.**

1. Nous regrettons que ....

2. Il est vraiment dommage que ....

3. C'est bien que ....

4. Cela ne m'étonne pas que ....

5. Elle n'est pas contente que ....

6. C'est bizarre que ....

7. Je suis désolé que ....

8. Nous sommes déçus que ....

20 ▸ **Complétez librement (mais avec une certaine logique !).**

1. .... qu'elle ne soit pas partie.

2. .... que vous vous soyez disputés !

3. .... qu'ils n'aient pas pu voir cette exposition.

4. .... qu'elle ait publié deux romans la même année.

5. .... que ces photos aient été ratées.

6. .... que ce tableau ait été vendu pour une fortune !

/40

/10

21 🎧 **Écoutez le dialogue (piste 52 du CD). Vrai ou faux ?**

1. Roland ne veut plus faire de photo.
2. Cette décision surprend Colette.
3. Roland avait un talent fabuleux.
4. Valentine va organiser une exposition.
5. Colette connaît une galerie d'art.

6. Roland ne sera pas facile à convaincre.
7. Roland n'est pas très sociable.
8. Colette veut devenir artiste.
9. Roland va faire de la peinture.
10. Roland n'a pas de talent de peintre.

 /10

22 **Lisez le texte suivant et dites si les phrases sont vraies ou fausses.**

Étudiant en médecine, journaliste, romancier, feuilletoniste, caricaturiste, aérostier, Félix Tournachon, dit **Nadar** (1820-1910), s'impose surtout dans le domaine de la photographie. En 1854, il s'installe au n° 113 de la rue Saint-Lazare et entreprend des recherches sur le collodion. Il réalise alors les premières photographies aériennes prises en ballon. Son atelier devenant trop restreint, il s'installe au 35, bd des Capucines. En 1861, vingt-cinq ans après la naissance de la photographie, il dépose son brevet de photographie aux lumières artificielles. Pour tester son invention, il réalise deux reportages dans les égouts et les catacombes de Paris. Portraitiste incomparable, on lui doit les meilleurs portraits de Victor Hugo, Baudelaire, Delacroix, Lamartine. Délaissant la photographie, il se lance dans la navigation aérienne. Ses expériences sont un gouffre financier, et il décide de louer son studio à des peintres qui deviendront les impressionnistes.

Guide Bleu Paris, © Hachette, 2005.

1. Nadar a pratiqué plusieurs activités.
2. Ses premières photos ont été prises en hauteur.
3. Il n'a pas changé d'adresse.
4. Il a inventé la photographie.
5. Il a pratiqué la photo avec lumière artificielle.

6. Il a fait des photos en sous-sol.
7. Il a fait des portraits d'artistes.
8. Il a continué à faire de la photo jusqu'à sa mort.
9. Il a perdu de l'argent.
10. Il a été en contact avec les impressionnistes.

/10

23 **Parlez de votre rapport personnel aux arts et à la littérature. Pratiquez-vous un art visuel, comme la peinture, la sculpture ou le dessin ? Aimez-vous lire ? Avez-vous déjà écrit des romans ou de la poésie ?**

/10

24 **Choisissez un(e) artiste qui, pour vous, représente un personnage fondamental de votre culture. Parlez de sa vie, de son œuvre et dites pourquoi il vous semble si important.**

....
....
....
....
....
....
....
....
....

Les jeunes

 **1** DIALOGUE

La crise d'adolescence

Valentine : Alors, comment va ton fils ?

Philippe : Plus ou moins bien. Il est en pleine crise d'adolescence…

Valentine : Le mien aussi ! C'est assez pénible, je dois dire !

Philippe : Quand ils auront passé cette période, ce sera plus facile pour tout le monde.

Valentine : J'espère bien ! Tu sais ce que Gauthier m'a annoncé, hier ? Quand il aura fini sa classe de première, il arrêtera ses études et il partira en Australie !

Philippe : Pour faire quoi ?

Valentine : Excellente question… c'est celle que je lui ai posée. Évidemment, il n'a pas répondu. Tu sais bien, les parents sont trop bêtes pour comprendre.

Philippe : Je te parie que demain, il aura encore changé d'avis.

Valentine : Je souhaite que tu aies raison. À quoi Gauthier arrivera s'il n'a pas au moins le bac ?

 **2** DIALOGUE

Doué ou paresseux ?

Simon : Qu'est-ce que tu comptes faire, quand tu auras passé ton bac ?

Son neveu : Écoute, tonton, d'abord, c'est la rentrée, je suis en terminale, je n'ai pas encore réfléchi !

Simon : Mon cher neveu, c'est juste une question… Une fois que tu auras fini cette année, tu devras bien choisir ton orientation. Tu as certainement des projets, non ?

Son neveu : Je ferai peut-être une grande école.

Simon : Laquelle ?

Son neveu : Celle qui me permettra de faire des maths. Tu sais que j'adore ça.

Simon : Et que tu es doué, c'est vrai. Cela dit, c'est toujours la même chose avec les jeunes : ceux qui sont doués ne font rien (excuse-moi), et ceux qui travaillent comme des fous n'ont pas de talent.

Son neveu : Ah bon ? Je ne connaissais pas ta théorie sur la question… Et d'après toi, j'appartiens à quelle catégorie ?

Simon : Devine ! À celle des paresseux intelligents, mon adorable neveu !

L'ascenseur social

Chaque génération a bénéficié pendant des siècles (notamment depuis le début du XIXᵉ) d'une sorte d'« assurance-progrès » par rapport à celle qui la précédait. Grâce à la formation scolaire et à la croissance économique, les enfants obtenaient dans leur très grande majorité un statut social plus élevé que celui de leurs parents et des revenus plus importants. Ils pouvaient profiter des bienfaits de l'évolution scientifique et technique, sous la forme notamment de biens d'équipement, qui leur rendaient la vie plus facile et plus agréable.

Cette progression systématique a été remise en cause depuis le milieu des années 70, avec l'arrivée de la « crise » et de ses conséquences : chômage, délinquance, précarité, incertitude… Les jeunes ont dû prendre conscience à leurs dépens que l'ascenseur social pouvait descendre ou rester bloqué entre les étages et que le diplôme ne constituait plus une garantie. Cette évolution a des conséquences importantes sur la vision de la vie des différentes générations. Elle explique en partie les mouvements de protestation des lycéens et étudiants lors de la promulgation du CPE (contrat première embauche) au début 2006. Les enfants sont frustrés, et les parents inquiets pour leur avenir se trouvent obligés de les aider, parfois sur une longue durée, ce qui modifie les conditions de leur propre vie et ampute leurs revenus. Les grands-parents participent aussi lorsqu'ils le peuvent à cette solidarité intergénérationnelle inversée.

Gérard MERMET, *Francoscopie 2007*,
© Larousse 2006.

Les cancres

Si tous les mauvais élèves ne deviennent pas des génies, de nombreux artistes étaient indéniablement des cancres. Certains d'entre eux ont même utilisé ce thème dans leurs œuvres. Ainsi, Jacques Prévert, qui quitte l'école à 15 ans, a publié un célèbre poème, *Le Cancre*. Un autre fameux « mauvais garçon », le cinéaste François Truffaut, arrêtera ses études à 14 ans. Son attachement à l'enfance plus ou moins incomprise se manifestera dans de nombreux films *(Les 400 coups, L'Argent de poche)*. Le grand dessinateur Sempé reconnaît avoir été mauvais élève et suffisamment indiscipliné pour être renvoyé de son collège.

Cependant, on rappellera que certains rebelles notoires, tels Arthur Rimbaud, ont été d'excellents élèves !

La composition d'arithmétique

Ce matin, je ne voulais pas aller à l'école parce qu'on avait composition d'arithmétique. Moi, je n'aime pas les compositions, d'abord parce que ça dure deux heures et qu'on rate une récré. Et puis aussi parce qu'il faut drôlement étudier avant. Et puis après, on vous pose des questions que vous n'avez pas étudiées. On a des mauvaises notes et à la maison, votre maman vous gronde et votre papa vous dit que vous n'arriverez jamais à rien, et que lui, quand il avait votre âge, il était toujours premier et que son papa à lui était toujours très fier de votre papa à vous. Et puis encore, quand c'est de l'histoire ou de la géographie, il y a des fois où on a de la veine et où on vous demande de raconter les aventures de Jeanne d'Arc, qui sont chouettes, ou les aventures de la Seine, et ça je les savais. Mais en arithmétique, c'est terrible parce qu'il faut penser.

Et c'est pour ça que, lorsqu'il y a composition d'arithmétique, on essaye tous d'être malades à la maison. Mais les mamans ne veulent rien savoir et elles nous envoient à l'école.

GOSCINNY et SEMPÉ, *Histoires inédites du petit Nicolas*, volume 2,
© Éditions IMAV.

EXPRESSIONS-CLÉS

- **Plus ou moins bien.**
- **C'est assez pénible !**
- **J'espère bien !**
- **Pour faire quoi ?** *(familier)*
- **D'après moi/toi/lui/elle…**
  (= à mon/ton/son avis…)
- **Qu'est-ce que tu comptes faire ?**

Vocabulaire

L'école

La scolarité est obligatoire de 7 à 16 ans. Les très jeunes enfants vont à l'école maternelle, qui n'est pas obligatoire.

À l'âge de 7 ans, les enfants entrent à l'école primaire, qui comprend cinq niveaux : le CP, le CE1, le CE2, le CM1, le CM2. Les écoliers apprennent à lire, écrire, compter, dessiner…

Le collège et le lycée

À la fin de l'école primaire, les élèves entrent au collège : les collégiens vont être en sixième (6ème), puis en cinquième (5ème), en quatrième (4ème), en troisième (3ème).

Enfin, les élèves entrent au lycée : en seconde (2de), en première (1ère), puis en terminale. Un examen finit la scolarité, le baccalauréat (« le bac »).

- J'ai eu (≠ j'ai raté) mon bac !

Les matières

Les élèves étudient différentes matières, selon leur âge et leurs préférences. Les plus importantes sont le français, les mathématiques (« les maths »), l'histoire, la géographie, les sciences de la vie et de la Terre et les langues vivantes.

En sixième, les élèves commencent à apprendre une première langue étrangère, et en quatrième, une deuxième langue.

L'université

Enfin, s'ils ont réussi le bac, les lycéens deviennent des étudiants, car ils vont à l'université, à la « fac » (= faculté). Certains étudiants « font » une grande école : ce sont des sortes d'universités très difficiles, opérant une dure sélection à l'entrée. On doit préparer un « concours d'entrée ».

Les grandes écoles les plus connues sont : l'École polytechnique, l'École des mines, l'École centrale (les trois sont scientifiques, *voir unité 8*) ; l'École normale (qui prépare les professeurs) ; l'IEP (Institut d'études politiques), que tout le monde appelle « Sciences-po » et qui forme des sociologues, politiciens, journalistes, professeurs ; l'ENA (École nationale d'administration),

que choisissent les futurs hauts fonctionnaires du gouvernement et la plupart des politiciens.

Les jeunes et leurs problèmes

Au moment de la « crise d'adolescence », les jeunes sont mal (≠ bien) dans leur peau : ils se sentent mal à l'aise.

C'est aussi une période de rébellion (= révolte) contre les parents et l'autorité. En même temps, les jeunes font preuve de conformisme avec leurs camarades : il est important de s'habiller comme les autres, de regarder les mêmes films, de passer des heures sur les mêmes sites Internet…

Les jeunes ont de plus en plus de mal à trouver du travail : ils souffrent du chômage. L'insertion dans la vie active est difficile.

Questions de société

De très nombreux débats concernent les grands problèmes de la société, surtout quand il s'agit des jeunes. On s'inquiète des « comportements à risques » et des dangers qui menacent la jeunesse : la drogue, l'excès d'alcool, la délinquance, le sida, les violences de toutes sortes, le racisme…

D'un autre côté, on encourage les jeunes à s'impliquer dans des activités culturelles (théâtre, danse), sportives, humanitaires, politiques…

Civilisation

- **La rentrée** : c'est un moment particulièrement important en France. Après les grandes vacances d'été, les élèves retournent en classe : c'est « la rentrée scolaire ». On parle aussi de « rentrée politique », « rentrée littéraire ». On a l'impression que le pays se réveille d'un long sommeil !

- **« La chute du niveau »** : les discussions sur le système scolaire constituent une longue tradition française. Elles aboutissent toujours à la même conclusion : la chute du niveau est spectaculaire et inquiétante !

- **Jules Ferry** (1832-1893) est un homme politique qui a favorisé l'école « laïque, publique, gratuite et obligatoire », à laquelle les Français sont profondément attachés.

Grammaire

Le futur antérieur

Il se construit comme le passé composé, mais l'auxiliaire « avoir » ou « être » est au futur simple.

FAIRE

j'**aurai** fait

tu auras fait

il/elle/on aura fait

nous aurons fait

vous aurez fait

ils/elles auront fait

ALLER

je **serai** allé(e)

tu seras allé(e)

il/elle/on sera allé(e)(s)

nous serons allé(e)s

vous serez allé(e)(s)

ils/elles seront allé(e)s

S'OCCUPER

je me **serai** occupé(e)

tu te seras occupé(e)

il/elle/on se sera occupé(e)(s)

nous nous serons occupé(e)s

vous vous serez occupé(e)(s)

ils/elles se seront occupé(e)s

Usage du futur antérieur

• Il permet de parler d'une première action nécessaire avant une deuxième, dans le futur.

. Quand j'**aurai fini** ce travail *(première action, qui doit être réalisée avant la seconde)*, je sortirai.

. Une fois qu'il **se sera inscrit** à la faculté des lettres, il aura tous les avantages d'un étudiant.

. Dès qu'ils **auront vendu** leur appartement, ils achèteront une maison à la campagne.

Le futur antérieur est donc généralement utilisé après « quand », « une fois que », « dès que » *(= immédiatement après)*.

• Employé seul, le futur antérieur peut aussi exprimer un fait accompli dans le futur.

. Dans une semaine, il **sera parti** en Californie.

. Mardi prochain, à la même heure, elle **aura signé** son contrat.

• Enfin, toujours employé seul, il peut exprimer une possibilité, une supposition.

. Il n'est pas là ? Il **aura encore oublié** la réunion ! *(= je suppose qu'il a oublié)*

. Ils ne sont pas encore arrivés ? Ils **auront eu** un problème sur la route.

Les pronoms possessifs

masc. sing.	fém. sing.	masc. plur.	fém. plur.
le mien	la mienne	les miens	les miennes
le tien	la tienne	les tiens	les tiennes
le sien	la sienne	les siens	les siennes
le nôtre	la nôtre	les nôtres	les nôtres
le vôtre	la vôtre	les vôtres	les vôtres
le leur	la leur	les leurs	les leurs

— C'est votre voiture ?

— Oui, c'est la mienne.

— Mon fils est à la fac de droit. Et le vôtre ?

— Le mien est à la fac de pharmacie.

Les pronoms démonstratifs

masc. sing.	fém. sing.	masc. plur.	fém. plur.
celui	celle	ceux	celles
celui-ci/là	celle-ci/là	ceux-ci/là	celles-ci/là

— Dans quel restaurant allez-vous ?

— Dans celui qui se trouve près de chez nous.

— Quelles fleurs préfères-tu ? Celles-ci ou celles-là ?

— Je préfère celles-là, celles que tu as achetées hier.

Ceci, cela

C'est un pronom démonstratif neutre. « Ceci » désigne un objet ou une idée plus proche que « cela ».

. Je trouve tout cela *(= toute cette histoire)* bizarre. Ceci ne veut pas dire que je ne te crois pas !

. Fais comme ceci !

. J'ai lu ceci dans le journal.

. Cela étant dit… *(= après toutes ces paroles…)*

☛ La distinction entre « ici » (ou « ci ») et « là » tend à disparaître. Il est courant d'employer indifféremment « ceci, celle-ci » et « cela, celle-là ».

Activités communication

1 ▸ Vrai ou faux ?

DIALOGUE 1

a. La crise d'adolescence n'est pas facile pour les parents.

b. Gauthier partira en Australie après son bac.

c. Philippe pense que Gauthier est déterminé à partir.

DIALOGUE 2

d. Le neveu a son bac.

e. Le neveu aime les mathématiques.

f. L'oncle pense que son neveu n'est pas travailleur.

2 ▸ DOCUMENT 3 • Retrouvez dans le texte un synonyme des mots suivants.

1. Les études →..

2. Des salaires → ....

3. L'absence de travail → ....

4. Les élèves du lycée → ....

3 ▸ DOCUMENT 4 • Vrai ou faux ?

1. Tous les génies étaient des mauvais élèves.

2. Prévert n'a pas fait d'études universitaires.

3. Les films de Truffaut parlent d'Arthur Rimbaud.

4. Rimbaud était un cancre, lui aussi.

4 ▸ DOCUMENT 5 • Choisissez la bonne réponse.

1. Le petit Nicolas n'aime pas les [compositions] [récréations].

2. Il a souvent des [bonnes] [mauvaises] notes.

3. Il aime bien certains devoirs d'[histoire] [arithmétique].

4. Nicolas [est] [fait semblant d'être] malade, quand il y a une composition.

5 ▸ Associez pour constituer un dialogue.

1. Tout s'arrangera, tu verras !

2. C'est dur, en ce moment, ma fille passe le bac.

3. Mon fils ne sait pas quoi étudier.

4. Elle a décidé d'arrêter ses études.

5. Ça y est, j'ai eu mon bac !

6. Cela se passe bien, avec tes enfants ?

a. Et pour faire quoi, alors ?

b. Plus ou moins bien !

c. J'espère bien…

d. Et qu'est-ce que tu comptes faire, maintenant ?

e. Oui, je comprends, c'est assez pénible !

f. D'après toi, qu'est-ce qu'il devrait faire ?

6 ▸ À vous ! Répondez librement aux questions.

1. Étiez-vous plutôt un cancre ou plutôt un(e) bon(ne) élève ?

2. Quelles étaient vos matières préférées, quand vous étiez adolescent(e) ?

3. Dans votre pays, à quel âge commence-t-on à étudier une langue étrangère ? Est-ce obligatoire ? Quelles langues sont les plus couramment enseignées ?

4. Votre pays connaît-il ce phénomène de « la rentrée », si spectaculaire en France ?

7 ▸ Que ferez-vous quand vous aurez terminé cet exercice ?

Activités vocabulaire et civilisation

8 ▸ Vrai ou faux ?

1. Le collège est obligatoire.

2. L'école primaire est une grande école.

3. Les élèves apprennent une deuxième langue en seconde.

4. Le bac est nécessaire pour entrer à l'université.

5. Un enfant de 5 ans n'est pas obligé d'aller à l'école.

6. Le français est une matière importante.

7. Un bac ne suffit pas pour entrer dans une grande école.

9 ▸ Complétez par les termes appropriés.

1. Pendant la .... d'adolescence, les jeunes se sentent parfois mal dans leur ....

2. Ils ne trouvent pas facilement du travail, ils restent souvent au ....

3. Parmi les .... à risques, on relève la consommation de drogue.

4. Il est bénéfique pour les jeunes d'avoir des .... culturelles ou sportives.

5. Mon fils fait preuve de .... en face de ses camarades : il veut faire exactement la même chose que les autres.

6. Ma fille prépare le .... d'entrée à l'École normale.

10 ▸ Éliminez l'intrus.

1. polytechnique / centrale / primaire / normale

2. chômage / rébellion / révolte / crise

3. sciences / drogue / géographie / histoire

4. collège / lycée / concours / université

5. examen / bac / sixième / concours

11 ▸ Choisissez la bonne réponse.

1. La [délinquance] [jeunesse] constitue un danger pour les jeunes.

2. Il encourage ses enfants à participer à des [comportements] [activités] humanitaires.

3. L'École polytechnique forme des [scientifiques] [professeurs].

4. Anaïs [entre] [prépare] en terminale.

5. Ce garçon de 15 ans est en pleine [activité] [crise] d'adolescence !

6. Ils sont très fiers, car leur fille a [eu] [raté] son bac avec la mention « très bien ».

7. Maintenant qu'il est à la fac, il est [élève] [étudiant].

12 ▸ Répondez aux questions suivantes.

1. Qu'est-ce qui peut être « politique » ou « scolaire » ? ....

2. Qu'est-ce qui est « laïque, publique, gratuite et obligatoire » ? ....

3. De quoi les Français parlent-ils depuis très longtemps ? ....

4. Comment s'appelle l'homme politique important pour l'histoire de l'école en France ? ....

5. Qu'est-ce qui chute de plus en plus, d'après la plupart des Français ? ....

Activités grammaire

13 Complétez au futur antérieur.

1. Elle sera guérie de son chagrin d'amour quand elle .... *(oublier)* Benjamin.

2. Il partira en vacances quand il .... *(obtenir)* son baccalauréat.

3. Vous reviendrez quand vous .... *(trouver)* une solution.

4. Elles m'enverront un mail dès qu'elles .... *(arriver)* .

5. Je te prêterai ce livre dès que je l' .... *(finir)*.

6. Elle fera les exercices quand elle .... *(comprendre)* la leçon.

7. Tu me téléphoneras dès que tu .... *(recevoir)* des nouvelles de Dora ?

8. Une fois que je .... *(aller)* dans ce quartier, je saurai y retourner sans consulter le plan.

9. Dès qu'elle .... *(se maquiller)*, ils sortiront.

10. Quand ils .... *(s'adapter)* à leur nouvelle vie, ils se sentiront mieux.

14 Constituez des phrases sur le modèle de l'exercice n° 13.

*Exemple : faire cuire le poulet / préparer le dessert → Quand **j'aurai fait cuire** le poulet, **je préparerai** le dessert.*

1. lire ce livre / donner son opinion → Une fois que tu ....

2. trouver un travail / être soulagé → Quand il ....

3. arriver / appeler leurs amis → Dès qu'ils ....

4. s'inscrire à un cours de gym / se sentir mieux → Une fois qu'elle ....

5. revenir de voyage / montrer des photos → Quand nous ....

6. sortir de la crise d'adolescence / être plus heureuse → Quand ma fille ....

7. se lever / s'habiller → Dès qu'ils ....

15 Complétez par « celui », « celle », « ceux », « celles ».

1. Je n'aime pas beaucoup ce film, je préfère .... que nous avons vu mardi dernier.

2. Quels vêtements est-ce qu'il met ? — .... qu'il a sortis de son placard.

3. C'est la rue où habite Benjamin ? — Non, c'est .... où habite Félix.

4. Tu préfères les photos de Doisneau ou .... de Cartier-Bresson ?

5. Vous allez souvent dans cette ville, non ? — Oui, c'est .... que j'aime le plus !

6. Passe-moi le grand plat, ... qui est sur l'étagère de droite.

7. Tiens, tu as une nouvelle robe ! — Non, c'est .... que j'ai mise pour aller au théâtre.

8. Regarde les chaussures noires ! — .... -ci ?

16 Complétez par les pronoms possessifs appropriés.

1. — Dans mon école, on fait beaucoup de gym. Et dans .... ?

2. — Dans .... , on fait plutôt du théâtre.

3. Ce sont les chaussures de Fabienne ? — Oui, ce sont ....

4. J'aime mieux votre maison que celle des Maubert. .... a plus de charme.

5. Tu crois que c'est la voiture d'Anne et Christian ? — Non, ... est blanche.

6. Ce sont tes lunettes ? — Non, ... sont là !

7. C'est votre billet ? — Oui, c'est ....

👂 17 🎧 Écoutez le dialogue (piste 55 du CD). Vrai ou faux ?   .... /10

1. La fille de Colette a réussi un examen.
2. La fille d'Étienne aussi.
3. La fille d'Étienne ne va pas aller à l'université.
4. Elle adore l'histoire et l'archéologie.
5. Étienne n'est pas d'accord avec le choix de sa fille.

6. La fille d'Étienne n'était pas facile.
7. La fille de Colette veut faire une grande école.
8. Colette est inquiète pour sa fille.
9. La fille de Colette ne travaille peut-être pas assez.
10. Les deux filles n'ont pas de points communs.

👁 18 Lisez le texte suivant et dites si les phrases sont vraies ou fausses.   .... /10

Donc, j'étais un mauvais élève. Chaque soir de mon enfance, je rentrais à la maison poursuivi par l'école. Mes carnets disaient la réprobation de mes maîtres. Quand je n'étais pas le dernier de ma classe, c'est que j'en étais l'avant-dernier. (Champagne !) Fermé à l'arithmétique d'abord, aux mathématiques ensuite, profondément dysorthographique, rétif à la mémorisation des dates et à la localisation des lieux géographiques, inapte à l'apprentissage des langues étrangères, réputé paresseux (leçons non apprises, travail non fait), je rapportais à la maison des résultats pitoyables que ne rachetaient ni la musique, ni le sport, ni d'ailleurs aucune activité parascolaire.

— Tu comprends ? Est-ce que seulement tu *comprends* ce que je t'explique ?

Je ne comprenais pas. Cette inaptitude à comprendre remontait si loin dans mon enfance que la famille avait imaginé une légende pour en dater les origines : mon apprentissage de l'alphabet. J'ai toujours entendu dire qu'il m'avait fallu une année entière pour retenir la lettre *a*. La lette *a*, en un an. Le désert de mon ignorance commençait au-delà de l'infranchissable *b*.

— Pas de panique, dans vingt-six ans, il possédera parfaitement son alphabet.

Ainsi ironisait mon père pour distraire ses propres craintes.

Daniel PENNAC, *Chagrin d'école*, © Éditions Gallimard.

1. L'auteur revenait avec de mauvais résultats.
2. Il n'était jamais le premier de sa classe.
3. Il était bon en mathématiques.
4. Il avait des difficultés en orthographe.
5. Il avait une bonne mémoire.

6. Il n'était pas bon en géographie.
7. Il était très travailleur, pourtant.
8. Il était doué pour la musique.
9. Il avait eu du mal à apprendre à lire.
10. Son père aussi avait été mauvais élève.

👄 19 Expliquez, dans ses grandes lignes, le système scolaire de votre pays.   .... /10
Quel est l'équivalent de l'école primaire, du collège et du lycée ? Un examen est-il nécessaire pour entrer à l'université ? Existe-t-il un équivalent des « grandes écoles » françaises ?

✏️ 20 Écrivez un petit texte pour présenter les jeunes de votre pays.   .... /10
Savez-vous s'ils sont confrontés à des difficultés ou des dangers particuliers ? Lesquels ? Quelles solutions ont été trouvées ? Autour de vous, quelles sont les activités les plus courantes chez les jeunes : culturelles, sportives, politiques... ?

....
....
....
....

L'argent et l'économie

Avares ou généreux ?

Romain : Tu penses que Marius nous accompagnera en Inde ?

Héloïse : Je ne suis pas sûre qu'il puisse venir. Je ne pense pas qu'il ait les moyens de partir en ce moment. Il est complètement fauché !

Romain : Je n'ai pas l'impression qu'il soit vraiment pauvre. Je crois plutôt qu'il jette l'argent par les fenêtres au lieu de le mettre de côté !

Héloïse : Ce que tu dis est assez injuste ! C'est la personne la plus généreuse que je connaisse, il prête de l'argent à tout le monde, et personne ne le rembourse.

Romain : Ah bon ? Pardon, je ne savais pas… Il est donc bien différent de sa sœur, qui est la personne la plus avare que j'aie jamais rencontrée ! Comment sont leurs parents ?

Héloïse : Ce sont des gens aisés, ils n'ont pas de problèmes financiers ! Ils ont déjà fait le tour du monde. Je trouve qu'ils sont assez discrets. Rien à voir avec les nouveaux riches qui font étalage de leur richesse, avec leurs voitures de sport et leurs montres de luxe…

La ruine ?

Adèle : Tu as entendu ? Grégoire a perdu des fortunes avec la chute de la Bourse !

Étienne : Cela ne m'étonne pas ! Il n'a jamais su placer son argent, bien que son père soit banquier !

Adèle : Maintenant, il ne roule plus sur l'or. Cela dit, il a de gros revenus, donc je pense qu'il pourra s'en sortir.

Étienne : Quelqu'un m'a dit qu'il avait beaucoup de dettes. Je ne crois pas qu'il puisse les rembourser facilement…

Adèle : Franchement, je ne vais pas le plaindre ! Il n'est pas l'homme le plus malheureux de la Terre ! Certains ont dû vendre leur maison pour payer leurs dettes, ce qui est beaucoup plus grave.

Étienne : Certes, Grégoire n'est pas ruiné.

Adèle : Souviens-toi qu'il a « une bonne situation », comme disait ma mère. Il gagne bien sa vie, et sa femme également !

- **Être fauché.** *(familier)*
- **Je ne savais pas...**
- **Rien à voir avec...**
- **Cela ne m'étonne pas !**
- **Cela dit...**
- **S'en sortir.**
(= trouver une solution)

3 DOCUMENT

Quand l'argent d'un avare disparaît...

HARPAGON. — Au voleur ! au voleur ! à l'assassin ! au meurtrier ! Justice, juste Ciel ! je suis perdu, je suis assassiné, on m'a coupé la gorge, on m'a dérobé mon argent. Qui peut-ce être ? Qu'est-il devenu ? Où est-il ? Où se cache-t-il ? Que ferai-je pour le trouver ? Où courir ? Où ne pas courir ? N'est-il point là ? N'est-il point ici ? Qui est-ce ? Arrête. Rends-moi mon argent, coquin… *(Il se prend lui-même le bras.)* Ah ! c'est moi. Mon esprit est troublé, et j'ignore où je suis, qui je suis, et ce que je fais. Hélas ! mon pauvre argent, mon pauvre argent, mon cher ami ! on m'a privé de toi ; et puisque tu m'es enlevé, j'ai perdu mon support, ma consolation, ma joie ; tout est fini pour moi, et je n'ai plus que faire au monde : sans toi, il m'est impossible de vivre. C'en est fait, je n'en puis plus ; je me meurs, je suis mort, je suis enterré. N'y a-t-il personne qui veuille me ressusciter, en me rendant mon cher argent, ou en m'apprenant qui l'a pris ?

MOLIÈRE, *L'Avare*, Acte IV, scène 7.

4 DOCUMENT

Les grands magasins parisiens

Paquebots de luxe et temples de la consommation, les grands magasins, presque tous centenaires, sont visités par les touristes au même titre que les monuments historiques. Nés à Paris sous le Second Empire des effets de la croissance rapide de la population urbaine et de l'expansion de l'industrie, ils ont imposé des méthodes de vente modernes et rendu le luxe plus accessible grâce au principe de l'« entrée libre ». *Les Magasins du Louvre* ou *La Belle Jardinière* ont disparu, mais les établissements qui subsistent conservent leur cachet d'antan et associent à leur image des noms de marques prestigieuses.

Paris chic par Liesel Couvreur-Schieffer,
Guide Gallimard Paris, © Gallimard Loisirs.

5 DOCUMENT

L'Argent de Zola

Zola est le seul écrivain à avoir donné à l'un de ses plus célèbres romans le titre *L'Argent*. Publié en 1891, le livre s'inspire d'une réalité de l'époque, qui peut certainement trouver son équivalent de nos jours. Le personnage principal, Aristide Saccard, se lance dans un projet bancaire de grande envergure, lié à des investissements au Moyen-Orient. De nombreux thèmes d'actualité, tels que les spéculations boursières, l'utilisation des médias (de la presse, à l'époque) pour faire monter la valeur d'une entreprise, les tromperies envers les plus faibles, parcourent ce livre qui critique vigoureusement les malhonnêtetés en tous genres. Les scandales financiers sont donc, hélas, intemporels, mais prennent une dimension particulière quand ils sont décrits par un grand auteur.

Vocabulaire

L'argent

On peut gagner (≠ perdre) de l'argent.

☛ L'expression « gagner de l'argent » a deux sens :
1) gagner au jeu, à la loterie ; 2) obtenir de l'argent par le travail. On dit aussi « gagner sa vie ».

. Comme je n'ai pas gagné au loto, je suis obligé de gagner ma vie.

. Il a gagné beaucoup d'argent dans cette opération financière.

Quand on a de l'argent, on peut l'économiser = le mettre de côté, le placer ou, au contraire, le dépenser.

. Elle a décidé de placer son argent : elle a trouvé un bon placement qui lui rapporte 5%.

Si on perd tous ses biens, on est ruiné.

Si on doit de l'argent à quelqu'un, on a des dettes. Il faut alors rembourser ses dettes.

. Pauline me doit 500 euros que je lui ai prêtés.

La monnaie

Ce mot est différent de « argent » et désigne :

– la devise utilisée dans un pays ; l'euro (€) est la monnaie européenne, le dollar est la monnaie américaine, le yen est la monnaie japonaise ;

– les petites pièces que l'on a dans son porte-monnaie.

. J'ai besoin de monnaie pour acheter un café à la machine à café.

. J'ai donné 20 euros à la vendeuse, et elle va me rendre la monnaie.

— Vous avez la monnaie ?
— Non, désolé, je n'ai pas de monnaie. J'ai seulement un billet de 50 euros.

Expressions imagées

Léo est riche comme Crésus ≠ pauvre comme Job.

Comme elle roule sur l'or, elle jette l'argent par les fenêtres. (= elle dépense de façon déraisonnable)
« L'argent n'a pas d'odeur » dit le proverbe !

La crise économique

Divers facteurs peuvent déclencher une crise. Si les prix augmentent, on parle d'une hausse (≠ une baisse) des prix < une « flambée des prix », ce qui accentue l'inflation.

La Bourse peut baisser < s'effondrer. On parle alors de « chute de la Bourse » (≠ remontée de la Bourse). « La Bourse a chuté de 5 % ! ». Si cette chute est spectaculaire, on parle de krach boursier.

Les premières victimes de la crise financière sont les familles modestes (qui ont de petits revenus = salaires).

Parfois, le taux de change n'est pas favorable à certains pays.

— Quel est le taux de change du dollar ?
— Il est de 1,12 €, aujourd'hui.

Expressions familières

Je n'ai plus un rond, je suis fauché !

Il refuse de donner de l'argent, il est radin ! *[familier]* (= *avare*)

Civilisation

• **Le tabou de l'argent :** ce sujet reste délicat pour beaucoup de Français et l'argent peut être mal vu. Certains mots sont péjoratifs *(= négatifs)* comme « riche », par exemple. Pour cette raison, on emploie d'autres termes pour éviter la « brutalité » du sens. Ainsi :

riche → aisé :

. C'est une famille aisée, et même, très aisée !

payer → régler ; le paiement → le règlement :

. Vous réglez comment ? En espèces ou en carte bleue ?

. Le règlement de la facture a été effectué.

argent → moyens :

. Nous n'avons pas les moyens d'acheter une voiture.

. Elle a les moyens de partir trois semaines en vacances.

• **Culturellement,** la générosité est appréciée alors que l'avarice est moquée, comme dans la célèbre pièce de théâtre de Molière, *L'Avare.*

• **L'élégance** consiste à ne pas trop montrer son argent, ni ses « signes extérieurs de richesse ». Les « nouveaux riches » sont souvent considérés comme vulgaires.

Grammaire

 ## Subjonctif ou indicatif ?

• Je pense, je crois, je dis, je suis sûr/certain, je trouve, j'ai l'impression, il est vrai/sûr/certain/évident que…

    c'est possible.

• Je **ne** pense **pas**, je ne crois pas, je ne dis pas, je ne suis pas sûr/certain, je ne trouve pas, je n'ai pas l'impression, il n'est pas vrai/sûr/certain/évident que…

    ce soit possible.

⚠ Le verbe « espérer » **n'est pas suivi** du subjonctif :
J'espère que vous viendrez. *(futur)*
J'espère qu'il va bien. *(présent)*
J'espère que tout s'est bien passé. *(passé composé)*

 ## Subjonctif ou infinitif ?

Quand un verbe demande le subjonctif, on ne peut pas avoir le même sujet dans la principale et la subordonnée. → On utilise l'infinitif présent ou passé dans la subordonnée.

  . Je suis ravie ~~que je puisse venir~~. → Je suis ravie **de pouvoir** venir.

  . Tu es déçu ~~que tu ne puisses pas venir~~ ? → Tu es déçu **de ne pas pouvoir** venir ?

  . Je suis désolé ~~que je sois en retard~~ ! → Je suis désolé **d'être** en retard !

  . Je suis content ~~que j'aie vu cette exposition~~. → Je suis content **d'avoir vu** cette exposition.

En revanche, quand le verbe n'accepte pas le subjonctif, les deux structures sont possibles.

  . J'espère que je pourrai venir. Elle est sûre qu'elle réussira. *(usuel)*

  . J'espère pouvoir venir. Elle est sûre de réussir. *(plus élégant)*

 ## Conjonctions + subjonctif

BIEN QUE

  . Bien que Josette ait 80 ans, elle continue à faire du ski. *(= on imaginerait qu'à son âge, elle s'arrête de faire du sport)*

À CONDITION QUE

  . Je préparerai un bon dîner à condition que tu puisses m'aider !

JUSQU'À CE QUE

  . Je laisserai sonner le téléphone jusqu'à ce qu'elle réponde !

AVANT QUE

  . Il faut que j'envoie ce courrier avant que cela (ne) soit trop tard !

☛ « Après que » n'est pas suivi du subjonctif :
Après qu'il a dîné, il se couche.

POURVU QUE (+ subjonctif présent ou passé)

  . Pourvu qu'elle ait pensé à prendre ses clés !
(= j'espère qu'elle y a pensé, sinon les conséquences seront désagréables)
  . Pourvu qu'il fasse beau, demain !

 ## Le superlatif

LE PLUS / LA PLUS / LES PLUS + adjectif

Le superlatif se place comme l'adjectif qualificatif.

• **Avant le nom**, pour les adjectifs brefs et courants.

  . C'est la plus belle expérience de sa vie.

  . C'est le plus petit bâtiment de la rue.

⚠ On ne dit pas « ~~le plus bon~~ », mais « le meilleur ».
☛ C'est le plus mauvais livre de cet écrivain *(ses autres livres sont bons)*. C'est le pire livre de cet écrivain *(les autres livres sont mauvais !)*

• **Après le nom**, pour les autres adjectifs.

  . C'est le pianiste le plus admirable de sa génération.

  . C'est l'analyse la plus intelligente de cette situation.

• **On peut continuer la phrase au subjonctif**, présent ou passé.

  . Il a visité la plus belle maison qu'on puisse imaginer.

  . Ce sont les étudiants les plus brillants que j'aie jamais rencontrés.

  . C'est le plus beau film que nous ayons vu.

LE MOINS / LA MOINS / LES MOINS + adjectif

Cette structure suit les mêmes règles que « le plus » :

  . C'est la moins belle partie du voyage.

  . C'est le pull le moins cher que j'aie trouvé.

  . C'est le moins qu'on puisse dire !

Activités communication

1 ▶ Vrai ou faux ?

DIALOGUE 1

a. Marius est pauvre comme Job.

b. Marius n'est pas avare.

c. La sœur de Marius n'est pas généreuse.

d. Les parents de Marius ne sont pas pauvres.

DIALOGUE 2

e. Grégoire a perdu un peu d'argent à la Bourse.

f. Grégoire doit de l'argent à des gens.

g. Grégoire a perdu toute sa fortune.

h. Il va devoir vendre sa maison.

2 ▶ DOCUMENT 3 · Vrai ou faux ?

1. Harpagon a été assassiné.

2. Harpagon ne connaît pas l'auteur du « crime ».

3. Harpagon n'a plus envie de vivre.

4. L'argent est l'unique source de bonheur pour Harpagon.

3 ▶ DOCUMENT 4 · Choisissez la bonne réponse.

1. Les grands magasins sont [des bateaux] [comme des bateaux].

2. Ce sont des monuments [historiques] [modernes].

3. [Tous les] [Certains] grands magasins n'existent plus.

4 ▶ DOCUMENT 5 · Quelle phrase résume le mieux le texte ?

1. Dans son roman *L'Argent*, Zola raconte l'histoire d'un scandale financier.

2. Zola critique, dans *L'Argent*, le rôle de la presse dans un scandale financier.

3. *L'Argent* de Zola traite d'un sujet encore d'actualité, celle d'un gros scandale financier.

5 ▶ Choisissez la réponse appropriée.

1. Vous avez la monnaie ? ☐ **a.** Non, je suis fauché. ☐ **b.** Non, je n'ai qu'un billet de 20 €.

2. Tu vas dépenser cette somme ? ☐ **a.** Non, je vais la placer. ☐ **b.** Non, je vais la gagner.

3. C'est un couple aisé ? ☐ **a.** Oui, ils ont des moyens. ☐ **b.** Non, ils sont riches.

4. La Bourse a chuté ? ☐ **a.** Non, elle a remonté. ☐ **b.** Non, elle a augmenté.

5. Vous réglez comment ? ☐ **a.** En espèces. ☐ **b.** En argent.

6 ▶ Choisissez la bonne réponse.

1. Figure-toi que Gabrielle a perdu son travail ! — Ah bon, je ne [savais] [connaissais] pas !

2. Comment est-ce qu'elle va [sortir] [s'en sortir] ?

3. Elle risque d'être complètement [riche] [fauchée] !

4. Cela ne m'[étonne] [étonnant] pas.

5. Bien sûr, ce n'est pas facile, mais cela n'a rien à [faire] [voir] avec la situation d'autres personnes !

6. Cela [parlé] [dit], je me demande ce qu'elle va faire.

7 ▶ Comment parle-t-on d'argent dans votre langue et votre culture ? Existe-t-il des termes plus élégants que d'autres ? Des tabous ?

8 ▶ Connaissez-vous des proverbes, dans votre langue, en relation avec l'argent, l'avarice, la générosité ?

9 ▸ Éliminez l'intrus.

1. monnaie / pièces / argent

2. placer / rapporter / dépenser

3. chuter / augmenter / s'effondrer

4. fauché / aisé / riche

5. dollar / euro / Bourse

6. dette / billet / pièce

7. paiement / placement / règlement

8. chute / hausse / flambée

10 ▸ Complétez.

1. Ils ont perdu toute leur fortune, ils sont ....

2. Tu as de la .... pour payer le parking ?

3. Elle a deux .... de 50 euros dans son porte-monnaie.

4. Cette famille est .... comme Crésus !

5. Ils ont des .... , ils doivent de l'argent à leur banque.

6. L'euro est la .... européenne.

7. Quel est le .... de change ?

8. Il est riche, mais refuse de dépenser un euro, il est ....

11 ▸ Associez, pour constituer une phrase complète.

1. Son placement

2. La Bourse a encore

3. Il jette l'argent

4. Ils doivent rembourser

5. Ils ne gagnent pas

6. Cette famille n'est pas riche,

a. leurs dettes.

b. elle est modeste.

c. beaucoup d'argent.

d. lui rapporte 6 %.

e. chuté de 4 % !

f. par les fenêtres !

12 ▸ Choisissez la meilleure explication.

1. Ils n'ont pas les moyens de s'acheter un appartement.
☐ **a.** Ils ont des revenus trop modestes. ☐ **b.** Ils sont avares.

2. Elle roule sur l'or.
☐ **a.** Elle a beaucoup de bijoux. ☐ **b.** Elle est riche comme Crésus.

3. Il gagne bien sa vie.
☐ **a.** Il a donc un travail. ☐ **b.** Il a donc des dettes.

4. Je n'ai pas de monnaie…
☐ **a.** parce que je ne suis pas riche. ☐ **b.** parce que je n'ai qu'un billet de 20 €.

5. Quelle flambée des prix !
☐ **a.** Les prix ont chuté. ☐ **b.** Les prix ont augmenté.

13 ▸ Vrai ou faux ?

1. Le mot « riche » n'est généralement pas positif.

2. Quelqu'un d'avare est toujours respecté.

3. Les Français ne parlent pas facilement d'argent.

4. Molière a écrit une pièce sur la générosité.

5. « Régler » est un synonyme de « payer ».

6. Être « nouveau riche » est généralement mal vu.

Activités grammaire

14 Mettez le premier verbe à la forme négative et faites les modifications nécessaires.

1. Je pense qu'il reviendra. → *Je ne pense pas que* ....

2. Elle est sûre que c'est possible. → ....

3. Il pense qu'elle connaît son métier. → ....

4. Je suis convaincu qu'ils font beaucoup d'efforts. → ....

5. Il croit que je dis la vérité. → ....

6. Elle est certaine que la réunion aura lieu. → ....

7. J'ai l'impression qu'ils vont bien. → ....

15 Choisissez LA ou LES réponses grammaticalement correctes.

1. J'espère [que je pourrai] [pouvoir] venir.

2. Je suis content [que je sois] [d'être] là.

3. Il est sûr [qu'il participera] [de participer] à cette réunion.

4. Tu es triste [que tu partes] [de partir].

5. Nous préférons [que nous fassions] [faire] ce travail nous-mêmes.

6. Je suis désolé [que je sois] [d'être] en retard !

7. Ils pensent [qu'ils arriveront] [arriver] vers minuit.

8. Nous espérons [assister] [que nous assisterons] à ce concert !

16 Mettez les verbes au temps et au mode appropriés.

1. Je suis certain que c'.. (être) un bon placement.

2. On dit que cet acteur .... (être) invité au prochain Festival de Cannes.

3. Ils ne sont pas sûrs que le projet .... (pouvoir) être fini à temps.

4. Bien qu'il .... (être) diplômé, il n'est pas très cultivé.

5. Il pense qu'elle .... (venir).

6. C'est vrai qu'ils .... (faire) du théâtre ?

7. Je ne trouve pas que ce film .... (permettre) de comprendre la situation.

8. J'espère que tout .... (aller) bien !

9. Nous partirons en voiture à condition qu'Adrien .... (conduire).

10. Pourvu qu'ils .... (venir) à ma fête !

17 Transformez les phrases selon l'exemple.

Exemple : C'est une belle maison. (avoir vu) → *C'est la plus belle maison que j'aie jamais vue !*

1. C'est une petite boutique. *(connaître)* → ....

2. C'est un livre passionnant. *(avoir lu)* → ....

3. C'est un bon restaurant. *(être allé(e))* → ....

4. Ce sont des enfants heureux. *(avoir rencontrés)* → ....

5. C'est un appartement confortable. *(avoir visité)* → ....

6. C'est un beau cadeau. *(pouvoir faire)* → ....

7. C'est un mauvais concert. *(avoir entendu)* → ....

/40

18 Écoutez le dialogue (piste 58 du CD). Vrai ou faux ?

/10

1. Zohra va dépenser tout son argent.
2. Elle ne suivra pas les conseils de sa banque.
3. Elle n'est pas spécialiste en finances.
4. Elle demande des conseils à Boniface.
5. Boniface obéit à son banquier.

6. Boniface a besoin de temps pour comprendre.
7. Boniface est idiot.
8. Le banquier de Boniface est très compétent.
9. Zohra ne sait plus qui croire.
10. Boniface n'est pas riche.

19 Lisez le texte suivant et dites si les phrases sont vraies ou fausses.

/10

Dans toutes les sociétés, qu'elles soient archaïques, antiques, médiévales ou plus proches de l'organisation capitaliste que nous connaissons, il existe une manière de définir ou d'envisager la richesse à capter. Dans nos sociétés, celle-ci est spontanément assimilée au patrimoine. Est riche celui qui détient des valeurs, actions, meubles en tous genres, bijoux, œuvres d'art, bâtiments, châteaux et autres immeubles d'habitation. Qu'il en jouisse ou qu'il s'en cache n'intervient pas dans l'affaire. Que les tableaux de maîtres croupissent dans des coffres ou que les villas soient dissimulées derrière des murs infranchissables, l'important, et le seul critère, semble être aujourd'hui la possession.

Telle n'est pourtant pas la conception la plus répandue à travers l'histoire. Le premier signe de la richesse est d'abord la grandeur. L'honneur, le respect, la renommée, la gloire y contribuent également sinon plus que le cheptel ou le trésor monétaire.

François RACHLINE, *D'où vient l'argent ?* © Éditions du Panama.

1. Toutes les sociétés savent définir la richesse.
2. Toutes les sociétés sont identiques.
3. Le patrimoine joue un rôle important.
4. Dans nos sociétés, la valeur morale est une richesse.
5. Tous les riches doivent montrer leur richesse.

6. Les tableaux restent parfois cachés.
7. On ne peut pas toujours voir les villas luxueuses.
8. Posséder est maintenant le principal signe de richesse.
9. La taille d'un individu faisait sa richesse.
10. Avant, les biens n'étaient pas du tout importants.

20 Qu'est-ce qui, dans votre culture, constitue un « signe extérieur de richesse » ? Ces signes sont-ils valorisés ?

/10

21 Selon le proverbe français, « l'argent ne fait pas le bonheur ». Donnez par écrit votre opinion sur ce sujet.

/10

....
....
....
....
....
....

 **DIALOGUE**

 **DIALOGUE**

Une retraite bien occupée

Philippe : Alors, Simon, qu'est-ce que tu envisages de faire, quand tu seras à la retraite ?

Simon : Oh, mais je ne manque pas de projets ! Je ne serai pas un retraité inactif. J'ai déjà entrepris de rénover toute la maison, pour y vivre confortablement et pour que les enfants et les futurs petits-enfants puissent s'y sentir à l'aise.

Philippe : Ainsi, comme la plupart des retraités, tu t'occuperas de ta maison et de ton jardin. Ton travail ne te manquera pas ?

Simon : Non, certainement pas. J'aime beaucoup ce que je fais en ce moment, mais j'ai d'autres ambitions. Je voudrais enfin réaliser mes rêves de jeunesse.

Philippe : Lesquels ? Je me souviens que tu ne pensais qu'à devenir pilote de course !

Simon : Malheureusement, j'ai passé l'âge ! Tu as oublié que je voulais faire le tour du monde ? Il ne me manquait que le temps et l'argent, tout ce que j'aurai à ma retraite.

Philippe : Tu vas donc à la fois refaire ta maison et voyager partout.

Simon : Oui, Philippe, mais pas en même temps, bien sûr ! Je commence à réfléchir à un itinéraire fabuleux…

Cette fois-ci, c'est décidé !

Virginie : Je me suis fixé des objectifs pour cette année : je vais me mettre au sport, et sérieusement cette fois-ci.

Boniface : À mon avis, c'est juste une bonne résolution de nouvel an. Si je ne me trompe pas, tu abandonnes en général la moitié de tes projets, ma chérie !

Virginie : Tu es dur… Je reconnais que je manque un peu de persévérance, mais là, c'est décidé, je m'inscris à un club de gym.

Boniface : Voilà qui est impressionnant ! Quand est-ce que tu comptes le faire ?

Virginie : La semaine prochaine !

Boniface (ironique) : Ah, je vois… Tant qu'il y a de la vie, il y a de l'espoir !

L'attente d'un grand jardinier

Le Nôtre grimpe un à un les degrés de la hiérarchie, devient en 1648 *dessinateur des plants et jardins du roi*, en 1656 *contrôleur des bâtiments*. Il étend son savoir botanique, continue de fréquenter les ingénieurs de la Galerie du Louvre, rencontre les plus grands architectes du temps, dont le premier d'entre eux, François Mansart. Et il attend. Attend de la meilleure manière qui soit : sans impatience, sans envie qui le ronge, sans même savoir qu'il attend, plongé qu'il est dans le labeur quotidien. Mais, au fond de lui, l'espoir est là. Que l'ambition d'un puissant lui permette de donner sa mesure.

Sa renommée grandissant, quelques particuliers lui proposent d'aménager leurs propriétés. Ce ne sont que projets d'encore faible ampleur, occasions, seulement, de se faire la main et d'améliorer l'ordinaire (car les émoluments royaux ne sont guère généreux). [...]

J'ai trouvé le puissant que tu cherches, dit Le Brun. Il a acheté cinq cents hectares. Le Vau construit le château. Je me charge des peintures et des sculptures. Les jardins t'attendent : on a juste commencé à remuer la terre.

Érik ORSENNA,
Portrait d'un homme heureux, André Le Nôtre
(1613-1700),
© Librairie Arthème Fayard 2000.

L'avenir en Grèce

La société athénienne est exubérante. Elle parle sans cesse, elle exprime intensément ses sentiments, ses points de vue, elle éclate de rire pour un rien, elle mange avec boulimie, elle est toujours disposée à faire la fête comme si le lendemain n'était pas un jour ouvrable et elle a, naturellement, tout le temps besoin de voir du monde. Elle est plus amusante que la société parisienne, perpétuellement préoccupée par l'heure et incapable d'oublier ses obligations. Il n'y a pas beaucoup d'horloges dans les endroits publics à Athènes. Je crois que la société parisienne se fait une certaine idée de l'avenir et qu'elle travaille fiévreusement dans l'espoir de la réaliser. Les Athéniens préfèrent s'occuper du présent. Ils s'emploient à le façonner à leur guise. Ils vivent avec entrain, justement parce qu'ils n'attendent pas grand-chose de l'avenir. Le mot « progrès » leur inspire des commentaires ironiques, comme le mot « lendemain ». Il est difficile dans un pays aussi vieux, qui a vu passer tant de siècles, de croire encore à l'avenir. L'histoire grecque n'incite pas à faire des projets. Les gens rêvent donc du présent.

Vassilis ALEXAKIS, *La Langue maternelle*, © Éditions Stock.

Rêver de Paris...

Est-ce grâce à ces voyages qu'est né petit à petit le projet de partir (= *quitter la Bulgarie*) **?**

Le projet de partir n'était pas vraiment dans l'idée que je me faisais de ma vie : études, travail, petits voyages. Il est né de l'opportunité : c'est parce que c'était possible que c'est devenu désirable. Autrement, c'était trop loin, trop inaccessible pour y penser vraiment, et surtout trop beau : rêver de venir à Paris, c'était pour moi comme rêver d'aller au paradis !

Tzvetan TODOROV
et Catherine PORTEVIN (en collaboration),
Devoirs et délices, une vie de passeur,
© Éditions du Seuil 2002,
coll. *Points Essais* 2006.

EXPRESSIONS-CLÉS

- **Certainement pas !**
- **Un rêve de jeunesse.**
- **Tu es dur(e)...**
- **Cette fois-ci, c'est décidé !**
- **Sans cesse.** (= *sans arrêt*)
- **Petit à petit.**
  (= *progressivement*)

Vocabulaire

 ### Les projets

— Vous avez des projets, pour le week-end ?
— Oui, j'ai prévu de partir en Normandie. J'ai l'intention de visiter Honfleur et Bayeux.
— Laurent aussi projette de partir à la découverte d'une région. Il compte explorer le Périgord.

J'envisage de changer d'ordinateur. *(= je commence à réfléchir à cette idée)*

Je rêve de faire le tour de l'Italie en voiture. C'est mon rêve depuis longtemps. Je me demande si je pourrai un jour réaliser mon rêve.

L'un de mes souhaits est de devenir musicien. Je souhaite faire des études de musique en Allemagne.

 ### Les objectifs

Mon objectif / mon ambition / mon but est de passer un concours de violon.

Mon chef m'a fixé quelques objectifs. Quand je les aurai atteints/réalisés, il m'en trouvera d'autres !

 ### Les hésitations

J'hésite entre un travail intéressant et un autre, plus ennuyeux, mais bien payé ; je suis perplexe. Je ne suis pas sûr(e) de faire le bon choix. Je dois peser le pour et le contre.

Benoît est très timide, il n'ose pas téléphoner à Louise.

 ### Les choix et les décisions

Ça y est, j'ai décidé de partir en Irlande pour trois mois. J'ai pris ma décision « sur un coup de tête » !
(= je n'ai pas beaucoup réfléchi !)

En janvier, beaucoup de gens prennent de « bonnes résolutions » *(= décisions)*.

Yasmina a du courage, elle prend des risques. Elle a raison, car, comme le dit le proverbe, « qui ne risque rien n'a rien ».

Matthieu a entrepris de rénover son appartement.
Il s'est mis à peindre *(= il a commencé à peindre)* samedi dernier.

 ### Les espoirs

« Tant qu'il y a de la vie, il y a de l'espoir » dit la sagesse populaire. Même dans des situations difficiles ou presque désespérées, il faut garder espoir ! Si l'on perd tout espoir, on perd toute son énergie.

Bruno est malade. J'espère qu'il ira mieux très vite. Je souhaite que tout se passe bien pour lui !

 ### Optimisme et pessimisme

• **Le pessimiste**

Je dois parler avec mon collègue. Je m'attends à une réaction plutôt négative de sa part, je suis sûr que cela se passera mal !

• **L'optimiste**

Cela sera peut-être difficile, mais tout s'arrangera finalement. Nous trouverons certainement une solution. Nous arriverons à un accord / un consensus.

 ### Les actions

Quand on fait quelque chose, quand on entreprend une nouvelle activité, il faut agir et aller jusqu'au bout. Il ne faut pas renoncer en cours de route. Lucien, par exemple, a abandonné ses études de médecine, c'est dommage !

Quelquefois, les choses ne marchent pas bien et on échoue. Il faut persévérer ou, parfois, « repartir à zéro » pour réussir. Le succès (≠ l'échec) d'une entreprise dépend des circonstances et de la persévérance.

Civilisation

 ### L'espoir

L'Espoir est le titre d'un célèbre roman d'André Malraux, paru en 1937, et qui se passe pendant la guerre civile espagnole.

 ### Le rêve

Le rêve constitue bien sûr un thème littéraire majeur, en particulier dans la littérature française. Il nourrit la poésie, de Victor Hugo à Baudelaire et Nerval. Il devient même une source d'inspiration forte pour le mouvement surréaliste (autour d'André Breton), qui accorde une part fondamentale à l'inconscient.

Grammaire

L'expression du but

POUR QUE + subjonctif

Les deux sujets sont différents.

. **Il** m'explique les directions pour que **je** ne me perde pas.

. **J'**enverrai les documents demain pour que **tu** puisses les lire.

POUR + infinitif (affirmatif ou négatif)

Les deux sujets sont identiques.

. Je téléphone à l'hôtel pour réserver une chambre. *(c'est moi qui téléphone et c'est moi qui réserve)*

. J'ai mis un manteau **pour ne pas** avoir froid.

AFIN QUE + subjonctif *(= « pour que » en style écrit)*

. Elle nous a envoyé les documents afin que nous sachions quoi décider.

AFIN DE + infinitif *(= «pour» en style écrit)*

Les deux sujets sont identiques.

. Nous effectuons une enquête de satisfaction afin d'améliorer la qualité de nos services.

DE PEUR QUE + subjonctif

. J'ai fermé la fenêtre de peur qu'il (ne) pleuve.

☞ Le « ne » explétif tend à disparaître dans la langue orale.

DE PEUR DE + infinitif

Les deux sujets sont identiques.

. Ils ont fait installer une alarme, de peur d'être cambriolés.

Le verbe « manquer »

• **Manquer** *(au sens affectif)*

. Mes amis me manquent ! *(= je souffre de leur absence)*

. Vous m'avez manqué ! *(= j'ai souffert de votre absence)*

. Il part en Italie. La cuisine française ne lui manquera pas, car il adore les pâtes.

• **Manquer (+ nom)** *(= rater)*

. C'est dommage, vous avez manqué la belle exposition Picasso. *(= vous ne l'avez pas vue)*

• **Manquer de (+ nom)**

. Nous manquons de temps pour finir le travail. *(= nous n'avons pas suffisamment de temps)*

. Elle ne manque pas de courage ! *(= elle a beaucoup de courage)*

• **Il manque (+ nom)**

. Il manque une assiette à table. *(nous sommes trois, il n'y a que deux assiettes)*

— Est-ce qu'il manque quelque chose ?
— Non, il ne manque rien.

• **Il me/te/lui/nous/vous/leur manque (+ nom)**

. Il me manque un document pour compléter ce dossier.

. Il nous manque encore deux chaises.

Expressions de quantité

• **Un peu de, peu de (+ nom)**

. J'ai **un peu** de temps. *(c'est positif)*

. Je suis désolé, j'ai **peu** de temps. *(c'est négatif)*

• **La plupart des (+ nom), la plupart d'entre (+ pronom)** *(= la plus grande partie)*

. La plupart des Français mangent de la baguette.

. La plupart d'entre eux en achètent une à la boulangerie.

• **La majorité de (+ nom), la majorité d'entre (+ pronom)** *(= le plus grand nombre)*

. La majorité des Français est d'accord avec cette décision.

. La majorité d'entre nous sera là.

• **La moitié de (1/2), le tiers de (1/3), le quart de (1/4)**

. Dans ce village, le quart de la population est d'origine étrangère.

. Quand ils ont divorcé, chacun a pris la moitié des meubles.

• **De nombreux/nombreuses (+ nom)**

. Dans de nombreux villages, le « bistrot du coin » joue un rôle social important.

. La ville propose de nombreuses activités aux jeunes.

Activités **communication**

1 Vrai ou faux ?

DIALOGUE 1

a. Simon a commencé à faire des travaux dans sa maison.

b. Simon souhaite devenir pilote de course.

c. Simon a les moyens de voyager, maintenant.

d. Philippe aussi a entrepris des travaux.

DIALOGUE 2

e. Boniface ne croit pas aux décisions de Virginie.

f. Virginie renonce souvent à ses projets.

2 DOCUMENT 3 · Répondez aux questions.

1. Quel architecte Le Nôtre rencontre-t-il ?

2. Qu'est-ce que Le Nôtre espère ?

3. Devinez-vous le nom du château (très célèbre) dont parle Le Brun ?

3 DOCUMENT 4 · Vrai ou faux ?

1. Les Athéniens font plus facilement la fête que les Parisiens.

2. Quand les Parisiens font la fête, ils oublient l'heure.

3. Les Athéniens ne sont pas obsédés par le temps qui passe.

4. Les Athéniens ne croient pas vraiment à l'avenir.

4 DOCUMENT 5 · Vrai ou faux ?

1. Pour l'auteur, venir à Paris constituait un rêve irréalisable.

2. L'auteur n'a pas réalisé son rêve.

5 Associez, pour constituer une phrase complète.

1. Ils ont entrepris

2. Nous avons pesé

3. Elle compte

4. Il espère

5. Je m'attends

6. Hélas, elle a échoué

a. qu'elle viendra le rejoindre le mois prochain.

b. à une réponse négative de sa part.

c. le pour et le contre.

d. dans son projet.

e. de repeindre la salle de séjour.

f. louer une maison au bord de la mer.

6 Choisissez la bonne réponse.

1. Je vais enfin pouvoir réaliser mon rêve de [jeune] [jeunesse] !

2. À mon avis, tu n'arriveras jamais au bout de ce projet ! — Tu es [dur] [sec]…

3. Nous avancerons petit [en] [à] petit.

4. Ils entreprennent sans [cesser] [cesse] de nouvelles actions.

5. Vous allez déménager ? — Oui, cette fois-[là] [ci], c'est [une décision] [décidé] !

6. Tu renonces à ton idée ? — Certainement [non] [pas] !

7 En général, comment prenez-vous vos décisions ? Sur un coup de tête ou après avoir pesé le pour et le contre ? Ou cela dépend-il du type de décisions ?

8 Pratiquez-vous les « bonnes résolutions » de début d'année ? Si oui, est-ce que vous les mettez généralement en action ou est-ce que vous abandonnez vos projets ?

9 ◢ Choisissez la bonne réponse.

1. Il [choisit] [réalise] enfin son rêve.

2. Elle a [prévu] [souhaité] de rester chez elle samedi.

3. Nous [envisageons] [espérons] d'acheter un petit appartement.

4. C'est triste, il a [gardé] [perdu] espoir.

5. Enfin, ils ont [fait] [pris] une décision importante.

6. Mon professeur m'a fixé quelques [objectifs] [ambitions].

10 ◢ Choisissez le commentaire le plus approprié à chaque situation.

1. En une seconde, ils ont décidé de déménager.

☐ **a.** Ils ont pesé le pour et le contre. ☐ **b.** Ils ont décidé sur un coup de tête.

2. J'imagine une jolie maison au bord de la mer… Il y aurait un grand jardin fleuri…

☐ **a.** C'est mon objectif. ☐ **b.** C'est mon rêve.

3. Elle a entrepris d'écrire un roman.

☐ **a.** C'est un beau projet. ☐ **b.** Il faut garder espoir.

4. Je n'ose pas parler à ma voisine…

☐ **a.** Tu es perplexe ? ☐ **b.** Qui ne risque rien n'a rien !

5. Il n'ira pas au bout de son projet.

☐ **a.** C'est dommage de renoncer ! ☐ **b.** C'est bien, il a atteint ses objectifs.

11 ◢ Éliminez l'intrus.

1. but / objectif / rêve

2. prévoir / prévenir / projeter

3. risquer / hésiter / oser

4. souhaiter / espérer / entreprendre

5. projet / résolution / décision

6. réaliser / atteindre / échouer

12 ◢ Associez les phrases de sens équivalent.

1. Je suis perplexe.

2. J'ai prévu de partir.

3. J'ai entrepris de lire tout Balzac.

4. Je rêve de partir.

5. Je ne renonce pas à lire tout Balzac.

6. J'ai échoué.

7. J'envisage de partir.

a. Je garde espoir de lire tout Balzac !

b. J'aimerais tellement partir…

c. Je n'ai pas réussi.

d. Je réfléchis à cette idée.

e. J'hésite entre deux solutions.

f. J'ai l'intention de partir.

g. J'ai commencé à lire tout Balzac.

13 ◢ Vrai ou faux ?

1. *Le Rêve* est le titre d'un roman de Malraux.

2. Le surréalisme a pris le rêve comme source d'inspiration.

3. Un roman de Malraux se passe pendant la guerre civile espagnole.

4. Baudelaire est un poète surréaliste.

5. Le thème de l'espoir nourrit la poésie de Nerval.

Activités grammaire

14 Transformez les phrases en utilisant le verbe « manquer ».

1. Je n'ai pas suffisamment d'argent pour partir en vacances. → ....

2. Je souffre de l'absence de mon mari. → ....

3. J'ai raté une intéressante pièce de théâtre. → ....

4. J'ai seulement quatre verres et nous sommes cinq. → ....

5. J'ai beaucoup d'énergie. → ....

15 Faites une seule phrase en utilisant « pour que » ou « pour ».

1. Il a emprunté de l'argent à sa banque. Il voudrait acheter une maison.

....

2. Nous ne faisons pas de bruit. Nous ne voulons pas déranger nos voisins.

....

3. Je prépare un repas froid. Mes enfants pourront déjeuner en mon absence.

....

4. Nous avons réservé nos billets à l'avance. Nous voulons être sûrs d'avoir de bonnes places.

....

5. Il fait le ménage. Tout sera propre quand ses amis arriveront.

....

6. Elle a enlevé les objets dangereux. Le petit garçon ne se fera pas mal.

....

7. Il a emmené les enfants à la bibliothèque. Ils apprendront à choisir des livres.

....

16 Complétez les phrases suivantes par « de peur de », « pour » ou « pour que ».

1. Nous avons acheté de la peinture .... repeindre la salle de bains.

2. Je te donne tout de suite la clé .... l'oublier !

3. Il organisera une réunion avec ses collègues .... discuter du nouveau projet.

4. Elle a tout expliqué .... tout le monde soit au courant.

5. Ils ont décoré la maison .... faire une surprise à leurs enfants.

6. Il n'ose pas toucher à ce vase précieux, ... le casser.

7. Je t'ai enregistré l'émission de télévision .... tu puisses la voir tranquillement.

8. J'ai emporté un plan de la ville .... me perdre.

17 Choisissez la bonne réponse.

1. La plupart [des] [d'entre] collègues parlent l'allemand.

2. C'est bien, nous avons [peu] [un peu] d'argent pour acheter du bon vin.

3. [Le quart] [La majorité] des habitants a voté pour ce candidat qui a été élu.

4. Nous avons divisé le gâteau en deux, chacun en a pris [un tiers] [une moitié].

5. Il y a [de nombreuses] [la plupart des] pharmacies dans ce quartier.

6. Nous sommes désolés, nous avons [un peu] [peu] de renseignements sur ce sujet.

7. La plupart [d'entre] [de] nous rêvent de partir.

18 🎧 **Écoutez le dialogue (piste 61 du CD). Vrai ou faux ?** ..../10

1. Valentine n'a pas pesé le pour et le contre.

2. Elle va changer de lieu d'habitation.

3. Elle envisage de chercher une maison.

4. La maison n'est pas en ville.

5. La ville risque de manquer à Valentine.

6. Valentine vit près d'une grande ville.

7. Valentine a toujours voulu vivre à la campagne.

8. Colette n'aime pas la maison.

9. Colette n'est pas d'accord avec le choix de Valentine.

10. Colette voudrait profiter de la campagne.

19 👁 **Lisez le texte suivant et dites si les phrases sont vraies ou fausses.** ..../10

Je voudrais te faire part de mes grands projets. Tu sais que j'ai toujours voulu partir à l'étranger. Quand j'étais jeune, je rêvais d'aventures au bout du monde, je m'imaginais, tel Christophe Colomb, en train d'explorer des mondes inconnus. Je crois que j'avais trop lu de Jules Verne et d'Alexandre Dumas ! Mais cela m'est resté… Il ne me manquait qu'une opportunité intéressante.

Maintenant, après avoir longuement pesé le pour et le contre, ma décision est prise : je pars comme médecin humanitaire, pour une mission de deux ans en Afrique. Je n'en ai pas encore parlé à Véronique, de peur qu'elle ne proteste ou tente de me décourager, comme la plupart de mes amis ! Les pessimistes me diront que c'est une folie, que c'est très dur et que j'y laisserai ma santé (ou ma vie). C'est peut-être vrai, mais comme je connais l'équipe avec laquelle je travaillerai, je m'attends aussi à une expérience d'une exceptionnelle richesse humaine…

1. L'auteur a déjà vécu à l'étranger.

2. Jeune, il voulait être aventurier.

3. Il admirait Christophe Colomb.

4. Il lisait beaucoup.

5. Il a renoncé à ses rêves d'enfant.

6. Il a pris sa décision sur un coup de tête.

7. Il est perplexe.

8. Véronique ne sera pas d'accord avec sa décision.

9. Cette expérience sera peut-être dangereuse.

10. Les relations humaines comptent beaucoup pour lui.

20 **Vous présentez un projet à deux amis. L'un a un tempérament plutôt optimiste,** ..../10
l'autre plutôt pessimiste. Imaginez la conversation entre vous trois.

21 **Avez-vous un vieux rêve que vous aimeriez réaliser ? Lequel ?** ..../10
Vous semble-t-il réalisable ?

....

....

....

....

....

....

....

....

Index de vocabulaire

Index de grammaire

Corrigés des activités

UNITÉ 1

Activités de communication, page 14

1 ▸ **a.** faux – **b.** vrai – **c.** vrai – **d.** faux (elle a laissé son mobile chez elle) – **e.** faux (elle a été égarée) – **f.** vrai – **g.** faux – **h.** vrai !

2 ▸ **1.** ma vive contrariété – **2.** un jour de congé – **3.** précise – **4.** un courriel (les Français disent « un mail » ou « un courrier électronique » ou encore « un courriel »)

3 ▸ **1.** vrai – **2.** vrai – **3.** faux (presque une semaine)

4 ▸ **1.** a – **2.** b – **3.** b – **4.** b – **5.** a

5 ▸ **1.** d – **2.** c – **3.** e – **4.** f – **5.** a – **6.** b

6 ▸ **1.** Le monsieur ne trouve plus ses clés, il les a égarées ou perdues. Il va être obligé d'appeler un serrurier pour ouvrir sa porte. Ou alors, il va téléphoner à sa femme (ou ses enfants) pour leur demander de venir lui ouvrir la porte. – **2.** Cette dame reçoit une commande de livres, mais il y a une erreur dans la livraison. Elle va téléphoner à la librairie ou envoyer un mail pour protester.

7 ▸ *Dialogue possible.* — Magasin Iléa, bonjour ! — Bonjour, monsieur, je vous téléphone à propos d'une livraison que je viens de recevoir et qui ne correspond pas à ma commande. — Vous pouvez me donner votre nom et votre numéro de commande ? — Oui, je suis madame/monsieur X., et le numéro est le RF 76988, du 1er septembre 2009. — Oui, je vois, une table blanche… — La table que je viens de recevoir est noire ! — Excusez-nous, madame/monsieur, il y a une erreur. Nous allons vous apporter la bonne table demain après-midi, si cela vous va. — Oui, demain, cela me convient / cela me va.

Activités de vocabulaire et civilisation, page 15

8 ▸ **1.** incendie – **2.** intempéries – **3.** voler – **4.** feu – **5.** inondation – **6.** plaisanter

9 ▸ **1.** incendies – **2.** intempéries – **3.** un tremblement de terre – **4.** une catastrophe – **5.** la tempête – **6.** inondations – **7.** incident

10 ▸ *Réponse possible.* Cette région est en train de subir une forte tempête. Les vents violents ont arraché des toits et des arbres qui sont tombés sur la route. Tout cela provoque de gros embouteillages.

11 ▸ **1.** volé – **2.** égaré – **3.** voilà – **4.** empêchement – **5.** contretemps, accident, embouteillage – **6.** débordé, inondations

12 ▸ **1.** vrai ! – **2.** faux – **3.** vrai – **4.** faux – **5.** vrai

Activités de grammaire, page 16

13 ▸ **1.** partie – **2.** retrouvé – **3.** perdus – **4.** faits – **5.** acheté – **6.** achetés – **7.** sorties – **8.** perdu

14 ▸ **1.** la voilà – **2.** les voilà – **3.** la voilà – **4.** le voilà – **5.** le voilà – **6.** me voilà – **7.** te voilà – **8.** les voilà

15 ▸ **1.** Sylvie s'est levée tôt. – **2.** Elle s'est préparée – **3.** Elle a pris… – **4.** Elle est partie… – **5.** Elle est allée – **6.** Elle est arrivée – **7.** Elle a répondu – **8.** Elle a participé – **9.** Elle a déjeuné – **10.** Elle a écrit

16 ▸ *Réponses possibles.* **1.** Les bruns ! – **2.** les noires – **3.** des cuits – **4.** un gros, bien sûr ! – **5.** les blanches – **6.** la thaïlandaise

17 ▸ **1.** a été organisée, est arrivée, a prévenu, ne l'ont pas attendue – **2.** avons critiqué, a prise – **3.** ont annulé, ont été reportées – **4.** as vu, avons achetée – **5.** est partie, a rencontrés

Évaluez-vous ! page 17

18 ▸ 🎧 **DIALOGUE.** —*Adèle :* Alors, Colette, ça va, ton voyage s'est bien passé ? — *Colette :* Pas vraiment ! D'abord, j'ai eu un contretemps avant de partir, car ma fille a perdu les clés de la maison. J'ai dû m'occuper de tout cela puis j'ai essayé de prendre l'avion. —*Adèle :* Essayé ? — *Colette :* Oui ! Tu te souviens de la tempête qui a commencé jeudi matin ? C'était ce jour-là que je devais partir. Je suis allée à l'aéroport, mais évidemment, tous les vols ont été annulés. —*Adèle :* Alors, qu'est-ce qui s'est passé, finalement ? — *Colette :* Eh bien, j'ai attendu le soir pour partir. La réunion a été reportée au lendemain.

1. faux – **2.** faux – **3.** faux – **4.** vrai – **5.** faux – **6.** vrai – **7.** faux – **8.** faux – **9.** vrai – **10.** faux

19 ▸ **1.** faux – **2.** faux – **3.** faux – **4.** vrai – **5.** vrai – **6.** vrai – **7.** vrai – **8.** faux – **9.** vrai – **10.** vrai (« crevé » est un adjectif familier signifiant « très fatigué »)

20 ▸ La dame ne trouve plus son billet de train : elle l'a oublié chez elle, ou bien elle l'a égaré ou perdu. Même si c'est contrariant, elle va pouvoir prendre son train, car il est annoncé avec un retard d'une heure. Elle va donc pouvoir expliquer sa situation à un employé de la SNCF (entreprise qui gère les trains, en France), mais elle arrivera en retard à destination.

21 ▸ *Réponses possibles.* **1.** Madame, Monsieur, J'ai acheté samedi dernier un ordinateur portable (marque XX, modèle CG) qui a été livré aujourd'hui. Malheureusement, l'ordinateur que j'ai reçu ne correspond pas à ma commande. Je vous prie donc de bien vouloir faire le nécessaire immédiatement et de m'envoyer au plus vite le bon produit. Meilleures salutations. – **2.** Je suis désolé(e) d'avoir raté la réunion ! En fait, il y a eu « un incident technique » sur la ligne de métro. Nous sommes restés bloqués entre deux stations pendant plus d'une heure ! Je ne sais pas pourquoi, mais les mobiles ne marchaient plus, ce qui explique que je n'ai pas pu vous prévenir !

UNITÉ 2

Activités de communication, page 22

1 ▸ **a.** faux – **b.** faux – **c.** vrai – **d.** vrai – **e.** faux – **f.** faux – **g.** vrai – **h.** faux

2 ▸ phrases 1 et 6

3 ▸ **1.** vrai – **2.** faux – **3.** vrai – **4.** vrai – **5.** faux

4 ▸ **1.** a – **2.** a – **3.** b – **4.** a – **5.** a – **6.** b

5 ▸ *Réponses possibles.* **1.** Quand Paul était jeune, il était extrêmement timide. Il se sentait mal à l'aise avec les filles, car il avait les problèmes typiques des adolescents : il avait le visage couvert de boutons, il n'osait pas prendre la parole en public, il se croyait laid et stupide. – **2.** Un jour, il est parti à l'étranger comme étudiant «Erasmus». Il a passé un semestre à Bologne en Italie, où il a rencontré toutes sortes d'étudiants du monde entier. Il a surmonté sa timidité, il a fait des progrès spectaculaires en italien et a bien réussi ses études. – **3.** Maintenant, Paul a une trentaine d'années. Il travaille dans un cabinet d'architectes qui développe des projets internationaux, en particulier en Italie. Il est marié, il a un petit garçon de 3 ans. Paul et sa femme attendent leur deuxième enfant pour dans deux mois.

6 ▸ *Réponse possible.* Quand j'étais jeune, je voulais devenir artiste de cirque. J'étais fasciné par les acrobates et les jongleurs, je voulais être clown ou trapéziste. C'était à la fois drôle et dangereux. Mes parents ont catégoriquement refusé. Ils ont voulu que j'étudie les maths, parce que c'était plus sérieux. Maintenant, je suis prof de maths. J'aime beaucoup mon travail, mais quand j'accompagne mes enfants au cirque, je regrette un peu de ne pas avoir choisi cette voie…

Activités de vocabulaire et civilisation, page 23

7 ▸ **1.** vrai – **2.** faux – **3.** vrai – **4.** faux – **5.** vrai – **6.** vrai – **7.** vrai

8 ▸ **1.** augmenter – **2.** se sont améliorées – **3.** l'intéresse, lui plaît – **4.** il s'est dégradé, il a régressé, décliné – **5.** il s'est amélioré.

9 ▸ *Réponses possibles.* **1.** Oui, je m'y suis mis(e) avec énergie !

– **2.** Non, à l'époque je ne faisais pas de danse, je ne savais pas danser. – **3.** Oui, ma situation s'est améliorée par rapport à l'année dernière. – **4.** Oui, ma vie me plaît et m'intéresse ! – **5.** Non, je n'ai pas déménagé récemment. – **6.** Oui, bien sûr, je suis arrivé(e) à faire cet exercice sans difficulté !

10 ▸ **1.** saisi – **2.** arrivée – **3.** détériorée – **4.** plaît – **5.** suis mis(e)

11-12 ▸ *Les réponses dépendent des pays.*

Activités de grammaire, page 24

13 ▸ **1.** fallait – **2.** mourait, a sauvé – **3.** vivait, était, prenait, a eu, a changé, a été, a apprécié – **4.** se servait, a eu, s'est mis – **5.** est arrivée – **6.** s'écrivaient, se parlaient – **7.** s'occupait, a pris

14 ▸ **1.** Avant, Antoine fumait beaucoup et il ne pouvait pas courir. Un jour, il a décidé d'arrêter de fumer. Maintenant il fait régulièrement du jogging. – **2.** Aziz était seul, un peu déprimé, jusqu'au jour où il a rencontré Jeanne. Maintenant, il vit un grand amour et est très heureux. – **3.** Je n'aimais pas la littérature. En terminale, j'ai eu un excellent professeur de littérature et maintenant, je lis avec plaisir. – **4.** Juliette et Frank vivaient en ville. Un jour, ils ont changé de travail et se sont installés à la campagne. Ils ont maintenant une vie plus saine. – **5.** Je détestais marcher, je ne faisais jamais de promenade. Un jour, je me suis inscrit(e) à un club de marche pour rencontrer des gens. Maintenant, j'aime beaucoup la marche, j'ai de nouveaux amis. – **6.** Cécile parlait mal l'anglais. Elle est partie en Angleterre pour son travail, et maintenant elle arrive à s'exprimer en anglais.

15 ▸ *Réponses possibles.* **1.** Parce qu'il n'aimait pas son appartement / parce qu'il a trouvé un nouveau travail dans une autre ville. – **2.** Parce qu'ils ne s'entendaient plus / parce qu'elle a rencontré Gaspard ! – **3.** Parce qu'elle se trouvait toute seule dans une rue, la nuit / parce qu'un gros chien s'est précipité vers elle. – **4.** Parce qu'il était préoccupé par son travail / parce qu'il a bu trop de café hier soir. – **5.** Parce que c'était trop dur ! / parce que je n'ai rien compris aux questions ! – **6.** Parce qu'il n'avait pas assez d'argent / parce qu'il a raté son train.

Évaluez-vous ! page 25

16 ▸ 🎧 **DIALOGUE.** —*Virginie :* Alors, Héloïse, est-ce que tu es contente de ton travail ? — *Héloïse :* Oui, mon nouveau travail me plaît beaucoup. En fait, j'ai eu une promotion récemment, je suis devenue responsable des achats. —*Virginie :* Qu'est-ce que cela change, pour toi ? — *Héloïse :* Oh, j'ai beaucoup plus de responsabilités ! Avant, je devais simplement m'occuper des clients, puisque j'étais vendeuse. Maintenant, je regarde les différentes collections, je choisis les modèles… — *Virginie :* Tu deviendras peut-être styliste, non ? — *Héloïse :* Eh bien, Virginie, je t'avoue que je me suis mise à dessiner quelques vêtements, sur le papier, comme ça…

1. faux – **2.** vrai – **3.** vrai – **4.** faux – **5.** faux – **6.** vrai – **7.** faux – **8.** faux – **9.** faux *(elle s'est mise à dessiner des vêtements)* – **10.** faux

17 ▸ **1.** faux *(la Chandeleur est le 2 février)* – **2.** vrai – **3.** vrai – **4.** vrai – **5.** faux – **6.** faux ! – **7.** faux – **8.** vrai – **9.** faux – **10.** faux

18 ▸ *Réponses possibles.* **1.** Bruno travaillait dans le quartier d'affaires de La Défense, près de Paris. Il était directeur du marketing dans une grande entreprise d'informatique. Comme il habitait en banlieue, il devait faire tous les jours le trajet en métro. Surmené, il commençait à avoir des problèmes de santé. – **2.** Après de longues discussions avec sa femme, les deux ont décidé de changer de vie. Ils ont acheté une ferme dans la Creuse, un département rural du centre de la France. Ils se sont mis à l'agriculture biologique. – **3.** Maintenant, Bruno se sent mieux. Il a un petit élevage de volailles et il vend des œufs et des poulets. La vie est dure car sa femme et lui travaillent tout le temps, mais tous les deux sont en bien meilleure santé et plus heureux.

19 ▸ *Cela dépend de chaque personne.*

UNITÉ 3

Activités de communication, page 30

1 ▸ **a.** faux – **b.** vrai *(« habillés pareil »)* – **c.** faux – **d.** faux – **e.** faux *(il souhaitait le faire)* – **f.** vrai – **g.** faux

2 ▸ **a.** 1, 3, 5 – **b.** 2, 4, 6

3 ▸ **1.** faux – **2.** faux – **3.** vrai – **4.** vrai

4 ▸ **1.** c – **2.** f – **3.** d – **4.** e – **5.** a – **6.** b

5 ▸ **1.** comment – **2.** nouvelles – **3.** eu – **4.** en est – **5.** selon

6 ▸ *Réponse possible.* La célèbre millionnaire s'est fait cambrioler pendant le week-end. Partie de chez elle samedi matin pour passer deux jours dans son château du Périgord, elle est rentrée tard dimanche soir. Quand elle est arrivée devant chez elle, tout semblait normal, sauf que la clé ne fonctionnait plus. La police est immédiatement intervenue. À l'intérieur de l'appartement, tout était en désordre dans la chambre de la dame : tiroirs ouverts, meubles renversés, tableaux arrachés. Les malfaiteurs ont volé des objets d'une valeur inestimable : deux statuettes romaines, de magnifiques bijoux et tous les appareils électroniques. La victime croyait son appartement parfaitement protégé par un système d'alarme performant…

Activités de vocabulaire et civilisation, page 31

7 ▸ **1.** viol – **2.** pompier – **3.** témoin – **4.** mobile – **5.** délit – **6.** condamner – **7.** violeur – **8.** tueur

8 ▸ **1.** le policier, l'enquêteur – **2.** un violeur – **3.** un assassin, un meurtrier, un tueur – **4.** un témoin *(le mot « témoin » est toujours masculin : Sylvie est un témoin important)* – **5.** un tueur en série – **6.** une victime

9 ▸ **1.** un cambriolage – **2.** un vol – **3.** un meurtre *(« la tuerie » signifie l'action de tuer en masse)* – **4.** une agression – **5.** un enlèvement – **6.** un viol

10 ▸ **1.** voler – **2.** crime – **3.** avoué – **4.** relâchée – **5.** crime *(un vol ne peut pas être « atroce », terme qui évoque l'horreur absolue)* – **6.** incendie *(le terme s'utilise aussi pour un feu dans la nature. Voir unité 1)* – **7.** interrogé – **8.** commis

11 ▸ **1.** vol – **2.** cambriolée – **3.** commis, criminel/meurtrier/malfaiteur/coupable – **4.** victime – **5.** cambriolée/attaquée, cambrioleurs/malfaiteurs – **6.** relâché – **7.** condamné – **8.** enlevé, rançon

12 ▸ *Les réponses dépendent des pays.*

Activités de grammaire, page 32

13 ▸ **1.** devait, est resté – **2.** a attendu – **3.** j'ai cru – **4.** êtes connus – **5.** me donnait – **6.** t'es habillée – **7.** a fait – **8.** as pensé

14 ▸ **1.** savais, croyais, était – **2.** devait, a dû – **3.** a pensé, a oublié – **4.** a connu – **5.** connaissions – **6.** j'ai su – **7.** a cru – **8.** pensait

15 ▸ **1.** Xavier s'est fait voler son téléphone mobile. – **2.** Tania s'est fait cambrioler. – **3.** Cette pauvre jeune femme s'est fait violer. – **4.** Le vieux monsieur s'est fait agresser dans la rue. – **5.** Deux touristes se sont fait attaquer. – **6.** La femme la plus riche du pays s'est fait enlever. – **7.** Thibaud s'est fait couper les cheveux. – **8.** Le directeur corrompu s'est fait licencier de l'entreprise.

16 ▸ **1.** as pensé, pensais, était – **2.** croyais, vivait, me suis trompé(e) – **3.** avez vu, était, portait, avait, semblait

Évaluez-vous ! page 33

17 ▸ 🎧 **DIALOGUE.** — *Simon :* Racontez-moi ce qui s'est passé, mercredi dernier ! — *Une voisine :* Eh bien, j'étais dans l'entrée de l'immeuble, j'attendais l'ascenseur, quand j'ai entendu du bruit dans l'escalier. C'était monsieur Duroc, du troisième étage, avec des gendarmes qui le tenaient fermement… Ils n'ont rien dit et ils sont partis à toute vitesse. — *Simon :* Monsieur Duroc ? Ça alors ! Mais il avait l'air si gentil ! — *La voisine :* Oui, mais j'ai appris par madame Gomez qu'en fait, c'était un dangereux criminel ! Il a assassiné plusieurs personnes, mais pas ici, dans une autre ville. — *Simon :* Je n'arrive pas à le croire ! Vous imaginez qu'il vivait à côté de nous ? Tout le monde le connaissait et l'appréciait. Je le voyais presque tous les matins, on se disait bonjour. Cela fait froid dans le dos, quand on y pense ! — *La voisine :* Oui, apparemment, il a été reconnu par une de ses victimes, qui a réussi à s'échapper. Je ne sais pas s'il a déjà avoué tous ses crimes, mais on dit qu'il y en a beaucoup. Il paraît qu'il a commis aussi beaucoup de cambriolages…

1. vrai – **2.** faux – **3.** faux – **4.** vrai – **5.** vrai – **6.** faux – **7.** vrai – **8.** faux – **9.** faux – **10.** faux

18 **1.** faux – **2.** vrai – **3.** faux – **4.** vrai – **5.** vrai – **6.** faux – **7.** faux *(le garagiste l'avait réparée)* – **8.** faux ! – **9.** faux – **10.** faux *(mais on peut avoir des doutes…)*

19 *Réponse possible.* **1.** Une jeune fille se promenait dans le parc quand elle a vu un homme s'approcher d'une vieille dame qui lisait, tranquillement assise sur un banc. Cette dernière n'a entendu ni vu l'homme, qui a très rapidement saisi le sac à main que la dame avait posé juste à côté d'elle. – **2.** La vieille dame s'est mise à crier, mais inutilement, car le voleur s'est enfui en courant. Personne n'a pu le rattraper.

20 *Réponse possible.* La mort de Léo Verger reste un mystère. Rappelons les faits. Le corps de ce célèbre avocat a été retrouvé lundi dernier, dans son jardin, écrasé par un arbre. La thèse de l'accident a d'abord été retenue, puisque ce jour-là, une très violente tempête avait causé de gros dégâts. Cependant, quelques éléments ont intrigué les enquêteurs et ont orienté les policiers vers le meurtre. La solution du mystère se trouvera peut-être dans l'entourage de Léo Verger. Divorcé depuis peu de temps, il vivait dans une splendide maison familiale et ne cachait ni sa vie amoureuse mouvementée, ni son goût pour le luxe…

UNITÉ 4

Activités de communication, page 38

1 **a.** faux – **b.** faux – **c.** vrai – **d.** faux – **e.** faux – **f.** vrai – **g.** faux

2 **1.** vrai – **2.** vrai – **3.** vrai – **4.** faux *(c'est Stravinsky)*

3 **1.** Il a été condamné officiellement pour trahison. – **2.** C'est Zola qui s'est engagé dans la défense de Dreyfus. – **3.** Non, il était innocent.

4 **1.** paraître – **2.** l'indignation – **3.** l'érection – **4.** le déshonneur – **5.** l'édifice – **6.** sourire

5 **1.** d – **2.** c – **3.** e – **4.** f – **5.** b – **6.** a

6 *Réponse possible.* — J'ai assez envie d'aller en Grèce, et toi ? — Oui, pourquoi pas, mais en été il va faire chaud, non ? — Ça dépend où. Si on choisit une île, il n'y aura pas de problème. — Je n'aime pas trop l'idée d'être sur une île. Je préfère les grandes villes, avec des musées, des restaurants, de l'animation. — Moi, je préfère un peu de tranquillité, surtout pour des vacances. À mon avis, tu aimeras bien les îles grecques. Certaines sont d'une exceptionnelle richesse archéologique ! — Je suis d'accord avec toi sur l'archéologie, mais je me vois mal rester une semaine enfermé(e) sur une île ! — Ah là là, quel(le) citadin(e) tu es !

7 *Réponse possible.* — Je viens de voir un grand film, *Marie-Antoinette*, de Sophia Coppola. — Tu appelles ça un *grand* film ? — Ah oui, je l'ai adoré ! C'est magnifiquement filmé, les décors et les

costumes sont somptueux… — Moi, j'ai détesté. D'abord, la musique est horrible. Au lieu de choisir de la musique baroque, ce rock violent m'a fait mal aux oreilles ! — Sur ce point, je suis d'accord avec toi, la musique n'est pas très réussie. — Et puis je trouve complètement ridicule que les personnages parlent l'anglais ! Louis XVI avec un accent américain, ça n'a pas de sens ! — Moi, je te parle de l'image. Ne me dis pas que tu as trouvé le film laid du point de vue esthétique ! — Non, c'est vrai que c'est joli. — Joli ? Splendide, tu veux dire ! Regarde la manière dont elle a filmé les châteaux, les visages, les costumes ! — Oui, c'est joli.

8 *Les réponses dépendent des pays.*

9 *Les réponses dépendent des personnes !*

Activités de vocabulaire et civilisation, page 39

10 **1.** la discussion – **2.** le débat – **3.** la dispute – **4.** la conversation – **5.** la réconciliation – **6.** la brouille – **7.** la promesse – **8.** la polémique

11 **1.** je ne suis pas d'accord avec toi, au contraire ! – **2.** l'un d'entre eux est parti en claquant la porte / ils se sont brouillés. – **3.** elle me coupe la parole / m'interrompt tout le temps. – **4.** il est resté silencieux / il s'est tu *(passé composé de « se taire »)*. – **5.** Oui, je suis du même avis que toi / je suis de ton avis / je partage ton opinion. – **6.** mais nous nous sommes réconciliés.

12 **1.** débat – **2.** se disputent – **3.** brouille, réconciliation – **4.** discussion, ton, claquant – **5.** parole – **6.** vue – **7.** tenu

13 **1.** conversation – **2.** opinion – **3.** être au courant – **4.** être au courant – **5.** promettre – **6.** sujet

14 **1.** vrai ! – **2.** faux – **3.** faux – **4.** faux – **5.** faux – **6.** faux – **7.** faux *(c'est à la télévision que cela se passe, et cela peut être retransmis par les radios)*

Activités de grammaire, page 40

15 **1.** Il m'en a parlé. – **2.** Il l'y a emmenée. *(accord avec « sa fille »)* – **3.** Il ne me les a pas racontées. *(accord avec « ses vacances »)* – **4.** Je la leur ai demandée. *(accord avec « adresse »)* – **5.** Je peux lui en acheter un. – **6.** Je t'y conduirai. – **7.** Je ne te le conseille pas. – **8.** Je ne leur en parlerai pas. – **9.** Ils m'en ont offert un. – **10.** Il ne me les a pas données. *(accord avec « références »)*

16 **1.** donne-lui-en – **2.** dis-le-moi – **3.** parle-lui-en – **4.** donne-le-leur – **5.** dis-le-lui – **6.** donne-m'en – **7.** montre-les-moi

17 **1.** je crois qu'ils sont partis en vacances. – **2.** il est exact qu'elle a commencé – **3.** je suppose qu'elle viendra… – **4.** j'ai l'impression qu'elle n'est pas contente. – **5.** il paraît qu'ils se sont disputés. – **6.** j'espère que nous les verrons. – **7.** je vois qu'il a grandi !

18 **1.** je vais te le rendre. – **2.** je ne vais pas leur en préparer (un). – **3.** je vais vous en parler. – **4.** je vais te le donner. – **5.** je ne vais pas t'en parler. – **6.** je vais te les envoyer. – **7.** je vais vous en raconter une. – **8.** je vais t'en montrer un.

Évaluez-vous ! page 41

19 DIALOGUE. — *Adèle :* Philippe, tu sais que j'étais invitée à la fête de Clément ? — *Philippe :* Oui, Adèle, tu m'en as parlé rapidement. Si je comprends bien, ça ne s'est pas bien passé. — *Adèle :* Non, ce n'était pas très réussi, car Laurence et Justine se sont encore disputées ! — *Philippe :* Ne m'en parle pas ! Il est vrai que ces deux-là sont rarement d'accord… Pourquoi est-ce que Clément invite Justine, puisque le résultat est toujours un conflit avec Laurence ? — *Adèle :* Figure-toi que je le lui ai demandé. Son objectif était de les réconcilier… C'était plutôt raté ! — *Philippe :* À part ça, de quoi avez-vous parlé pendant la soirée ? — *Adèle :* De tout et de rien, de cinéma et de politique bien sûr… — *Philippe :* Sur ce sujet, je suppose que tout le monde était du même avis ? — *Adèle :* Oui, Philippe, là, il n'y a pas eu de polémique !

1. faux – **2.** vrai – **3.** vrai – **4.** vrai – **5.** faux – **6.** faux – **7.** vrai – **8.** vrai – **9.** faux – **10.** vrai

20� **1.** Le titre « à la récré » (= la récréation = la pause entre les cours à l'école), la relative pauvreté du vocabulaire, les phrases très courtes et tout le contexte de l'école. – **2.** « T'es » (au lieu de « tu es »), l'absence d'inversion du sujet (« j'ai dit » au lieu de « ai-je dit »), « répète un peu » (tournure familière de défi), l'utilisation de « moi » en début de phrase, la suppression du « ne » de la négation, les successions de mots de remplissage (« c'est vrai, quoi, à la fin »), les onomatopées (« bling »). – **3.** À l'école, bien sûr : la récré, le surveillant, la classe de géographie. – **4.** « Répète un peu ! » - **5.** « ce genre de choses, il faut pas me les dire deux fois » (parce que je suis courageux et que si on me demande de me battre, j'accepte tout de suite !)

21▷ *Les réponses dépendent des pays.*

22▷ *Réponse possible.* Chère Estelle, Il faut que je te raconte la soirée que j'ai passée hier soir chez Gaspard et Margot. C'était un bon dîner, mais les discussions ont été vives ! D'abord, nous avons parlé de sport, et Fabien s'est immédiatement disputé avec Kevin à propos de l'équipe de Marseille. Ils sont fous, tous les deux, ils ne peuvent pas rester calmes sur ce sujet. En plus, Kevin n'écoute rien et coupe tout le temps la parole aux autres, c'est pénible ! Margot a réussi à les calmer en apportant le plat (un délicieux poulet au citron) et en servant un fabuleux bordeaux. Après, c'est Gaspard qui a entamé une discussion assez vive sur le spectacle de danse de son copain russe Fédia : cette fois-ci, c'est Margot qui n'était pas d'accord avec lui. Gaspard trouve Fédia génial, alors que Margot n'avait pas tellement aimé le ballet. Finalement, la conversation s'est portée sur la cuisine, et là, tout le monde était d'accord !

UNITÉ 5
Activités de communication, page 46

1▷ **a.** vrai – **b.** vrai – **c.** faux – **d.** vrai – **e.** faux – **f.** vrai

2▷ **1.** faux (il l'a développée mais pas inventée) – **2.** vrai – **3.** vrai

3▷ **1.** était heureux – **2.** admirait – **3.** impulsif

4▷ **1.** prendre garde – **2.** marcher sur le ventre – **3.** très peu intéressant

5▷ **1.** vivement – **2.** mêle – **3.** regarde – **4.** pareil – **5.** fous – **6.** à

6▷ *Réponses possibles.* **1.** Parce qu'il était plongé dans un roman passionnant ! – **2.** À cause d'une grève des trains des deux côtés de la frontière. – **3.** Parce qu'elle voulait continuer à jouer dans le jardin. – **4.** Sa fiancée n'a pas pu venir pour le week-end, c'est pour ça qu'il a l'air tellement déçu ! – **5.** Comme je lui ai interdit de sortir avec ses copains, ma fille Flore me regarde avec colère ! – **6.** Vu que j'avais passé la journée à visiter la ville avec des amis, j'ai été obligée de travailler toute la nuit pour finir mes exercices !

7▷ *Réponse possible.* Je n'ai pas de si grandes qualités, et, comme beaucoup d'hommes, il m'est difficile de parler de moi ! Disons que je crois avoir hérité de l'intelligence et du dynamisme de mon père. Cela me permet de réussir dans la vie. De ma mère, j'ai la curiosité intellectuelle et un certain charme, il faut l'avouer. Par modestie, je ne dirai pas ce que les femmes pensent de moi. Ai-je des défauts ? Qui n'en a pas ? Comme j'ai très peu d'amis, il vous sera difficile de leur demander…

8▷ *Réponse possible.* Mon ami Sébastien est quelqu'un de bien (puisque c'est mon ami !), qui a de grandes qualités et de petits défauts. Son sens de l'humour et son intelligence frappent immédiatement et lui permettent de briller dans les conversations. C'est un bonheur de l'entendre parler, même s'il est parfois un peu trop bavard. Son charme et sa générosité plaisent beaucoup aux femmes… Il ne manque pas de ténacité, et parfois il devient têtu comme une mule : impossible de le faire changer d'avis quand il est convaincu d'avoir raison !

Activités de vocabulaire et civilisation, page 47

9▷ **1.** vrai – **2.** faux – **3.** vrai – **4.** faux – **5.** faux – **6.** faux – **7.** vrai – **8.** faux

10▷ **1.** têtue – **2.** mauvais – **3.** bavarde – **4.** tenace, persévérant – **5.** influençable – **6.** menteurs – **7.** séduisante

11▷ **a.** séduisant, dynamique, sensible, chaleureux, sociable, passionné, mesuré, tolérant – **b.** avare, impatient, têtu, influençable, bavard, mou

12▷ **1.** c – **2.** d – **3.** b – **4.** f – **5.** a – **6.** e

13▷ **1.** faux (cela arrive, bien sûr, mais ce n'est pas recommandé !) – **2.** vrai – **3.** vrai – **4.** vrai – **5.** faux – **6.** vrai

Activités de grammaire, page 48

14▷ **1.** par amour – **2.** par gourmandise – **3.** par peur – **4.** faute d'argent – **5.** faute de crédit bancaire – **6.** par curiosité – **7.** faute d'outils

15▷ **1.** Parce qu'elle était très en colère contre Daniel / à cause de l'agressivité de Daniel. – **2.** Vu qu'il y a eu un incident technique dans le métro / Comme il n'a aucun sens de l'heure – **3.** Comme elle est d'une prétention insupportable / parce qu'elle ne connaissait même pas le nom de Victor Hugo ! – **4.** Par fatigue et par stress, tout simplement / elle regardait un film triste, c'est pour ça qu'elle s'est mise à pleurer. – **5.** Par timidité et par émotion / vu qu'Évelyne lui a fait un compliment – **6.** Puisqu'il fait très mauvais dehors et qu'il a beaucoup de travail / par paresse !

16▷ **1.** changement – **2.** construction – **3.** étude – **4.** dynamisme – **5.** timidité – **6.** tolérance – **7.** développement

17▷ *Réponses possibles.* **1.** e ; par conséquent – **2.** c ; donc – **3.** d ; du coup – **4.** a ; si bien que – **5.** b ; du coup

Évaluez-vous ! page 49

18▷ 🎧 **DIALOGUE.** — *Boniface :* Je me demande pourquoi Serge a été si agressif, hier soir. — *Virginie :* Je crois que c'est à cause de Roland, qui est tellement charmeur. J'ai l'impression que Serge est jaloux, tout simplement. Du coup, il devient désagréable, par jalousie. — *Boniface :* Puisque tu connais si bien toutes ces personnes, est-ce que tu peux me parler d'Eustache ? — *Virginie :* Eustache, c'est quelqu'un de très calme, mesuré, intègre… Souvent, on ne l'entend pas dans les soirées. Comme il réfléchit des heures avant de parler, il rate les occasions et ne dit rien. Vu son intelligence et sa culture, c'est dommage, car on aimerait bien connaître son opinion… — *Boniface :* C'est vraiment amusant d'observer les caractères. La femme d'Eustache est si ouverte et communicative, rien à voir avec son mari !

1. faux – **2.** vrai – **3.** faux – **4.** vrai – **5.** vrai – **6.** vrai – **7.** vrai – **8.** faux – **9.** vrai – **10.** faux

19▷ **1.** vrai – **2.** vrai – **3.** faux (les magazines féminins publient des tests et les grandes entreprises en utilisent pour leur recrutement) – **4.** vrai – **5.** faux – **6.** faux (les candidats) – **7.** vrai – **8.** faux ! – **9.** faux – **10.** faux !

20▷ *Réponse possible.* **1.** Un bon diplomate sait aussi bien parler qu'écouter. Il doit être fort intelligent et cultivé, pour bien connaître les situations et savoir répondre aux questions. Il doit être mesuré et prudent dans ses paroles. Certains lui reprocheront son hypocrisie, d'autres admireront son habileté. – **2.** Un bon journaliste ne peut pas être timide ! Au contraire, il doit être sociable et curieux et ne pas hésiter, parfois, à faire preuve d'une certaine insolence. Bien entendu, l'intelligence et la culture lui faciliteront le travail. Professionnellement, il doit être parfaitement intègre. Ses missions nécessiteront aussi une grande ténacité : il ne faut pas qu'il se laisse décourager au premier obstacle !

21▷ *Réponse possible.* Comme Margot a un tempérament impulsif

Corrigés des activités

et jaloux, elle réagit trop rapidement et trop passionnément aux situations. Gaspard, lui, a bon caractère et parle facilement avec les uns et les autres. C'est pour cela qu'il a embrassé Justine sur les deux joues, en éclatant de rire. Du coup, Margot a cru que Gaspard la trompait ! Grâce au calme et à la patience de Gaspard, les deux amoureux se sont réconciliés, si bien que Margot s'est sentie un peu bête d'avoir fait un drame de rien !

UNITÉ 6

Activités de communication, page 54

1 **a.** faux – **b.** faux – **c.** vrai – **d.** faux – **e.** faux – **f.** faux

2 **1.** faux – **2.** vrai – **3.** vrai

3 **1.** b – **2.** b – **3.** c – **4.** c

4 **1.** à porter au crédit de – **2.** enviée – **3.** réduite – **4.** la diversité

5 **1.** justement – **2.** se passer – **3.** tourner – **4.** tout – **5.** gros – **6.** quoi

6 *Réponse possible.* Ma chère Jeanne, je viens de revoir *Tous les matins du monde*, le film d'Alain Corneau d'après le roman de Pascal Quignard. Ce film est magnifique. Il se passe au début du règne de Louis XIV, en 1667, quand un jeune musicien plein de talent, Marin Marais, vient se perfectionner auprès d'un vieux maître, monsieur de Sainte-Colombe. Le film raconte bien sûr la relation entre le maître, peu sociable et d'une exigence extrême, et son élève, probablement plus doué que lui. Mais on y découvre aussi la musique, les instruments et beaucoup d'éléments de la vie quotidienne en France à cette époque.

7-8 *Les réponses dépendent des pays.*

Activités de vocabulaire et civilisation, page 55

9 **1.** électeurs – **2.** voix – **3.** électorale – **4.** guerre – **5.** manifestations – **6.** périodes – **7.** opérations

10 **1.** représente – **2.** gouverne – **3.** réside – **4.** gère – **5.** fait – **6.** votent – **7.** est

11 **1.** le Premier ministre – **2.** l'élection – **3.** une manifestation – **4.** le président de la République – **5.** les syndicats – **6.** l'ambassadeur – **7.** la guerre – **8.** les députés

12 **1.** vrai – **2.** faux – **3.** faux – **4.** vrai – **5.** faux – **6.** vrai – **7.** vrai – **8.** faux

13 *Les réponses dépendent des pays.*

Activités de grammaire, page 56

14 **1.** qu'elle ne sera pas… - **2.** ce qui se passe – **3.** ce que je regarde – **4.** si tu connais… - **5.** qu'elle a dîné avec ses parents – **6.** de ne pas lire son courrier

15 **1.** c – **2.** d – **3.** f – **4.** e – **5.** a – **6.** b

16 *Réponses possibles.* **1.** à - Parce que cette langue m'attire depuis longtemps. – **2.** à - Cela dépend des circonstances ! – **3.** à - Oui, maintenant, j'arrive à suivre une conversation entre deux personnes. – **4.** d' - Oui, j'ai essayé d'écrire une petite histoire. – **5.** (rien) - Je préfère les exercices d'imagination. – **6.** à - Évidemment, je passe des heures à étudier le français ! – **7.** de - J'ai décidé de lire du Némirovsky. – **8.** à - Absolument pas, je les sais parfaitement…

17 **1.** de venir me rejoindre – **2.** ce que tu as fait – **3.** si tu as parlé – **4.** que j'ai eu… – **5.** où tu vas – **6.** de vous occuper

Évaluez-vous ! page 57

18 🎧 DIALOGUE. —*Romain* : Virginie, est-ce que tu t'intéresses à l'histoire ? —*Virginie* : Oh oui, beaucoup ! J'ai décidé d'étudier sérieuse-

ment le xxᵉ siècle, depuis le début de la Première Guerre mondiale. —*Romain* : C'est passionnant, tant de choses se sont passées ! —*Virginie* : Oui, mes grands-parents me racontent tout le temps ce qu'ils ont vécu et je commence à comprendre pourquoi ils sont si marqués par la guerre, par exemple. — *Romain* : Quand tu dis « la guerre », tu veux dire « la Deuxième Guerre mondiale », bien sûr. — *Virginie* : Oui, Romain, évidemment. Ils ont envie de transmettre leur expérience. Un jour, je te raconterai ce qu'ils m'ont expliqué. —*Romain* : Oui, j'aimerais bien. Tu sais s'ils ont encore des documents, des photos d'époque ? —*Virginie* : Je crois que oui… Je leur demanderai de nous les montrer. Heureusement, ils acceptent de parler de leur vie quotidienne, de ces détails qui sont si difficiles à imaginer…

1. vrai – **2.** faux – **3.** faux – **4.** vrai – **5.** faux – **6.** faux – **7.** faux – **8.** faux – **9.** faux – **10.** vrai

19 **1.** faux – **2.** faux – **3.** vrai – **4.** faux – **5.** faux (*Louis XIII se situe dans la première moitié du xviiᵉ siècle*) – **6.** vrai – **7.** faux – **8.** vrai – **9.** vrai (*« aventures passionnantes »*) – **10.** faux !

20 *Les réponses dépendent des pays, mais vous pouvez vous inspirer du dialogue n° 2.*

21 *Les réponses dépendent des pays.*

UNITÉ 7

Activités de communication, page 62

1 **a.** faux – **b.** vrai – **c.** faux (*elle a changé l'agencement = la place des meubles*) – **d.** vrai – **e.** faux – **f.** vrai !

2 **1.** vrai – **2.** vrai

3 **1.** enlever la poussière – **2.** allumer

4 **1.** faux – **2.** vrai – **3.** faux – **4.** vrai

5 *Réponses possibles.* **1.** Ce sont des travaux dans l'appartement d'à côté. – **2.** Oui, je fais refaire mes fenêtres. – **3.** Il se boit frais, bien sûr. – **4.** Si, certains voisins se plaignent ! – **5.** C'est un seau à glace (pour garder une bouteille de vin au frais). – **6.** Oui, c'est fragile, ça se casse.

6 **1.** Ce flacon, de forme rectangulaire et muni d'un bouchon, est en cristal. Il contient un parfum d'une grande marque française. – **2.** Voici un objet en plastique vert, bien utile quand on jardine : c'est un arrosoir, pour arroser les plantes. L'anse (*pour tenir l'objet*) est ronde, le bec (*par où l'eau sort*) est allongé. À l'extrémité est fixée « la pomme » de l'arrosoir. – **3.** Cet objet très simple est une planche à découper en bois. Elle est de forme rectangulaire et plate. Elle n'a que quelques millimètres d'épaisseur.

7 *Réponse possible.* Il s'agit d'un objet composé de deux parties à peu près égales en longueur : l'une est en métal, plate, très fine ; l'autre est en bois ou en plastique et un peu arrondie. Cela sert à couper, tout simplement. C'est un couteau.

8 *Réponse possible.* J'aime beaucoup le verre, pour sa transparence et sa variété d'apparence. Il se marie bien avec le bois et se prête à toutes sortes de formes.

9 *Réponse possible.* Au marché aux puces, je me suis acheté une lampe style « art nouveau » que j'adore. Le pied de la lampe est en métal et imite une branche d'arbre, courbée par le vent. L'abat-jour est en verre dépoli, bleu pâle. De forme ronde, il ressemble à un fruit. C'est très kitch, mais c'est décoratif et cela me rappelle les lampes de chez mes grands-parents !

Activités de vocabulaire et civilisation, page 63

10 **1.** rigide – **2.** fragile – **3.** encombrant – **4.** décoratif – **5.** transparent – **6.** usée – **7.** épaisse

11 **1.** a, d, e, f – **2.** a, c – **3.** a, b, c, e – **4.** a, b, c, d, e, f, g – **5.** a, b, c, e

12▸ Horizontalement : cuivre, porcelaine, carton, béton, pierre, tissu – **Verticalement :** cuir, or, argent, bois, fer, acier

13▸ 1. jetable – **2.** plastique – **3.** commode – **4.** court – **5.** machin – **6.** bois

14▸ 1. sert, sert – **2.** morceau, bout – **3.** égaré – **4.** abîmé – **5.** hexagonal

15▸ *Les réponses dépendent des pays.*

Activités de grammaire, page 64

16▸ 1. Oui, elle se plie. – **2.** Oui, il se boit frais. – **3.** Elle s'allume parce que le four est en train de chauffer. – **4.** Ça s'éteint en appuyant sur ce bouton. – **5.** En France, le fromage se mange à la fin du repas. – **6.** Elles se mettent dans la petite boîte en métal. – **7.** Elle se lave à la main et à l'eau froide. – **8.** Elle se trouve à Paris, dans le 16e arrondissement.

17▸ 1. Il a fait réparer… – **2.** Tu as fait repeindre… – **3.** Nous avons fait nettoyer… – **4.** J'ai fait faire… – **5.** Vous avez fait livrer… – **6.** Elle a fait ouvrir… – **7.** Ils ont fait faire…

18▸ 1. certains, d'autres – **2.** certains, chacun – **3.** chaque, certains, d'autres – **4.** chacune – **5.** chaque, chacun – **6.** certaines

19▸ 1. Dans n'importe quelle boulangerie ! – **2.** À n'importe quelle heure. – **3.** Vous pouvez m'appeler n'importe quand. – **4.** N'importe qui peut devenir membre. – **5.** N'importe où. – **6.** Dans n'importe quel quartier. – **7.** Pour n'importe quelle raison !

Évaluez-vous ! page 65

20▸ 🎧 **DIALOGUE.** —*Valentine :* Adèle, tu vas souvent au marché aux puces, non ? —*Adèle :* Oui, j'adore ça ! Dans n'importe quelle brocante, je découvre des merveilles. Tous ces objets me font rêver : certains ont accompagné la vie d'une personne, d'autres sont passés de main en main… Ce sont des histoires qui se cachent derrière chacun d'entre eux ! — *Valentine :* Moi, les vieux objets me rendent triste, je préfère la nouveauté. — *Adèle :* Ça se comprend aussi. Mais un jour, Valentine, j'aimerais te faire partager ma joie de collectionner les objets. Le mois dernier, par exemple, j'ai acheté toutes sortes de bibelots extraordinaires. — *Valentine :* Quoi, par exemple ? — *Adèle :* Eh bien, j'ai trouvé un vase en porcelaine et une boîte ronde en bois très léger. J'ai aussi repéré quelques meubles, mais ils sont trop encombrants pour notre petit appartement. — *Valentine :* À quoi te serviront tous ces objets ? — *Adèle :* À rien, juste à me faire plaisir !

1. vrai – **2 .** vrai – **3.** vrai – **4.** faux *(les objets la rendent triste)* – **5.** faux – **6.** faux – **7.** faux – **8.** faux – **9.** faux – **10.** vrai

21▸ 1. vrai – **2.** vrai – **3.** faux – **4.** faux – **5.** vrai – **6.** vrai – **7.** vrai – **8.** faux *(« à la bonne franquette » = simplement. Voir unité 12)* – **9.** faux – **10.** faux

22▸ *Réponse possible.* **1.** À l'intérieur de son atelier, ce monsieur est en train de faire du bricolage. Sur la table, il a posé un petit meuble très abîmé / en mauvais état, qu'il va rénover puis repeindre. À côté du petite meuble, on remarque différents outils, bien commodes pour bricoler : un marteau, des clous, du papier de verre. Sous la table sont posés une scie, une lime et un tournevis. – **2.** Cette pauvre femme est en train de porter un tuyau très lourd ! Il pèse plusieurs kilos et la dame se plaint du poids à porter. Le tuyau est en plastique ou en caoutchouc et il est flexible, car il est destiné à l'arrosage.

23▸ *Réponse possible.* Ma chambre contient bien sûr un lit en bois foncé, une armoire assez encombrante qui me vient de mon grand-père et un bureau que je dois faire restaurer, car il est en mauvais état. J'ai placé certains bibelots en haut des étagères : quelques poteries marocaines, une petite lampe en cuivre et des vases en cristal. Chacun représente le souvenir d'un voyage. Malheureusement, j'ai laissé mon

petit garçon de 5 ans jouer dans ma chambre, et il a abîmé un petit sac en cuir souple qui vient d'Italie.

UNITÉ 8
Activités de communication, page 70

1▸ a. faux – **b.** faux – **c.** faux – **d.** vrai *(« sortir » = paraître = être publié)* – **e.** faux – **f.** vrai – **g.** faux

2▸ 1. Révolution, scientifiques – **2.** Découverte – **3.** public, expériences, recherches – **4.** initie, merveilles

3▸ 1. faux – **2.** vrai – **3.** vrai – **4.** vrai – **5.** vrai

4▸ 1. b – **2.** a – **3.** b – **4.** a – **5.** b – **6.** b – **7.** b

5▸ 1. beau – **2.** fait – **3.** moindre – **4.** jeter – **5.** plein – **6.** fichue

6▸ *Réponse possible.* — Allô, bonjour, madame, j'ai un problème avec ma messagerie informatique. En fait, je peux recevoir des mails, mais je ne peux pas en envoyer. — Vous me donnez votre numéro de téléphone et votre numéro d'utilisateur, s'il vous plaît ? — Oui, voilà… — Donc, vous allez entrer dans « préférences de mails » et cliquer sur « informations ». Qu'est-ce que vous voyez ? — Tout est rempli, sauf une case qui est vide. — Voilà, vous allez ajouter le chiffre 528.98. — Voilà, c'est fait. — Maintenant, vous allez vous envoyer un message à vous-même pour voir si tout marche. — C'est fait, ça marche ! Merci, madame !

7▸ *La réponse dépend des pays. Vous pouvez vous inspirer du document sur Eiffel.*

Activités de vocabulaire et civilisation, page 71

8▸ 1. physique – **2.** chercheur – **3.** informaticien – **4.** expérience – **5.** laboratoire – **6.** découvrir – **7.** progrès – **8.** expériences

9▸ 1. panne – **2.** dur – **3.** réparateur – **4.** réparer/arranger – **5.** l'informatique

10▸ 1. conduit – **2.** résultats – **3.** chercheurs – **4.** laboratoire – **5.** découvertes – **6.** le domaine – **7.** publié – **8.** innovation

11▸ 1. e – **2.** f – **3.** d – **4.** g – **5.** b – **6.** c – **7.** a

12▸ 1. faux – **2.** vrai – **3.** faux – **4.** vrai – **5.** vrai – **6.** vrai – **7.** faux

Activités de grammaire, page 72

13▸ 1. pourtant – **2.** alors qu'il… – **3.** alors qu'elle… – **4.** en revanche – **5.** alors que – **6.** en revanche – **7.** pourtant

14▸ 1. alors – **2.** en revanche – **3.** pourtant – **4.** cependant – **5.** malgré – **6.** même si

15▸ 1. d'avoir publié – **2.** de ne pas avoir communiqué – **3.** d'être repartie – **4.** de s'être occupée – **5.** d'être venus – **6.** d'avoir vu – **7.** d'avoir offert

16▸ 1. Après avoir débranché – **2.** Après s'être installée – **3.** Après m'être occupé – **4.** Après avoir consulté – **5.** Après avoir fait

Évaluez-vous ! page 73

17▸ 🎧 **DIALOGUE.** —*Philippe :* C'est curieux, Alain va diriger une équipe de chercheurs en biologie, alors qu'Éric est un meilleur spécialiste de la question ! Je ne comprends pas ce choix, même si je sais qu'Alain est assez compétent. —*Simon :* N'oublie pas qu'après avoir passé sa thèse, Éric a quitté le laboratoire pour partir à l'étranger, alors qu'Alain est resté là malgré les difficultés. Le choix d'Alain est certainement destiné à récompenser sa fidélité. De plus, il a publié des articles très importants dans son domaine. En revanche, il n'a pas encore dirigé d'équipe, ce sera sa première expérience. — *Philippe :* Tu as peut-être raison. À vrai dire, je ne suis pas spécialiste de la question. Et toi, que fais-tu de beau, en ce moment ? — *Simon :* Eh bien, je suis en pleine préparation d'un colloque en septembre, j'ai trois articles à finir et deux grosses expériences à conduire… sans compter les tâches administratives !

1. vrai – **2.** faux – **3.** faux – **4.** vrai – **5.** faux – **6.** faux *(des articles)* – **7.** faux – **8.** faux – **9.** vrai – **10.** vrai !

18 **1.** faux *(études de droit)* – **2.** vrai – **3.** vrai – **4.** vrai – **5.** faux – **6.** vrai – **7.** faux *(« laïque » s'oppose à « religieux »)* – **8.** vrai – **9.** faux – **10.** vrai

19 *Les réponses dépendent des pays, mais vous pouvez vous inspirer de la leçon de civilisation.*

20 *Réponse possible.* Par formation et par goût, je suis beaucoup plus attirée par les sciences humaines, même si je comprends très bien la passion que l'on peut éprouver pour la physique ou les mathématiques ! Cependant, je trouve que l'histoire, la philosophie ou encore la sociologie devraient être enseignées aux médecins, par exemple. Il est assez curieux d'opposer ces domaines, alors que chacun participe à la compréhension des êtres humains et aux progrès techniques.

UNITÉ 9

Activités de communication, page 78

1 **a.** faux – **b.** faux – **c.** faux – **d.** vrai – **e.** faux – **f.** faux – **g.** vrai ! – **h.** vrai

2 **1.** ressemble – **2.** lunettes – **3.** rase

3 **1.** vrai – **2.** vrai – **3.** faux

4 phrase 3

5 **1.** d – **2.** e – **3.** a – **4.** c – **5.** f – **6.** b

6 **1.** b – **2.** a – **3.** b – **4.** a – **5.** b – **6.** b

7 *Réponse possible.* — Allô, Anne ? Dis-moi, comment tu t'habilles pour aller chez Lise ? — Moi, je vais me mettre tout en noir avec mon beau collier rouge et mes chaussures assorties. Et toi ? — J'hésite un peu : je pourrais mettre mon ensemble gris perle avec un haut bordeaux. Cela me va bien, mais c'est peut-être un peu trop habillé, non ? — Non, je ne crois pas ! Cela fait du bien de s'habiller un peu ! Qu'est-ce que tu vas mettre, comme bijoux ? — J'ai un joli pendentif gris-bleu, parfaitement assorti à mon ensemble, avec une bague et des boucles d'oreilles assorties.

8 *Réponse possible.* Aujourd'hui, je suis habillée très simplement. J'ai mis un pantalon noir et une chemise blanche. Je porte un collier de toutes les couleurs et des boucles d'oreilles bleu ciel. Quand je suis sortie ce matin, j'ai mis un imperméable beige clair et une écharpe bordeaux (qui est l'une des couleurs de mon collier). Comme je suis grande et que je me déplace à pied, j'ai mis des chaussures noires à talons plats, confortables, pour marcher. J'allais oublier un accessoire fort utile à Paris : un parapluie !

9 *Réponse possible.* En général, je m'habille assez sobrement, mais je suis *(suivre)* la mode parisienne ! Je porte beaucoup de noir (des pantalons ou des jupes) avec des hauts de couleur. J'aime bien varier les bijoux et surtout les écharpes, ma grande passion ! Je porte beaucoup de blanc, de gris perle, de bordeaux, de vert foncé et de rouille. Il y a certaines couleurs que j'adore sur les autres, mais que je ne porte jamais, comme le rouge et le jaune.

Activités de vocabulaire et civilisation, page 79

10 **Horizontalement :** **1.** montre – **2.** chapeau – **3.** écharpe – **4.** gants – **5.** collier – **Verticalement :** **a.** bracelet – **b.** bague – **c.** chaîne – **d.** parapluie

11 **1.** changer – **2.** reste – **3.** est – **4.** habillée – **5.** porte – **6.** classe

12 *Réponses possibles.* **1.** Non, je reste en jean. – **2.** Il a une qua-

rantaine d'années. – **3.** Je vais me mettre en jupe. – **4.** Non, je vais me changer. – **5.** Oui, il lui ressemble beaucoup, c'est le portrait de son père. – **6.** Je vais mettre les noires à talons plats.

13 **1.** boucles – **2.** talons – **3.** portrait – **4.** classique – **5.** décontractée – **6.** assortis – **7.** de marche / à talons plats / confortables – **8.** tenue

14 **1.** vrai ! – **2.** faux – **3.** faux – **4.** faux – **5.** vrai

Activités de grammaire, page 80

15 **1.** je l'avais déjà vu – **2.** ils n'y étaient jamais allés – **3.** elle l'avait déjà mis – **4.** je n'avais jamais visité – **5.** je m'étais déjà occupé – **6.** il n'avait jamais mangé de tarte

16 **1.** avait oublié – **2.** avait commencé, s'était marié – **3.** avait divorcé, s'était occupée – **4.** s'étaient sentis – **5.** avais passé, j'avais appris

17 **1.** une robe gris-bleu – **2.** des chaussures noires – **3.** une ceinture gris foncé – **4.** une cravate bleu clair – **5.** des pulls turquoise – **6.** des robes kaki – **7.** une veste marron – **8.** des chemises blanches – **9.** des pantalons gris perle – **10.** des chaussettes ivoire

18 *Réponses possibles.* **1.** elle ne comprenait pas ma réponse / elle avait perdu la mémoire – **2.** j'étais sourd(e) ! – **3.** ce que je racontais était drôle – **4.** je ne leur avais jamais écrit / ils ne me connaissaient pas – **5.** elle mourait de faim – **6.** ce projet était un secret !

19 **1.** avaient fait – **2.** avait reçu – **3.** avions terminé – **4.** avait découvert – **5.** s'était levé

Évaluez-vous ! page 81

20 🎧 DIALOGUE. —*La fille de Colette :* Maman, comment tu t'habilles pour ce soir ? —*Colette :* Je vais peut-être me changer. —*Sa fille :* Tu ne restes pas en jean ? —*Colette :* Non, je vais me mettre en jupe. Peut-être la turquoise, qui me va bien, je trouve. —*Sa fille :* Tu l'avais déjà mise la dernière fois, non ? Tu pourrais changer et mettre la noire ! —*Colette :* Oui, mais elle est trop habillée et trop courte. À mon âge, je serai ridicule. —*Sa fille :* Maman, tu n'es jamais ridicule ! Tu es toujours chic ! En plus, tu fais beaucoup plus jeune que ton âge ! Cette jupe noire te va parfaitement bien. —*Colette :* Tu es adorable ma chérie. Et quelle écharpe est-ce que je vais mettre alors ? —*Sa fille :* La verte, elle sera assortie à tes yeux.

1. faux – **2.** vrai – **3.** vrai – **4.** faux – **5.** faux – **6.** faux – **7.** vrai – **8.** vrai – **9.** vrai – **10.** faux

21 **1.** b – **2.** b – **3.** a – **4.** a – **5.** b – **6.** a – **7.** a – **8.** b – **9.** a – **10.** a

22 *Réponse possible.* — Chéri, tu te changes, pour aller chez Mamie ? — Oh non, je reste en jean. — Tu devrais au moins changer de chemise ! — Pourquoi ? Elle n'est pas jolie, cette chemise ? — Si, bien sûr, mais elle n'est pas assez habillée ! Tu sais bien que Mamie est contente quand on est bien habillé ! — Je déteste m'habiller pour un dîner. Je suis en costume-cravate toute la journée et je veux être en tenue décontractée le soir. — Oui, mais la dernière fois, tu avais mis ta belle chemise bleue, c'était très bien. Pourquoi pas ce soir ? — Bon, d'accord, si cela peut te faire plaisir…

23 *Réponse possible.* **1.** Le dessin représente un monsieur d'une quarantaine d'années, qui porte un costume gris, une chemise blanche et une cravate bleu marine. Par-dessus, il a mis un imperméable beige qu'il a laissé ouvert. Il fait probablement assez froid, car il a un chapeau bleu marine et une écharpe assortie. – **2.** Cette dame n'est plus toute jeune mais ne fait pas son âge. Elle est habillée de manière classique et élégante. Elle est en tailleur noir, une écharpe turquoise sur les épaules. On remarque un collier de perles, un bracelet et une montre. Elle porte des chaussures noires à talons. Elle est assez chic.

UNITÉ 10

Activités de communication, page 86

1 **a.** vrai – **b.** vrai – **c.** faux – **d.** faux – **e.** vrai – **f.** vrai – **g.** vrai – **h.** vrai – **i.** faux – **j.** vrai

2 **1.** à Villeneuve – **2.** Laurence – **3.** Non *(le ton du message est de simple politesse conventionnelle)* – **4.** non – **5.** d'Audrey, Bastien et Capucine

3 **1.** mariage, mairie – **2.** vœux – **3.** souhait

4 *Réponses possibles.* **1.** Je te souhaite tout le bonheur du monde ! – **2.** Je suis triste pour vous. Je vous embrasse de tout cœur et vous souhaite bon courage. – **3.** Bonne année ! Tous mes vœux ! – **4.** Tous mes vœux de bonheur ! – **5.** Je te souhaite une belle année et une bonne santé !

5 **1.** a – **2.** b – **3.** a – **4.** b – **5.** b

6 *Réponse possible.* Matthieu et Rachel vont se marier. Matthieu, qui a une quarantaine d'années, s'est marié une première fois il y a quinze ans. Il a eu deux fils avec Antoinette, sa première femme, mais il s'est séparé d'elle au bout de douze ans de mariage, lorsque les enfants avaient 8 et 11 ans. Antoinette est restée seule, mais Matthieu a rencontré Rachel. Celle-ci vivait seule avec sa fille de 9 ans, qu'elle avait eue avec Stéphane ; ils ne s'étaient jamais mariés, mais leur séparation a été très douloureuse et conflictuelle. Rachel ne voulait pas entendre parler d'une nouvelle liaison, mais Matthieu, avec sa douceur et sa sensibilité, a réussi à la convaincre. Maintenant, ils vont se marier et Rachel attend déjà un bébé de son nouvel amour.

7-8-9 *Les réponses dépendent des pays.*

Activités de vocabulaire et civilisation, page 87

10 **1.** est né – **2.** ont divorcé – **3.** enfance – **4.** garde – **5.** est mort – **6.** s'entendent – **7.** remariée

11 **1.** gendre – **2.** jeunesse – **3.** naissance – **4.** retraite – **5.** centenaire – **6.** vieillesse

12 **1.** vrai – **2.** faux ! – **3.** faux – **4.** vrai – **5.** vrai – **6.** vrai – **7.** vrai

13 **1.** faire-part – **2.** cartes de vœux – **3.** veuf – **4.** mariage – **5.** éloigné – **6.** gendre – **7.** arrière-grand-mère

14 **1.** faux – **2.** vrai – **3.** vrai – **4.** faux – **5.** vrai – **6.** vrai – **7.** faux

Activités de grammaire, page 88

15 **1.** lequel – **2.** auquel – **3.** lequel – **4.** dont – **5.** dont

16 **1.** dont – **2.** laquelle – **3.** dont – **4.** auquel – **5.** lequel – **6.** lequel

17 **1.** D'origine canadienne et anglophone, N. Huston a choisi… – **2.** Grand poète, R. Char a été… – **3.** Diplomate et romancier, R. Gary a publié… – **4.** Né au Sénégal, L. S. Senghor a été… – **5.** Compositeur d'origine russe, Stravinsky quittera… – **6.** Médecin et philosophe, A. Schweitzer jouait… – **7.** Peintre d'origine russe, Chagall a passé…

18 **1.** Madeleine naît à Québec le 2 juin 1971. Elle passe son enfance à Montréal. – **2.** En 1990, elle rencontre Sébastien / elle fait la connaissance de Sébastien. – **3.** Cinq ans après, elle se marie avec lui. – **4.** En 1997 naît leur fils, Jérôme. – **5.** En 2003, Madeleine et Sébastien se séparent et divorcent dans le courant de l'année. – **6.** En 2007, Madeleine fait la connaissance de Franck… avec qui elle vit et dont elle attend un enfant.

Évaluez-vous ! page 89

19 🎧 **DIALOGUE.** — *Héloïse :* Tu connais Maxime ? — *Romain :* Oui, c'est quelqu'un dont j'ai entendu parler. C'est un cousin d'Éléonore, je crois. — *Héloïse :* Oui, et figure-toi qu'il va se remarier avec Sonia, tu sais, la dame dont je garde le chien quand elle part en vacances. — *Romain :* Ah bon ? C'est bien ! Sonia a déjà des enfants, non ?

— *Héloïse :* Elle n'a qu'une fille, dont elle est très proche mais qui est déjà grande. — *Romain :* Et les enfants de Maxime ont bien réagi ? — *Héloïse :* Plus ou moins. Sa fille ne pense qu'à ses études et ne s'intéresse pas beaucoup à son père. Son fils, en revanche, dont le caractère est complètement différent, a l'air à la fois heureux et un peu inquiet, c'est normal. — *Romain :* J'espère que les trois enfants vont bien s'entendre !

1. vrai – **2.** faux – **3.** vrai – **4.** vrai – **5.** faux – **6.** vrai – **7.** vrai – **8.** faux – **9.** vrai – **10.** faux

20 **1.** vrai – **2.** vrai – **3.** faux *(trois fois)* – **4.** faux – **5.** vrai *(Salvador Dali)* – **6.** vrai – **7.** faux – **8.** vrai – **9.** faux – **10.** vrai

21 *Réponse possible.* Mon arrière-grand-père Éloi naît en 1891 dans un petit village du Poitou, où il va à l'école. Il devient pensionnaire au lycée de Poitiers, puis étudiant. Doué en histoire et géographie, il veut devenir professeur. En 1913, il tombe fou amoureux d'Amélie, mais quand il voudrait l'épouser, la Première Guerre mondiale éclate. Il est mobilisé, passe quatre années d'horreur qui feront de lui un pacifiste convaincu. À la fin de la guerre, la jolie Amélie l'a fidèlement attendu et mon arrière-grand-père et elle se marieront en janvier 1919. Éloi peut enfin devenir le professeur respecté qu'il sera pendant toute sa carrière. Amélie et Éloi auront quatre enfants, deux filles jumelles, nées en 1921, et deux garçons, nés en 1924 et 1927. Le pauvre Éloi voit avec horreur arriver une deuxième guerre mondiale. Tandis qu'Amélie travaille pour faire vivre les enfants, Éloi continue son métier de professeur, avec courage. Dans les années 50, tous les enfants se marient à leur tour, et auront, au total, dix enfants. Mon arrière-grand-mère Amélie meurt en 1978, très peu de temps avant ma naissance. Quant à mon arrière-grand-père, j'ai un seul souvenir de lui, car il est mort en 1985 : il avait encore de très grosses moustaches blanches qui m'impressionnaient.

22 *Réponse possible.* Jean-Alexis Moncorgé, plus connu sous le nom de Jean Gabin, naît à Paris, le 17 mai 1904. Au cours de sa jeunesse, il se livre à toutes sortes de « petits boulots » puis se marie, en 1925, avec Gaby Basset, dont il divorcera quatre ans plus tard. En 1926, il devient artiste de music-hall et chanteur d'opérette. En 1933, il se remarie avec Jeanne Mauchain et trois ans plus tard, il débute sa carrière dans le cinéma. En 1941, il quitte la France occupée pour Hollywood. Il y rencontre Marlène Dietrich, avec qui il aura une liaison. En 1943, il divorce une deuxième fois, puis s'engage auprès du général de Gaulle et participe à la victoire des Alliés. En 1949, il épouse Dominique Fournier, qui a déjà un fils, et avec qui il aura trois enfants : Florence (qui naît en 1949), Valérie (1952) et Matthias (1956). Jean Gabin meurt d'un cancer à Neuilly, le 15 novembre 1976.

UNITÉ 11

Activités de communication, page 94

1 **a.** faux – **b.** vrai – **c.** faux – **d.** vrai

2 **a.** Il est suisse. – **b.** Dans les supermarchés. – **c.** Ils disent qu'ils achètent des produits bio. – **d.** Ils sont gourmands !

3 **1.** faux – **2.** faux – **3.** vrai – **4.** vrai

4 **1.** aux États-Unis – **2.** nationaux – **3.** national – **4.** Conservatoire

5 **1.** j'imagine – **2.** gourmandise *(c'est une plaisante manière d'accepter un plat)* – **3.** passe – **4.** véritable aventure – **5.** par rapport

6 *Réponses possibles.* **1.** Je préfère les fleurs de campagne, comme les marguerites. – **2.** Je me sens mieux au bord de la mer. – **3.** Principalement les pommiers, les poiriers et les pruniers. – **4.** Pas du tout ! J'habite à Paris ! – **5.** Je fais du jardinage sur mon balcon. – **6.** Oui, j'ai déjà fait les vendanges.

7-8-9 *Les réponses dépendent des pays.*

Activités de vocabulaire et civilisation, page 95

10 Horizontalement : sapin, rose, abricotier, lis, géranium, cerisier, platane – **Verticalement :** pin, oranger, poirier, tulipe, pêcher

11 **1.** faux – **3.** vrai – **4.** faux – **5.** faux – **6.** vrai – **7.** vrai

12 **1.** marguerite – **2.** colline – **3.** champignons – **4.** escargot – **5.** pétunia – **6.** plaine

13 **1.** La dame ramasse des champignons dans la forêt, en automne. – **2.** Ils sont en train de vendanger, en septembre. – **3.** C'est le moment de la cueillette des cerises, au début de l'été.

14 **1.** un prunier – **2.** un citronnier – **3.** un amandier – **4.** un figuier – **5.** un olivier – **6.** un châtaignier

15 **1.** le chrysanthème – **2.** les produits bio – **3.** l'écologie, le réchauffement de la planète, les gaz à effet de serre… – **4.** les déchets, les papiers et le verre – **5.** l'agriculture – **6.** du muguet – **7.** les organismes génétiquement modifiés

Activités de grammaire, page 96

16 **1.** avez – **2.** recevons, pourrons – **3.** comprend, cherche – **4.** trouve, irai – **5.** acceptent, devrons – **6.** jettes

17 **1.** quand – **2.** si – **3.** quand – **4.** si – **5.** quand – **6.** quand (« quand » correspond mieux à la phrase « c'est toujours la même chose », qui évoque une répétition)

18 **1.** elle n'a qu'un – **2.** il ne reste que – **3.** elle ne s'intéresse qu'à – **4.** il n'a visité que – **5.** ils n'ont répondu que – **6.** nous ne viendrons que – **7.** il n'a vu qu'un – **8.** elle ne mange que

19 Réponses possibles. **1.** je penserai à Chopin ! – **2.** offre-moi des livres ! – **3.** nous poursuivrons/poursuivons notre promenade. – **4.** je me sens mieux. – **5.** elle oublie tout ce qui l'entoure. – **6.** je goûterai des accras (= beignets de poisson) délicieux. – **7.** allez donc dans le Bordelais en septembre ! – **8.** je me sentirai moins bête quand je me promène dans la campagne !

Évaluez-vous ! page 97

20 🎧 DIALOGUE. —Valentine : Colette, quand est-ce que tu iras chez tes cousins en Provence ? —Colette : Si tout va bien, je partirai dans quinze jours. —Valentine : Ce sera beau, à cette période de l'année ! —Colette : Oui, ce sera magnifique ! Quand je serai là-bas, je crois que tous les arbres fruitiers seront en fleurs. — Valentine : Tes cousins sont fermiers, non ? —Colette : Oui, mais ils n'ont que des poules et des canards. Ils sont aussi cultivateurs et ils ont des champs de fraisiers et toutes sortes d'arbres fruitiers, comme partout en Provence. — Valentine : Qu'est-ce que tu feras ? Tu t'occuperas des animaux ? Tu aideras tes cousins ? — Colette : Je ne pense pas. Quand je viens, mes cousins n'aiment pas trop que je me mêle de leur travail, car je n'y connais rien ! Je crois que je passerai beaucoup de temps à me promener. Je n'aurai que ça à faire ! S'il fait assez beau, je ferai des randonnées, puisque la montagne est tout près.

1. vrai (« quinze jours » = deux semaines ; « huit jours » = une semaine) – **2.** faux – **3.** vrai – **4.** vrai – **5.** faux – **6.** vrai – **7.** vrai – **8.** faux – **9.** vrai – **10.** vrai

21 **1.** planète – **2.** océan – **3.** montagnes – **4.** ville – **5.** désert – **6.** géographe – **7.** manque – **8.** explorateur – **9.** flâne – **10.** interroge

22 Réponse possible. Le dessin représente la campagne : une petite rivière traverse les prés où des vaches broutent (= manger, pour les vaches, les chèvres, etc.) tranquillement. Des collines entourent la scène. À gauche, des volailles (des poules, un coq et des canards) courent devant une petite ferme. Puisqu'on voit les pommes sur les pommiers, la scène se passe au début de l'automne. Il a certainement plu, car on remarque les escargots dans l'herbe !

23 Réponse possible. J'aime particulièrement la côte nord de la Bretagne : les plages qui bordent l'océan sont restées sauvages, avec des falaises et des rochers impressionnants. Souvent, en haut des falaises se trouvent des prés tout verts, avec des vaches. C'est une région agricole, où l'on trouve des champs d'artichauts, de pommes de terre, de choux et de très nombreux pommiers. Puisqu'il y a tant de vaches, la production laitière y est importante.

UNITÉ 12

Activités de communication, page 102

1 **a.** faux – **b.** vrai – **c.** vrai

2 **a.** gastronome – **b.** les convives ont failli attendre – **c.** pâtissier – **d.** un dictionnaire

3 **1.** vrai – **2.** faux – **3.** faux (elle joue un rôle dans la « cuisine-loisir »)

4 **1.** Le Bouillon Chartier – **2.** le Procope – **3.** La Closerie des Lilas

5 **1.** faux – **2.** faux (déjeuner)

6 **1.** e – **2.** f – **3.** a – **4.** b – **5.** d – **6.** c

7 **1.** Tu ne pourrais pas – **2.** pensais – **3.** merveille – **4.** au quotidien

8 Réponses possibles pour la France. Je conseillerais à un étranger de goûter le plus de plats possible, en essayant de choisir des spécialités de différentes régions. Par exemple, un cassoulet du Sud-Ouest, une bouillabaisse de Marseille, un magret de canard parisien, un petit salé aux lentilles d'Auvergne, des crêpes bretonnes, sans compter tous les fromages, les desserts et les vins ! Je recommanderais à un étranger les « bons petits restaurants », qui, dans toute la France, sont à la fois de bonne qualité et agréables d'atmosphère.

9 Les réponses dépendent des pays.

Activités de vocabulaire et civilisation, page 103

10 **1.** raté – **2.** rassis – **3.** tendre – **4.** mûres – **5.** lourd – **6.** appétissant – **7.** à la bonne franquette

11 **1.** bouillir – **2.** épluchez – **3.** coupez, revenir – **4.** ajoutez, cuire – **5.** battez, assaisonnez – **6.** versez, remuez

12 **1.** Elle découpe un poulet, avec un couteau à découper. Ensuite, elle va mettre le poulet à cuire dans une cocotte. – **2.** Il est en train de préparer la pâte à tarte, qu'il va étaler dans le moule à tarte. – **3.** Elle épluche/pèle des pommes de terre qu'elle va faire sauter à/dans la poêle.

13 **1.** fait cuire, découpe, mange – **2.** casserole, cocotte – **3.** fait bouillir, verse, ajoute – **4.** fait, étale, fait cuire – **5.** ratée, réussie, appétissante

14 **1.** vrai – **2.** vrai – **3.** faux – **4.** faux ! – **5.** faux – **6.** vrai !

Activités de grammaire, page 104

15 **1.** aurais – **2.** pourriez – **3.** voudrait – **4.** auriez – **5.** faudrait – **6.** pourrais – **7.** seriez

16 **1.** venait, serais – **2.** resterions, avions – **3.** parlaient, pourraient – **4.** accompagnerais, vouliez – **5.** inviterions, était – **6.** connaissais, écrirais – **7.** vivions, aurions – **8.** osais, téléphonerais

17 **1.** Si on faisait du tennis ? – **2.** Si on sortait ? Si on allait boire un verre avec des copains ? – **3.** Si tu écrivais un petit mot à ta grand-mère ? – **4.** Si on allait à Venise pour les vacances de printemps ?

18 **1.** Tu pourrais voir un film de Tati, puisqu'il y a un festival en ce moment. – **2.** Si tu me faisais un beau dessin ? Tu pourrais prendre ta grande boîte de crayons de couleur. – **3.** Vous pourriez apporter un joli bouquet de fleurs. – **4.** Vous pourriez passer une semaine à Paris. Après, vous devriez visiter au moins la Bourgogne ou la Provence. –

5. Tu devrais t'inscrire à un cours de théâtre, cela t'aiderait. – **6.** Tu ferais mieux de sortir plutôt que de rester enfermé chez toi ! – **7.** Tu pourrais passer quelques jours à la montagne, faire de la marche toute la journée. Après, tu dormirais mieux ! – **8.** Vous devriez aller au Procope, puis vous pourriez chercher une liste de tous les cafés historiques de la ville.

Évaluez-vous ! page 105

19 🎧 **DIALOGUE.** —*Étienne :* Si nous invitions Héloïse et Romain à dîner ? — *Adèle :* Oui, mais à la bonne franquette, car je n'aurai pas le temps de préparer un grand dîner sophistiqué. — *Étienne :* Dans ce cas, on pourrait faire un pot-au-feu, ils adorent ça. — *Adèle :* Bonne idée ! C'est un peu long à cuire mais facile et rapide à préparer. Et comme dessert ? — *Étienne :* Je ferais volontiers une mousse au chocolat, mais c'est peut-être un peu trop lourd… — *Adèle :* Oui, mais c'est si bon… Et tu la réussis tellement bien ! — *Étienne :* On pourrait aussi préparer une salade d'oranges, s'ils préfèrent quelque chose de léger. — *Adèle :* Il ne faudrait pas oublier le fromage. « Un repas sans fromage est une belle à qui il manque un œil », disait Brillat-Savarin ! — *Étienne :* Dans ce cas, tu devrais passer chez notre fromager. En ce moment, il vend un camembert au lait cru absolument délicieux, bien moelleux… — *Adèle :* On va se régaler ! Alors, j'appelle nos amis ?

1. faux – **2.** faux *(un pot-au-feu est un plat simple et savoureux, à base de viande et de légumes)* – **3.** vrai – **4.** vrai – **5.** vrai – **6.** vrai – **7.** faux – **8.** vrai ! – **9.** faux – **10.** vrai

20 **1.** formation – **2.** consommation – **3.** éviter – **4.** découvert – **5.** méfiaient – **6.** convaincre – **7.** bien-être – **8.** conservation – **9.** lumières – **10.** hachis

21 *Réponse possible.* Pour une fête, je préparerais un repas savoureux mais pas trop copieux (sinon, tout le monde serait malade !). En entrée, je servirais un petit morceau de foie gras. Comme plat, je choisirais soit une pintade, soit un canard rôti, avec des légumes. Après cela, viendraient une salade verte et un beau plateau de fromage. Comme dessert, je ferais une mousse de fruits ou peut-être une tarte. Je choisirais les vins en fonction des plats et bien sûr, je décorerais soigneusement la table : par exemple, je mettrais une nappe blanche et des serviettes jaunes, et je placerais sur la table un bouquet de fleurs des mêmes couleurs. Je mettrais ma jolie vaisselle blanche et les verres en cristal que mes grands-parents m'avaient donnés.

22 *Réponse possible.* Recette du bœuf bourguignon (pour six personnes). **Ingrédients :** 800 g de bœuf bourguignon (demandez-le à votre boucher) – 100 g de lardons – 2 gros oignons – 3 ou 4 carottes – 3 cuillerées à soupe d'huile – 250 g de champignons de Paris – une bouteille de vin rouge – de l'ail – un peu de farine – un bouquet garni (laurier, thym, persil, céleri) – sel et poivre – **Préparation :** Dans une cocotte-minute, faites dorer dans l'huile la viande, les lardons et les oignons. Ajoutez les champignons et les carottes, coupés en morceaux et un petit peu de farine. Mélangez bien et laissez cuire quelques minutes. Ajoutez le vin, l'ail et le bouquet garni, salez, poivrez. Fermez la cocotte-minute et laissez cuire à feu doux pendant au moins 45 minutes.

UNITÉ 13

Activités de communication, page 110

1 **a.** vrai – **b.** faux – **c.** faux *(« monter une pièce » évoque le travail d'un metteur en scène)* – **d.** vrai – **e.** faux – **f.** vrai – **g.** vrai

2 **1.** non loin – **2.** plusieurs – **3.** cours – **4.** aux acteurs

3 **1.** vrai – **2.** vrai – **3.** faux *(« ses longues jambes »)* – **4.** vrai

4 **1.** Bruxelles, Lausanne, Dakar – **2.** une activité pédagogique *(de professeur)* – **3.** *Le Marteau sans maître*

5 **1.** beauté – **2.** sortie – **3.** décidément – **4.** jeter – **5.** davantage – **6.** sa place

6 **1.** f – **2.** g – **3.** e – **4.** b – **5.** c – **6.** a – **7.** d

7 *Réponses possibles.* **1.** Oui, je joue de la clarinette depuis que je suis tout(e) petit(e). J'ai une grande passion pour le jazz classique américain. – **2.** Oui, je vais souvent au théâtre, en particulier pour voir des pièces d'avant-garde. – **3.** Oui, comme clarinettiste, je joue dans un groupe de jazz, qui se produit dans les rues. – **4.** Le choix serait difficile ! Pour la France, je sélectionnerais des films d'auteurs, qui ont marqué l'histoire du cinéma : *La Grande Illusion* de Renoir, *Les Enfants du paradis* de Carné, *Les Diaboliques* de Clouzot, *Le Monde du silence* de Cousteau, *Mon oncle* de Tati, *Hiroshima mon amour* de Resnais, *Jules et Jim* de Truffaut, *Le Charme discret de la bourgeoisie* de Bunuel, *Au revoir les enfants* de Malle, *On connaît la chanson* de Resnais… et des quantités d'autres ! – **5.** J'admire particulièrement les grands acteurs de théâtre qui ont joué aussi bien du théâtre classique que des pièces modernes : Louis Jouvet, Jean-Louis Barrault, Laurent Terzieff, Jeanne Moreau.

Activités de vocabulaire et civilisation, page 111

8 **1.** vrai – **2.** faux *(on dit « personnage »)* – **3.** vrai – **4.** vrai – **5.** vrai – **6.** faux

9 **1.** acteur – **2.** mise en scène – **3.** décorateur – **4.** répétition – **5.** ballet – **6.** assister

10 **1.** un(e) chorégraphe – **2.** un costumier / une costumière – **3.** un(e) cinéaste, un réalisateur / une réalisatrice – **4.** le metteur en scène *(le mot est masculin)* – **5.** le spectateur / la spectatrice – **6.** l'acteur/l'actrice, le comédien / la comédienne

11 **1.** metteur en scène – **2.** avant – **3.** chœur – **4.** spectateurs – **5.** un film – **6.** les coulisses – **7.** représentations

12 **1.** connu/célèbre – **2.** amateur – **3.** animés – **4.** principal – **5.** classique

13 **1.** Le septième art. – **2.** Parce que ce sont les Français qui ont codifié la danse. – **3.** En été. – **4.** À Cannes. – **5.** La Palme d'or. – **6.** Les salles/cinémas d'art et d'essai.

Activités de grammaire, page 112

14 **1.** auriez dû – **2.** aurais voulu – **3.** aurait préféré – **4.** auraient aimé – **5.** aurais pu – **6.** n'aurais pas dû – **7.** aurions souhaité – **8.** aurait voulu – **9.** aurais dû

15 **1.** J'aurais dû emporter mon dictionnaire ! – **2.** Tu aurais pu penser à faire des photocopies ! – **3.** Je n'aurais pas dû partir à vélo, j'aurais dû prendre le bus. – **4.** Il aurait tout de même pu lui offrir un bouquet de fleurs ! – **5.** J'aurais dû m'y prendre plus tôt. *(« s'y prendre » : expression idiomatique signifiant « commencer à s'occuper de »)*

16 **1.** avait été, serait devenu – **2.** auraient téléphoné, avaient eu – **3.** n'avait pas obtenu, aurait changé – **4.** aviez pris, n'auriez pas eu – **5.** aurions dit, avions su – **6.** n'aurais pas pris, avais eu – **7.** aurais fait, avais su – **8.** n'aviez pas habité, n'auriez pas pu

Évaluez-vous ! page 113

17 🎧 **DIALOGUE.** —*Virginie :* C'est dommage, j'ai raté l'opéra. J'aurais bien aimé le voir ! —*Romain :* Moi aussi ! Si j'avais su, j'aurais noté la date dans mon agenda. On y serait allés ensemble. C'est bête, j'ai dû partir en voyage pour mon travail et quand je suis revenu, cela m'est sorti de l'esprit. — *Virginie :* J'ai entendu dire que la mise en scène était assez bizarre, mais que les chanteurs étaient excellents. —*Romain :* Oui, c'est souvent le cas… Il est rare de tout avoir en même temps… Parfois, ce sont les costumes qui sont splendides mais pas les décors, ou alors les chanteurs chantent bien mais jouent mal. — *Virginie :* Romain, tu aurais dû être critique de théâtre ! — *Romain :* C'est surtout que j'aurais adoré devenir chanteur d'opéra, mais

malheureusement, je n'en avais pas le talent, ma chère Virginie !
— *Virginie :* Si tu avais continué dans ton chœur d'amateurs, peut-être serais-tu devenu célèbre ?

1. vrai – **2.** faux – **3.** faux – **4.** vrai – **5.** vrai *(j'ai entendu parler…)* – **6.** vrai – **7.** vrai – **8.** faux – **9.** vrai – **10.** vrai

18 **1.** vrai – **2.** vrai – **3.** vrai – **4.** faux – **5.** vrai – **6.** vrai – **7.** faux – **8.** faux – **9.** faux *(« ambassadeur de bonne volonté de l'ONU est un titre honorifique »)* – **10.** faux

19 *Réponse possible.* Dans une autre vie, j'aurais aimé être acteur/actrice de théâtre. D'abord, j'aurais eu une excellente mémoire qui m'aurait permis d'apprendre mes rôles sans difficulté. J'aurais aimé jouer dans des pièces de Molière (ma grande passion) ou des pièces contemporaines. J'aurais fait partie d'une troupe de théâtre et je serais allé(e) de ville en ville. J'aurais dû passer d'un état d'esprit à l'autre, j'aurais joué aussi bien des comédies que des tragédies. J'aurais adoré « tenir » le public par ma voix, le faire rire et le faire pleurer. Le métier de comédien est l'un des plus beaux du monde !

20 *Réponse possible.* Il y a quelques années, j'ai vu une des plus belles représentations d'opéra baroque de ma vie. Il s'agissait de *Cadmus et Hermione* de Lully, dirigé par Vincent Dumestre et mis en scène par Benjamin Lazar. Les chanteurs, vêtus de costumes somptueux, chantaient en utilisant une diction courante au XVIIe siècle. Les décors reproduisaient ceux qui se voyaient à l'époque baroque, faits de trompe-l'œil et de machineries compliquées. L'ensemble du spectacle, de plus, était éclairé à la bougie, ce qui confère une couleur étonnante aux scènes. Le talent de tous les artistes qui ont participé à cette représentation m'a permis de voyager pendant trois heures dans un monde poétique et chatoyant.

UNITÉ 14

Activités de communication, page 118

1 **1.** phrase c

2 **a.** vrai – **b.** faux – **c.** faux – **d.** vrai

3 **1.** vrai – **2.** faux – **3.** faux

4 **1.** Un canadien : *Le Devoir* ; *Le Droit*. Un libanais : *L'Orient-Le Jour*. Un suisse : *Le Temps* ; *La Tribune de Genève*. – **2.** Sur le site du programme français de l'Organisation des Nations unies. – **3.** Des lecteurs bilingues et privilégiés.

5 **1.** La presse française informe vite au lieu d'informer bien. – **2.** Elle a besoin d'un commentaire critique. – **3.** En rapprochant les dépêches (= annonces) qui se contredisent et en les mettant en doute. – **4.** Le commentaire politique et moral de l'actualité.

6 **1.** b – **2.** a – **3.** b – **4.** b – **5.** b – **6.** a – **7.** b *(de bons journalistes ne font pas nécessairement le succès d'une station de radio, hélas !)*

7 *Réponses possibles.* **1.** Je lis les journaux sur Internet, car certains me semblent plus indépendants que la presse écrite. – **2.** Je ne regarde que quelques débats et les nouvelles, quand il se passe quelque chose d'important. Cela représente très peu de temps par semaine ! – **3.** Oui, j'aime bien les émissions politiques, quand elles permettent un vrai débat d'idées. – **4.** En France, les heures de « grande écoute » sont le matin entre 7 heures et 9 heures, et le soir entre 19 heures et 20 heures 30.– **5.** Oui, je m'intéresse beaucoup à la politique internationale ! – **6.** Je lis des revues spécialisées en histoire, littérature et musique. – **7.** Les journaux français ont été très marqués politiquement, mais cette distinction se réduit avec le temps.

Activités de vocabulaire et civilisation, page 119

8 **1.** un téléspectateur / une téléspectatrice – **2.** un(e) marchand(e) de journaux – **3.** un présentateur / une présentatrice – **4.** un(e) journaliste – **5.** un lecteur / une lectrice

9 **1.** le présentateur, le journaliste – **2.** un article, un reportage, une interview – **3.** un reportage, un match de foot – **4.** un journal, un magazine – **5.** sondages, enquêtes d'opinion – **6.** écrit, présente, commente, interviewe

10 **1.** chaînes – **2.** sondages – **3.** conférence – **4.** une – **5.** émission – **6.** hebdomadaire

11 **1.** conférence de presse – **2.** magazine – **3.** faits divers – **4.** interviewer – **5.** journaliste

12 **1.** faux – **2.** vrai – **3.** faux – **4.** faux – **5.** faux – **6.** vrai

Activités de grammaire, page 120

13 **1.** présentais – **2.** lisait – **3.** assisterions – **4.** t'étais abonné – **5.** avait fondé – **6.** n'avait pas reçu – **7.** passaient

14 **1.** que le ministre de l'Éducation nationale rencontrerait demain…, et que la réunion porterait sur… – **2.** que le lendemain, il reprendrait…, qu'il n'avait pas très bien joué la veille, mais qu'il avait la ferme intention de donner le meilleur de lui-même lors du match qui se tiendrait la semaine suivante. – **3.** qu'il avait été contacté…, que les répétitions avaient commencé deux jours auparavant, mais que la première représentation n'aurait lieu qu'en janvier.

15 **1.** maintenant que – **2.** dès que – **3.** maintenant que – **4.** pendant que – **5.** dès qu'il – **6.** pendant que – **7.** dès que

16 **1.** à – **2.** sur – **3.** dans – **4.** sur – **5.** à – **6.** dans – **7.** dans

Évaluez-vous ! page 121

17 🎧 **DIALOGUE.** — *Étienne :* Maintenant que je suis en vacances, je vais enfin pouvoir lire la presse tranquillement. — *Adèle :* Oui, c'est vrai ! Nous sommes abonnés à un journal et deux revues, mais tu ne les lis jamais ! — *Étienne :* Je regarde rapidement la une et c'est tout. En revanche, depuis que je prends ma voiture pour aller au bureau, je peux écouter la radio. — *Adèle :* Oui, il y a des interviews intéressantes, parfois. — *Étienne :* Ou de la langue de bois ! Hier, par exemple, la journaliste a demandé à un ministre quand il répondrait enfin à la question ! Le ministre a immédiatement prétendu qu'il avait déjà parlé de ce sujet, etc. — *Adèle :* Étienne, tout le monde n'est pas comme ça ! C'est pour cette raison que je préfère la presse écrite. J'ai toujours trouvé qu'il y avait plus de substance dans les éditoriaux, les analyses et les reportages écrits. — *Étienne :* Cela dépend des journaux ! Mais je suis d'accord avec toi, dans l'ensemble.

1. vrai – **2.** vrai – **3.** vrai – **4.** faux – **5.** vrai – **6.** vrai – **7.** faux *(il n'a pas « refusé »)* – **8.** faux – **9.** vrai – **10.** faux

18 **1.** faux *(pas seulement en Europe)* – **2.** vrai – **3.** vrai – **4.** faux – **5.** vrai – **6.** vrai – **7.** vrai – **8.** faux – **9.** faux – **10.** vrai

19 *Réponse possible.* J'attends d'un bon journaliste une grande rigueur intellectuelle : il doit vérifier chaque information, c'est-à-dire comparer plusieurs sources sérieuses. Il me semble important qu'un journaliste ne se laisse pas influencer par les rumeurs, le goût du spectacle et l'obsession de la rapidité. Dans la presse écrite, un journaliste doit avoir le temps de proposer une information claire et des commentaires argumentés. À la radio ou à la télévision, les faits deviennent plus vivants, grâce aux reportages, qui permettent de comprendre ce qui se passe. Bien entendu, l'auditeur ou le téléspectateur doit aussi faire preuve de sens critique pour ne pas se laisser trop manipuler !

20 *Les réponses dépendent des pays.*

UNITÉ 15

Activités de communication, page 126

1 **a.** vrai – **b.** faux – **c.** faux – **d.** vrai – **e.** faux – **f.** faux – **g.** vrai

2 ▸ **1.** c – **2.** d – **3.** a – **4.** e – **5.** b

3 ▸ phrase 3

4 ▸ **1.** vrai – **2.** vrai – **3.** faux

5 ▸ **1.** bête – **2.** s'est – **3.** au – **4.** certes – **5.** tiens

6 ▸ Un homme se retourne tout en courant. De la main droite, il fait le geste de téléphoner, tout en tenant des dossiers à la main gauche. Son interlocuteur le salue de la main gauche (il est donc, probablement, gaucher).

7 ▸ *Les réponses dépendent des cultures.*

8 ▸ *Réponse possible.* Oh oui, je fais beaucoup de gestes en parlant, c'est mon côté latin ! Quand j'enseigne, j'ai tendance à expliquer le vocabulaire par des gestes et des expressions du visage.

Activités de vocabulaire et civilisation, page 127

9 ▸ **1.** se penche – **2.** remue – **3.** gaucher – **4.** emmène – **5.** s'appuie – **6.** ramasser

10 ▸ **1.** assise, se lever – **2.** allongé – **3.** me lève – **4.** debout – **5.** s'allonger – **6.** vous asseoir

11 ▸ **1.** e – **2.** f – **3.** a – **4.** b – **5.** c – **6.** d

12 ▸ **1.** tient, lâche, fait tomber – **2.** levons, remuons, baissons – **3.** un geste, un mouvement – **4.** ramasse, lance, attrape – **5.** sur le côté, sur le ventre

13 ▸ **1.** vrai – **2.** vrai ! – **3.** faux – **4.** faux – **5.** vrai – **6.** faux – **7.** vrai

Activités de grammaire, page 128

14 ▸ **1.** en claquant – **2.** en arrivant – **3.** en faisant – **4.** en mangeant – **5.** en me promenant – **6.** en allant – **7.** en nous installant – **8.** en pleurant – **9.** en rangeant

15 ▸ **1.** têtue comme une mule – **2.** rougit comme une tomate – **3.** ennuyeux comme la pluie – **4.** riches comme Crésus – **5.** malade comme un chien – **6.** droit comme un i – **7.** ressemblent comme deux gouttes d'eau

16 ▸ **1.** en me penchant – **2.** en lui offrant un livre – **3.** même en ayant une recommandation – **4.** en réservant – **5.** en vous levant – **6.** en disant – **7.** en sachant – **8.** même en faisant attention

17 ▸ *Réponses possibles.* **1.** J'ai appris le français en parlant avec des Français ! – **2.** Je l'ai connu en allant dans une librairie. – **3.** Soit en discutant avec des amis, soit en allant dans une librairie ou une bibliothèque. – **4.** En écoutant attentivement ce que l'on me dit et en notant les mots nouveaux. – **5.** En faisant un peu de sport. – **6.** En faisant le ménage. – **7.** En partant au travail ou en rentrant le soir.

Évaluez-vous ! page 129

18 ▸ 🎧 **DIALOGUE.** —*Virginie :* Tiens, hier soir, en rentrant à la maison, j'ai rencontré Béatrice qui emmenait ses enfants au théâtre. Sa petite fille est mignonne comme tout ! Elle ressemble beaucoup à sa mère, tu ne trouves pas ? — *Héloïse :* Oui, j'ai remarqué. Je l'ai vue une fois en allant à la boulangerie. C'est vrai que cette petite est jolie comme un cœur et plutôt calme. Son frère, en revanche, est du genre plutôt agité. — *Virginie :* Ah bon ? Ça ne m'a pas frappée. Il ne remuait pas particulièrement, mais il est vrai que Béatrice les tenait tous les deux fermement par la main. — *Héloïse :* Vous avez parlé un peu ? — *Virginie :* Non, nous nous sommes juste serré la main. Ils étaient pressés et moi, j'avais tellement mal à la tête que je me suis couchée en arrivant à la maison.

1. faux – **2.** faux – **3.** vrai – **4.** faux – **5.** vrai – **6.** faux – **7.** faux – **8.** faux – **9.** vrai – **10.** vrai

19 ▸ **1.** couru – **2.** entrée – **3.** embrassant – **4.** ses bras – **5.** embrassé – **6.** approché – **7.** tendu – **8.** embrassée – **9.** sautais – **10.** m'apporte

20 ▸ *Réponses possibles.* **1.** Cet homme tient un carnet dans la main droite, et un stylo dans la gauche. Il fait tomber son téléphone mobile, qu'il ramasse de la main gauche. Il est probablement gaucher. – **2.** Ce garçon est allongé sur un canapé les jambes croisées. Il tient son livre dans la main droite et lève la main gauche pour saluer/dire bonjour à quelqu'un.

21 ▸ *Réponses possibles.* **1.** Mettez-vous debout, les jambes écartées. Placez la main droite sur la taille, levez le bras gauche et penchez-vous sur le côté droit. Revenez à la verticale et inversez la position des mains et des bras. – **2.** Asseyez-vous sur une chaise, droit comme un i, les genoux serrés. Soulevez un peu les pieds puis reposez-les.

UNITÉ 16

Activités de communication, page 134

1 ▸ **a.** vrai – **b.** vrai – **c.** faux – **d.** vrai – **e.** vrai – **f.** vrai – **g.** faux – **h.** faux

2 ▸ phrase 2

3 ▸ **1.** faux – **2.** faux – **3.** vrai

4 ▸ **1.** solitude – **2.** sentiment – **3.** regrette

5 ▸ **1.** là – **2.** avez – **3.** simplement – **4.** sans doute – **5.** au – **6.** à

6 ▸ *Réponses possibles.* **1.** Oui, je suis très émotive. – **2.** L'injustice ou la malhonnêteté intellectuelle peuvent me mettre en colère. – **3.** Oui, j'ai lu *La Vie d'un homme inconnu* d'Andreï Makine, qui comporte un récit bouleversant du siège de Leningrad. – **4.** Non, je n'ai pas un tempérament à éprouver de la nostalgie ! – **5.** J'admire profondément les artistes, les intellectuels, qui sont aussi des hommes d'action courageux (ou femmes d'action courageuses).

7 ▸ *Réponses possibles.* Les Français manifestent généralement leurs émotions : en privé, bien sûr, mais aussi en public. Pendant les « manifestations », les « manifestants » montrent leur colère, à la fois dans les mots et dans le ton de la voix. On peut également exprimer sa joie par des rires ou des sourires. Le tout est de ne pas tomber dans l'excès ou la vulgarité.

8 ▸ *Réponses possibles.* J'aimerais qu'il/elle me téléphone, qu'il/elle soit de bonne humeur, me dise des choses plaisantes, me fasse rire, me propose une activité agréable. Par exemple, cela me ferait plaisir que nous allions ensemble au cinéma ou que nous prenions un bon chocolat chaud dans un joli café.

Activités de vocabulaire et civilisation, page 135

9 ▸ **1.** c – **2.** e – **3.** a – **4.** f – **5.** g – **6.** d – **7.** b

10 ▸ **1.** a fait – **2.** avons été – **3.** suis mis(e) – **4.** as eu – **5.** ont fait – **6.** a éprouvé / a manifesté

11 ▸ **1.** J'ai été bouleversé(e), j'ai éprouvé une grande émotion et j'ai beaucoup pleuré ! – **2.** Je me suis senti(e) un peu mal à l'aise, j'ai eu un peu peur, j'ai été soulagé(e) quand quelqu'un est monté ! – **3.** Ma tante Ursule m'exaspère, car elle raconte toujours la même histoire. – **4.** Ça a été une immense et très bonne surprise ! J'ai été stupéfait(e) quand je l'ai vu à la porte ! – **5.** Je me suis mis(e) en colère, parce qu'elle ne fait jamais attention à ses affaires ! – **6.** J'ai été émerveillé(e) par le spectacle qui était l'un des plus beaux de ma vie. – **7.** Je commence à avoir le mal du pays. J'ai la nostalgie de certains paysages, de la cuisine et de la langue, bien sûr.

12 ▸ **1.** éprouve, exprime – **2.** énerve, irrite, exaspère – **3.** émus, bouleversés – **4.** l'affection, la tendresse – **5.** la pitié, la haine, la honte

Activités de grammaire, page 136

13 ▸ **1.** elle revienne – **2.** je finisse – **3.** nous prenions – **4.** il soit – **5.** je sache – **6.** il aille – **7.** nous fassions – **8.** il connaisse – **9.** ce soit – **10.** tu mettes

14 ▸ **1.** vienne – **2.** ne partiez pas avec moi – **3.** ne fasse pas –

4. n'aillent pas – **5.** ne soit pas – **6.** lise – **7.** ne sache pas

15 **1.** toute – **2.** tout – **3.** tout – **4.** tout – **5.** toute – **6.** tout

16 **1.** sache – **2.** fasses – **3.** mette – **4.** partent – **5.** vienne – **6.** soit – **7.** puissent

17 *Réponses possibles.* **1.** Cela me fait plaisir que ma chère amie américaine vienne me voir. – **2.** Cela m'exaspère que l'administration ne réponde pas à mes courriers. – **3.** Il faut que je fasse quelques courses. – **4.** Cela me semble bizarre que cette maison soit fermée depuis si longtemps. – **5.** Je voudrais que nous sortions faire un tour. – **6.** Il faut que je lise deux rapports avant une réunion. – **7.** Cela m'amuse que mon chat coure partout pour jouer. – **8.** Cela m'agace que mes voisins fassent du bruit le soir.

Évaluez-vous ! page 137

18 🎧 DIALOGUE. — *Étienne :* Dis-moi, Romain, est-ce que tu as eu des nouvelles de Léon ? — *Romain :* Non, et cela m'énerve qu'il ne réponde pas aux messages ! Si Antoine veut que nous fassions une réunion, il faut que tout le monde sache si Léon vient ou non ! — *Étienne :* Il est possible qu'il soit en vacances, non ? — *Romain :* Non, pas du tout ! Antoine souhaitait que nous soyons tous là cette semaine, y compris Léon. — *Étienne :* Tu ne l'aimes vraiment pas, hein ? — *Romain :* C'est vrai que je n'éprouve aucune sympathie pour lui. Je sauterai de joie le jour où il prendra sa retraite. — *Étienne :* Allez, Romain, ne t'énerve pas, tu es toujours trop émotif. — *Romain :* Je ne suis pas émotif, je suis simplement expressif…

1. vrai – **2.** faux – **3.** vrai – **4.** faux – **5.** faux – **6.** vrai (« il souhaitait que ») – **7.** faux – **8.** vrai – **9.** faux – **10.** vrai !

19 **1.** vrai – **2.** vrai – **3.** vrai – **4.** vrai – **5.** faux – **6.** vrai – **7.** faux *(il va « perfectionner » son allemand)* – **8.** vrai – **9.** vrai – **10.** vrai !

20 *Réponse possible.* Une des plus belles surprises de ma vie a été organisée par une amie. Elle m'avait invitée, un certain temps après mon anniversaire (que je ne voulais pas fêter), sous prétexte de dîner avec quelques amis à elle. Quand je suis arrivée chez elle, j'ai entendu des voix qui chantaient derrière moi : « bon anniversaire ! ». Je ne comprenais pas du tout comment des amis à elle pouvaient avoir envie de fêter mon anniversaire. Et soudain j'ai vu tous mes propres amis, qui avaient été invités en cachette. J'étais folle de joie. Je dois dire que je me suis mise à pleurer d'émotion et que je n'ai jamais oublié cette magnifique surprise !

21 *Réponse possible.* La soirée a été animée ! D'abord, nous avons eu peur, tout simplement parce que nous avons senti de la fumée dans l'appartement. En fait, ce n'était rien, c'était la voisine qui avait fait brûler du pain. Ensuite, la grande surprise a été l'arrivée de Clément, que tout le monde croyait encore à Londres. Cela m'a fait grand plaisir qu'il vienne et que nous puissions parler un peu ensemble. Cela m'étonne qu'il soit si enthousiasmé par son travail. Il est possible qu'il veuille montrer une image positive de lui-même. Sinon, Sabine s'est mise en colère, encore une fois, contre son mari, ce qui était assez pénible, mais heureusement, Henriette et Loïc ont éclaté de rire, ce qui a détendu l'atmosphère.

UNITÉ 17

Activités de communication, page 142

1 **a.** faux – **b.** vrai – **c.** vrai – **d.** faux – **e.** faux – **f.** faux

2 **1.** vrai – **2.** faux – **3.** faux

3 **1.** Le sujet principal en était « le petit Paris », en particulier les métiers sur le point de disparaître. – **2.** Cartier-Bresson, Riboud et Boubat – **3.** Willy Ronis – **4.** Boubat – **5.** Doisneau

4 **1.** faux – **2.** vrai

5 **1.** de – **2.** d'un, d'un autre – **3.** comme – **4.** toute – **5.** aucune

6 à 10 *Les réponses dépendent des pays.*

11 *Réponse possible.* J'accorde une place fondamentale à la culture, non seulement dans ma vie personnelle, mais dans l'enseignement et la vie de la cité. Je trouve essentiel que les enfants pratiquent un art et apprennent à apprécier un tableau ou un livre. À mon avis, l'État doit absolument continuer à encourager la pratique culturelle, aussi bien à l'école que dans les musées et les bibliothèques.

Activités de vocabulaire et civilisation, page 143

12 **1.** ce roman – **2.** achète – **3.** sculpteur – **4.** réussies – **5.** historien d'art – **6.** poète – **7.** pièces

13 **a.** 4, 6, 7 – **b.** 1, 2, 3, 5, 8, 9, 10

14 **1.** fait, imprime, prend – **2.** de la peinture, un tableau, une œuvre – **3.** un roman, une œuvre, une nouvelle – **4.** le roman, le théâtre – **5.** écrire, publier, lire

15 **1.** g – **2.** f – **3.** e – **4.** b – **5.** a – **6.** c – **7.** d

16 **1.** faux ! – **2.** vrai – **3.** faux – **4.** vrai – **5.** vrai – **6.** vrai – **7.** faux

Activités de grammaire, page 144

17 **1.** ne soit pas venu – **2.** n'ait pas pris – **3.** y ait eu – **4.** soit arrivée – **5.** n'aient pas voulu – **6.** ayez été – **7.** soient allés – **8.** ayez pu – **9.** n'aies pas visité – **10.** se soient trompés

18 **1.** je ne l'ai trouvé nulle part. – **2.** elle ne retournera plus jamais dans cette ville – **3.** plus personne ne se sert de ce logiciel – **4.** il ne boit plus jamais – **5.** je ne connais plus personne – **6.** je n'ai vu nulle part ce genre de choses – **7.** nous ne comprenons plus rien à cette situation / je ne comprends plus rien…

19 *Réponse possible.* **1.** vous n'ayez pas pu venir – **2.** elle se soit trompée – **3.** tu te sois occupé du chat – **4.** ils n'aient rien acheté – **5.** tu te sois levé si tard – **6.** ils ne soient pas encore rentrés – **7.** tu aies été malade – **8.** le concert ait été annulé

20 *Réponse possible.* **1.** cela m'étonne – **2.** c'est triste – **3.** c'est dommage – **4.** c'est étonnant – **5.** je regrette – **6.** il est scandaleux

Évaluez-vous ! page 145

21 🎧 DIALOGUE. — *Colette :* Je trouve bizarre que Roland ait arrêté de faire de la photo. Il a déclaré qu'il ne photographierait plus rien, qu'il n'avait plus aucune envie de continuer. — *Valentine :* Je suis d'accord avec toi, Colette. C'est dommage qu'il n'ait jamais été persévérant, car il ne manque pas de talent. À mon avis, ses photos mériteraient une exposition. Cela lui redonnerait peut-être le goût du travail ! — *Colette :* Justement, Valentine, j'avais pensé parler de lui à la propriétaire d'une petite galerie d'art. Ce serait bien que nous puissions convaincre Roland de rencontrer cette dame ! — *Valentine :* Le problème est qu'il n'accepte plus aucune invitation ! Quel ours ! Je ne comprends pas ce qui lui arrive. — *Colette :* Ah, les artistes ne sont pas toujours faciles à vivre ! — *Valentine :* Au moins, je suis contente qu'il ait décidé de se mettre à la peinture. Qui sait, il deviendra peut-être un grand peintre, à défaut d'être un photographe célèbre !

1. vrai – **2.** vrai – **3.** faux *(il n'est pas sans talent = son talent existe mais n'est pas « fabuleux »)* – **4.** faux – **5.** vrai – **6.** vrai – **7.** vrai – **8.** faux – **9.** vrai – **10.** faux

22 **1.** vrai – **2.** vrai *(en ballon)* – **3.** faux – **4.** faux – **5.** vrai – **6.** vrai *(les égouts et les catacombes sont en sous-sol)* – **7.** vrai – **8.** faux *(il a délaissé = abandonné la photo)* – **9.** vrai *(un « gouffre financier » = des pertes énormes)* – **10.** vrai

23 *Réponse possible.* Je n'ai malheureusement aucun talent pour les arts visuels et suis incapable ni de dessiner, ni de peindre, ni de sculpter ! En revanche, les arts me passionnent et j'adore visiter des musées de peinture. Par ailleurs, lire est évidemment une vraie passion. Écrire ? Pourquoi pas, un jour ? Mais je ne pense pas que mon travail soit récompensé par un prix Goncourt !

24 *Réponse possible.* Comme dirait André Gide à qui l'on demandait quel était le plus grand poète français : « Victor Hugo, hélas ! ». Hugo (1802-1885) constitue une sorte de monument français. Il a été à la fois un grand poète, un dramaturge, un romancier, un dessinateur et un homme politique actif. Sa vie personnelle ne manque pas de péripéties, parfois amoureuses (sa liaison avec Juliette Drouet), parfois tragiques (la mort de sa fille Léopoldine). Il a marqué son siècle, à tous niveaux, en étant le représentant le plus prestigieux du romantisme et le défenseur de grandes causes sociales.

UNITÉ 18

Activités de communication, page 150

1 **a.** vrai ! –**b.** faux – **c.** faux – **d.** faux – **e.** vrai – **f.** vrai

2 **1.** formation scolaire– **2.** des revenus – **3.** le chômage – **4.** les lycéens

3 **1.** faux – **2.** vrai – **3.** faux – **4.** faux

4 **1.** compositions – **2.** mauvaises – **3.** histoire – **4.** fait semblant d'être

5 **1.** c – **2.** e – **3.** f – **4.** a – **5.** d – **6.** b

6 *Réponses possibles.* **1.** J'étais plutôt bon(ne) élève. – **2.** J'ai toujours préféré les matières littéraires et les langues. – **3 et 4.** *Les réponses dépendent des pays.*

7 *Réponses possibles.* Quand j'aurai fini cet exercice, je continuerai / je recommencerai / je réviserai ma grammaire / je construirai de belles phrases au futur antérieur / j'irai me coucher !

Activités de vocabulaire et civilisation, page 151

8 **1.** vrai – **2.** faux – **3.** faux – **4.** vrai – **5.** vrai – **6.** vrai – **7.** vrai

9 **1.** crise, peau – **2.** chômage – **3.** comportements – **4.** activités – **5.** conformisme – **6.** concours

10 **1.** primaire – **2.** chômage – **3.** drogue – **4.** concours – **5.** sixième

11 **1.** délinquance – **2.** activités – **3.** scientifiques – **4.** entre – **5.** crise – **6.** eu – **7.** étudiant

12 **1.** la rentrée – **2.** l'école française – **3.** du système scolaire – **4.** Jules Ferry – **5.** le niveau scolaire !

Activités de grammaire, page 152

13 **1.** aura oublié – **2.** aura obtenu – **3.** aurez trouvé – **4.** seront arrivées – **5.** aurai fini – **6.** aura compris – **7.** auras reçu – **8.** serai allé(e) – **9.** se sera maquillée – **10.** se seront adaptés

14 **1.** auras lu, tu me donneras – **2.** aura trouvé, il sera – **3.** ils seront arrivés, ils appelleront – **4.** se sera inscrite, elle se sentira – **5.** serons revenu(e)s, nous montrerons – **6.** sera sortie, elle sera – **7.** se seront levés, ils s'habilleront

15 **1.** celui – **2.** ceux – **3.** celle – **4.** celles – **5.** celle – **6.** celui – **7.** celle – **8.** celles

16 **1.** la tienne – **2.** la mienne – **3.** les siennes – **4.** la vôtre – **5.** la leur – **6.** les miennes – **7.** le mien

Évaluez-vous ! page 153

17 🎧 **DIALOGUE.** — *Colette :* Je suis bien contente, ma fille a eu son bac ! — *Étienne :* La mienne aussi. La période a été difficile, mais enfin, elle va pouvoir entrer à la fac. — *Colette :* Qu'est-ce qu'elle va faire, comme études ? — *Étienne :* Celles qu'elle a toujours voulu faire, histoire et archéologie. C'est sa grande passion ! Une fois qu'elle se sera inscrite et qu'elle aura commencé ses études, je serai plus tranquille.

C'était une enfant difficile, tu le sais. Et ta fille ? — *Colette :* Elle est toujours déterminée à faire Sciences-po, c'est son rêve. Cela étant dit, elle peut encore changer d'avis ! Quand elle aura vu la somme de travail que cela représente, elle voudra peut-être s'orienter vers une autre filière. Elle est sérieuse, mais pas si travailleuse que ça… — *Étienne :* Au moins, nos deux filles auront toujours eu une vraie passion, la politique ou l'archéologie. Ce n'est pas si courant chez les jeunes.

1. vrai – **2.** vrai – **3.** faux – **4.** vrai – **5.** faux – **6.** vrai – **7.** vrai – **8.** faux – **9.** vrai – **10.** faux

18 **1.** vrai – **2.** vrai – **3.** faux – **4.** vrai – **5.** faux *(rétif [= qui fait avec difficulté] à la mémorisation)* – **6.** vrai – **7.** faux – **8.** faux – **9.** vrai – **10.** faux

19-20 *Les réponses dépendent des pays, mais vous pouvez vous inspirer du document 3 et de la leçon de vocabulaire et civilisation.*

UNITÉ 19

Activités de communication, page 158

1 **a.** faux – **b.** vrai – **c.** vrai – **d.** vrai – **e.** faux – **f.** vrai – **g.** faux – **h.** faux

2 **1.** faux – **2.** vrai – **3.** vrai – **4.** vrai

3 **1.** comme des bateaux – **2.** historiques – **3.** certains

4 phrase 3

5 **1.** b – **2.** a – **3.** a – **4.** a – **5.** a

6 **1.** savais – **2.** s'en sortir – **3.** fauchée – **4.** étonne – **5.** voir – **6.** dit

7-8 *Les réponses dépendent des pays.*

Activités de vocabulaire et civilisation, page 159

9 **1.** argent – **2.** dépenser – **3.** augmenter – **4.** fauché – **5.** Bourse – **6.** dette – **7.** placement – **8.** chute

10 **1.** ruinés – **2.** monnaie – **3.** billets – **4.** riche – **5.** dettes – **6.** monnaie – **7.** taux – **8.** radin/avare

11 **1.** d – **2.** e – **3.** f – **4.** a – **5.** c – **6.** b

12 **1.** a – **2.** b – **3.** a – **4.** b – **5.** b

13 **1.** vrai – **2.** faux – **3.** vrai – **4.** faux – **5.** vrai – **6.** vrai

Activités de grammaire, page 160

14 **1.** qu'il revienne – **2.** Elle n'est pas sûre que ce soit – **3.** Il ne pense pas qu'elle connaisse – **4.** Je ne suis pas convaincu qu'ils fassent – **5.** Il ne croit pas que je dise – **6.** Elle n'est pas certaine que la réunion ait – **7.** je n'ai pas l'impression qu'ils aillent

15 **1.** *les deux* – **2.** d'être – **3.** *les deux* – **4.** de partir – **5.** faire – **6.** d'être – **7.** *les deux* - **8.** *les deux*

16 **1.** est – **2.** sera – **3.** puisse – **4.** soit – **5.** viendra – **6.** ont fait/faisaient/font/feront – **7.** permette – **8.** ira – **9.** conduise – **10.** viennent

17 **1.** C'est la plus petite boutique que je connaisse. – **2.** C'est le livre le plus passionnant que j'aie jamais lu. – **3.** C'est le meilleur restaurant où je sois allé(e). – **4.** Ce sont les enfants les plus heureux que j'aie jamais rencontrés. – **5.** C'est l'appartement le plus confortable que j'aie jamais visité. – **6.** C'est le plus beau cadeau que je puisse faire. – **7.** C'est le plus mauvais / le pire concert que j'aie jamais entendu.

Évaluez-vous ! page 161

18 🎧 **DIALOGUE.** —*Zohra :* Ma banque me propose des quantités de placements, plus ou moins avantageux. Je ne suis pas sûre de pouvoir suivre leurs conseils. À vrai dire, je suis la personne la moins compétente dans ce domaine et je ne sais pas quoi faire ! —*Boniface :* Je te comprends, Zohra. Pour ma part, je fais ce que mon banquier me conseille, à condition qu'il m'explique bien lentement et bien clairement de quoi il s'agit ! J'ai parfois l'impression qu'il me prend pour un idiot mais tant pis ! Cela dit, je ne crois pas qu'il en sache beaucoup plus que moi. — *Zohra :* Je suis d'accord avec toi, Boniface. Je lis tellement d'opinions différentes sur ce qu'il faut faire ou ne pas faire que cela m'est égal de ne pas être experte ! — *Boniface :* De plus, je ne suis pas pauvre, mais je ne roule pas sur l'or. Il est évident que je n'ai pas de fortune à perdre, c'est le moins qu'on puisse dire !

1. faux – **2.** faux *(elle n'est pas sûre)* – **3.** vrai – **4.** faux – **5.** vrai – **6.** vrai – **7.** faux ! – **8.** faux – **9.** vrai – **10.** vrai

19▶ **1.** vrai – **2.** faux – **3.** vrai – **4.** faux *(les « valeurs » au pluriel et dans ce contexte signifient des actions en Bourse)* – **5.** faux – **6.** vrai *(« croupir » = ici, rester caché)* – **7.** vrai *(«murs infranchissables » = murs trop hauts pour être escaladés)* – **8.** vrai – **9.** faux *(la « grandeur » est un terme moral)* – **10.** faux

20▶ *Les réponses dépendent des pays.*

21▶ *Réponse possible.* Si « l'argent ne fait pas le bonheur », il est évident qu'il est absolument nécessaire pour assurer une vie agréable. On ne peut pas vivre bien sans avoir de quoi manger, se loger et se soigner. Si le proverbe était entièrement vrai, les plus pauvres de la planète seraient les plus heureux ! De plus, les petits plaisirs (voyager, aller au spectacle, au restaurant…) jouent un rôle plaisant dans la vie. En revanche, ne vivre que pour l'argent ne rend certainement pas heureux. D'autres aspects de la vie, comme l'amour, l'amitié, la culture, le rêve, peuvent épanouir un individu plus profondément qu'une voiture de luxe ou des vêtements élégants. Bref, comme disent sagement les Français : « l'argent ne fait pas le bonheur mais il y contribue » !

UNITÉ 20

Activités de communication, page 166

1▶ **a.** vrai – **b.** faux – **c.** vrai – **d.** faux – **e.** vrai – **f.** vrai

2▶ **1.** Il rencontre François Mansart. – **2.** Il espère qu'un personnage important et fortuné lui donnera un projet digne de son talent. – **3.** C'est le château de Versailles, dont Le Nôtre réalisera les magnifiques jardins et où Le Brun s'occupera de la décoration intérieure.

3▶ **1.** vrai – **2.** faux – **3.** vrai – **4.** vrai

4▶ **1.** vrai – **2.** faux *(tout permet de le comprendre, et surtout le mot « opportunité »)*

5▶ **1.** e – **2.** c – **3.** f – **4.** a – **5.** b – **6.** d

6▶ **1.** jeunesse – **2.** dur – **3.** à – **4.** cesse – **5.** ci, décidé – **6.** pas

7▶ *Réponse possible.* Cela dépend des décisions, bien sûr. Parfois, même pour un projet important, il m'arrive de me décider très rapidement, en écoutant mon intuition. D'autres fois, je passe des heures et des heures à peser le pour et le contre… et je n'arrive à aucune décision !

8▶ *Réponse possible.* Non, je n'ai pas tendance aux « bonnes résolutions » en début d'année. Je passe toute l'année à prendre des décisions !

Activités de vocabulaire et civilisation, page 167

9▶ **1.** réalise – **2.** prévu – **3.** envisageons – **4.** perdu – **5.** pris – **6.** objectifs

10▶ **1.** b – **2.** b – **3.** a – **4.** b – **5.** a

11▶ **1.** rêve – **2.** prévenir – **3.** hésiter – **4.** entreprendre – **5.** projet – **6.** échouer

12▶ **1.** e – **2.** f – **3.** g – **4.** b – **5.** a – **6.** c – **7.** d

13▶ **1.** faux – **2.** vrai – **3.** vrai – **4.** faux – **5.** faux

Activités de grammaire, page 168

14▶ **1.** Je manque d'argent pour… – **2.** Mon mari me manque. – **3.** J'ai manqué une… – **4.** Il manque un verre. – **5.** Je ne manque pas d'énergie !

15▶ **1.** pour acheter – **2.** pour ne pas déranger – **3.** pour que mes enfants puissent déjeuner – **4.** pour être sûrs – **5.** pour que tout soit propre. – **6.** pour que le petit garçon ne se fasse pas mal. – **7.** pour qu'ils apprennent…

16▶ **1.** pour – **2.** de peur de – **3.** pour – **4.** pour que – **5.** pour – **6.** de peur de – **7.** pour que – **8.** de peur de

17▶ **1.** des – **2.** un peu – **3.** la majorité – **4.** une moitié – **5.** de nombreuses – **6.** peu – **7.** d'entre

Évaluez-vous ! page 169

18▶ 🎧 **DIALOGUE.** — *Valentine :* Tu sais, Colette, sur un coup de tête, j'ai pris la décision de déménager. Les enfants sont grands et maintenant, j'ai enfin un peu de liberté. J'ai trouvé une maison qui me plaît beaucoup, mais je ne sais pas si j'ai fait le bon choix… Elle se trouve en pleine campagne, elle est magnifique, mais il y a des travaux. — *Colette :* Valentine, la ville ne va pas te manquer ? Entre la banlieue où tu vis maintenant et la vraie campagne, il y a une différence ! — *Valentine :* Je ne sais pas si la ville me manquera, mais en faisant ça, je réalise mon rêve ! J'espère que ce ne sera pas un échec. Je vais te montrer des photos, pour que tu puisses me donner ton avis. — *Colette :* Ah oui, elle est superbe. Pas en très bon état, mais pleine de charme… Tu as bien choisi. Et puis après tout, qui ne risque rien n'a rien. Quand est-ce que tu comptes emménager ? — *Valentine :* Dans quatre mois, je pense. — *Colette :* Alors, il te reste un peu de temps pour profiter de la ville. Tu ne veux pas aller au cinéma pour voir un bon film ?

1. vrai – **2.** vrai – **3.** faux – **4.** vrai – **5.** vrai – **6.** vrai *(la « banlieue » implique la présence d'une assez grande ville)* – **7.** vrai – **8.** faux – **9.** faux – **10.** faux

19▶ **1.** faux – **2.** vrai – **3.** vrai – **4.** vrai – **5.** faux – **6.** faux – **7.** faux – **8.** vrai – **9.** vrai – **10.** vrai

20▶ *Réponse possible.* — *Moi :* Voilà, j'ai un nouveau projet : j'ai l'intention d'ouvrir une petite librairie dans le quartier, spécialisée en littérature et sciences humaines. — *Le pessimiste :* Mais tu es fou (folle) ! Cela ne va jamais marcher. Le livre est en crise, les petits commerces ferment et tu choisis ce qui est le plus risqué ! — *L'optimiste :* Moi, je trouve que c'est un projet magnifique et qui peut très bien marcher, il n'y a aucune librairie dans ce quartier. De toute façon, qui ne risque rien n'a rien ! — *Le pessimiste :* Tu n'as pas assez réfléchi ! Tu viens de décider cela sur un coup de tête et tu le regretteras ! — *Moi :* Pas du tout, j'y réfléchis depuis longtemps et mon rêve a toujours été d'être libraire. D'ailleurs, j'ai de nombreux amis en France qui ont pris la même décision !

21▶ *Réponse possible.* J'ai toujours rêvé de partir à l'étranger pendant plusieurs mois pour apprendre la langue et visiter le pays. J'hésite encore sur l'endroit où je voudrais aller, mais je pourrais prendre des cours de langue le matin et explorer la ville ou la région l'après-midi. Je suis certain(e) que je réaliserai mon rêve un jour : je ne renoncerai pas facilement !

N° d'éditeur : 10196759 - Avril 2013
Imprimé en France par I.M.E. - 25110 Baume-les-Dames